Katja Kullmann

Die Singuläre Frau

Sie ist die Frau, der man nachsagt, dass sie kein Glück in der Liebe hat. Diejenige, die ihr Leben alleine regelt. Die Frau ohne Begleitung. Vom Bürofräulein der Weimarer Republik bis zur angeblich einsamen Akademikerin der Gegenwart – sie ist die wahre Heldin der Moderne: die Singuläre Frau.

Kurz vor ihrem fünfzigsten Geburtstag stellt Katja Kullmann fest, dass auch sie so eine geworden ist: ein Langzeit-Single. Die Erkenntnis ist ein kleiner Schock. Dann eine Befreiung. Und ein Ansporn – nicht nur für die schonungslose Selbsterkundung, sondern auch für eine Spurensuche. Welche literarischen, sozialen und popkulturellen Zeugnisse hat die Frau ohne Begleitung hinterlassen? Und wie könnte ihre Zukunft aussehen? Leidenschaftlich und eigensinnig führt Katja Kullmann uns zu einer radikalen Neubewertung der alleinstehenden Frau.

Katja Kullmann, 1970 geboren, lebt als Essayistin, Erzählerin und Journalistin in Berlin. Am liebsten schreibt sie über soziales Statusgerangel, Geschlechterfragen, die Arbeitswelt und die Populärkultur. Für den Bestseller *Generation Ally. Warum es heute so kompliziert ist, eine Frau zu sein* erhielt sie 2003 den Deutschen Buchpreis. *Die Singuläre Frau* ist ihr fünftes Buch.

KATJA KULLMANN

DIE SINGULÄRE FRAU

dtv

MIX
Papier aus verantwortungsvollen Quellen
FSC® C019821

Taschenbuchausgabe 2023
dtv Verlagsgesellschaft mbH & Co. KG, München

Umschlaggestaltung: Anzinger und Rasp, München
Satz: Greiner & Reichel, Köln
Gesetzt aus der Aldus nova Pro
Druck und Bindung: Druckerei C.H.Beck, Nördlingen
Printed in Germany · ISBN 978-3-423-35212-3

Irmgard
und all den anderen gewidmet

»Oh, vielen Dank«, sagte ich,
»aber ich steige an der nächsten Station aus.«[1]

MAEVE BRENNAN

INHALT

FANPOST

In diesem Buch möchte ich von einer Berühmtheit erzählen, die mitten unter uns lebt, manchmal sogar gleich nebenan und in den meisten Fällen von morgens bis abends unauffällig. Sie braucht nicht viel Platz, macht wenig Schmutz und nur selten Lärm. Dennoch fasziniert sie viele. Manche wollen sie retten. Oder bekehren. Etliche lachen oder lästern über sie. Andere bemitleiden sie, und zwar *von ganzem Herzen*. Wieder andere sind neidisch oder eifersüchtig auf sie und versuchen, sich etwas von ihr abzuschauen. Es gibt welche, die wollen sie wie eine Trophäe erobern, und solche, die sie am liebsten bestrafen würden. Sie ist ein realer Mensch und ein Politikum. Ein Wesen aus Fleisch und Blut und zugleich ein Gerücht. Eine Person, die jede und jeder irgendwie zu kennen glaubt und zu der viele eine Meinung haben. Sie ist die Frau[2], von der man annimmt, dass sie *kein Glück in der Liebe* hat. Die Frau, die ihr Leben *alleine regelt*. Die Frau ohne Begleitung.

Viele Namen hat man ihr schon gegeben: Junggesellin und Alte Jungfer, Neue Frau und Spätes Mädchen, Mannweib, Monster, Mauerblümchen, Femme libre, Femme fatale, Schwieriger Fall, Hoffnungsloser Fall, Zicke, Schlampe, Scheidungswitwe, Egobraut, Egoistin, Egomanin, Egozentrikerin, Emanze, Eisprinzessin, Armes Hascherl, Scheues Reh, Graue Maus, Katzenlady, Karrierebiest, Trauerkloß und Powerfrau, Nymphomanin und Frigider Freak, Flaschensammlerin, Alleinerziehende, Einpersonenhaushalt, Einsame Akademikerin, Moderne Amazone.

Single-Frau ist heute die gebräuchlichste Bezeichnung für sie. Je nach ihrem Alter wird manchmal auch zu einer etwas seriöser klingenden Vokabel gegriffen: zur *Alleinstehenden Frau.*

Ich bevorzuge inzwischen einen anderen Namen. Ich spreche lieber von der *Singulären Frau.* Und ich sage es besser gleich: Ich bin ihr Fan.

ÜBERRUMPELUNG

Einen einzigen Grund gibt es für die Tatsache, dass ich mittlerweile an die hundert Bücher über sie gelesen, seit drei Jahren tagein, tagaus über sie nachgedacht, dabei oft gestaunt, sie bewundert und so manches Mal den Kopf über sie geschüttelt habe: Ich bin selbst so eine. Ich stehe, sitze, liege allein, und das nun schon seit einer ganzen Weile. Langsam, aber sicher bin ich auf diesen Status zugesteuert. Ohne es beabsichtigt zu haben. Ich meine: Es gab keinen Beschluss.

Allerdings auch keine Vorsichtsmaßnahmen, keinerlei Gegenwehr meinerseits. Wenn Leute über ihr Privatleben sprechen, als sei es etwas, das sie *managen* müssten, gruselt es mich. Ich lebte und liebte ohne Businessplan. Ganz frei, ganz natürlich ließ ich die Dinge sich entfalten, so wie sie sich eben ergaben. Man könnte auch sagen: Das Alleinstehen ist mir unterlaufen. Und als es mir eines Tages endlich auffiel, wusste ich erst nicht, was ich davon halten sollte.

Sieh an, da ist also DAS aus dir geworden: eine, die selten küsst oder Küsse abbekommt; eine, die kaum mal streichelt und nie gekitzelt wird; eine, die fast alle Angelegenheiten ohne jeden Rückhalt erkundet, entscheidet, genießt und erleidet; eine, die es sich inzwischen kaum noch anders vorstellen kann. Voilà: eine alleinstehende Frau in ihren gerade noch besten Jahren.

Ich war Mitte vierzig, als ich es begriff. Und zunächst tat ich mich schwer damit, es zu akzeptieren, mich darin wiederzufinden – es letztlich dann auch zu *fühlen*. Jedes Mal wenn ich es mir laut vorsagte, um mich an den Gedanken zu gewöhnen, kam ich mir überrumpelt vor, und die junge Frau in mir zog eines ihrer empörten Gesichter: *Hey, wovon redest du da, hör sofort auf mit diesem Mist!*

Eigentlich ist bei mir alles *ganz normal*. Ebendies war anfangs das Irritierendste für mich. Ich bin eine westdeutsch erzogene Bewohnerin der angeschlagenen Mittelschicht, *weiß*, ausgestattet also mit streichkäseblasser Haut, außerdem mit Körpermaßen innerhalb des Durchschnitts, wenn auch am unteren Ende; es fehlen nur zwei Höhenzentimeter, und ich hätte Flugbegleiterin werden können, bloß anderthalb Körbchengrößen zur Messehostess. Weder neige ich zu politischer Radikalität, noch bin ich religiös. Nie bekam ich irgendwelche psychischen Auffälligkeiten attestiert, und ich nehme keine harten Drogen. Mein Begehren richtet sich auf Männer, an Nullachtfünfzehnsexualität kann ich mich aufrichtig erfreuen, weshalb man mich, wollte man den aktuellen genderpolitischen Jargon benutzen, als *heterosexuelle cis Frau* bezeichnen würde – als urtypische Ureinwohnerin der legendären Mehrheitsgesellschaft. Sie ist, zumindest auf den ersten Blick, mein privilegiertes Zuhause, in ihr gehe ich auf und fast vollständig unter. Kompakter gesagt: *I COULD HAVE IT ALL* – wenn ich nur wollte.

Mit dem *anderen Geschlecht* habe ich mich immer gut verstanden, glaubte ich all die Jahre, glaubt ein Teil von mir noch heute, und meine Selbstverortung im Fach der Liebe war die längste Zeit klar, ich wusste genau, was ich diesbezüglich von mir zu halten hatte.

Erstens: Ich habe Schlag bei Männern.

Zweitens: Ich bin der Beziehungstyp.

Achtzehn Jahre lang war ich durchgängig jemandes Partnerin, feste Freundin, Gefährtin, Beinahe-Ehefrau. Oder umgekehrt: Von meiner ersten Verliebtheit an bis zu meinem fünfunddreißigsten Lebensjahr hatte ich ununterbrochen jemanden an meiner Seite.

Dann ist der Faden gerissen.

Nein. Anders.

Ich selbst habe den Faden aufgeribbelt, bis er so dünn wurde, dass ihm nicht mehr zu trauen war, und eines Tages habe ich ihn dann zerschnitten.

Nie war ich verheiratet, und doch kommt es mir jetzt oft so vor, als führte ich das Leben einer halbwegs glücklich Geschiedenen.

Oder das einer glimpflich davongekommenen Deserteurin.

Einer wacker sich haltenden *Veteranin der Liebe.*

Eine Frau kann auf unterschiedlichste Art alleinstehen oder Single sein, sie kann es mögen oder schrecklich finden, und der Weg, der sie dahin geführt hat, ist einzigartig, Ergebnis höchstpersönlicher Verwicklungen, Entscheidungen, Schicksalsschläge und Zufälle. Eines wird, meinem Eindruck nach, oft übersehen: In jeder Frau steckt eine Frau ohne Begleitung, ob sie will oder nicht. Jede war es einmal, mindestens vor ihrer ersten Liebe oder später: zwischen ihren Beziehungen. Oder sie ist es gerade jetzt, wer weiß, wie kurz oder lange schon. Oder sie ist es jetzt gerade nicht, stellt es sich heimlich aber immer mal wieder vor. Oder sie wird es künftig mit hoher Wahrscheinlichkeit einmal sein, und sei es als Witwe. Mittlerweile denke ich: Nur deshalb schauen Frauen *Single-Filme* so gern, verfolgen sie so neugierig die Trennungsstorys prominenter Paare, studieren sie so aufmerksam die Lebensläufe *starker Frauen*, die erst im Alleinsein *zu sich selbst* fanden: weil jede weiß, dass es jederzeit auch sie *treffen* kann. Vielleicht liebäugelt die eine oder andere längst von sich aus mit dem Absprung aus einer miserablen Zweisamkeit.

Für viele beginnt es voller Unruhe – mit einem schwindlig machenden Aufatmen, einer dröhnenden Wut oder einem alles beschwerenden Schmerz. Manchmal kommt auch alles drei zusammen und lässt sich nur schwer auseinanderhalten. Es hängt davon ab, wie die Frau ins Alleinsein gestolpert, gekrochen oder stolziert ist, freiwillig oder unfreiwillig, beschwingt oder gefasst, triumphierend oder verstört. *Mir wurde der Boden unter den Füßen weggezogen,* sagen diejenigen, die sitzengelassen wurden. *Mir geht es jetzt besser als zuvor,* verkünden die, die selbst den Schlussstrich zogen.

Die eine mag zwei, drei Monate für angemessen und wahrscheinlich halten, bis *etwas Neues* sich ergibt, vermutlich ist sie noch recht jung. Die andere mag schon etwas gereifter sein und über ein realistischeres Naturell verfügen und geht lieber gleich mal von zwei, drei Jahren aus. Nur die wenigsten dürften schon im Voraus – und ohne nervös zu werden – zwei, drei Jahrzehnte als *Übergangszeit* ins Auge fassen.

Doch auch solche gibt es: Frauen, deren letzte Verbindung, Romanze, Kuschelei so lange zurückliegt, dass sie sich kaum noch daran erinnern können; dass ihnen die gemeinsamen Ausflüge, Ekstasen und Grundsatzdiskussionen wie unscharfe Szenen aus einem Film vorkommen, dessen Titel sie vergessen haben. Es ist nicht so, dass sie alle tagein, tagaus ein Tränenmeer deswegen weinen. *Irgendwann ist auch mal gut.*

Die radikalsten aller Solistinnen sind sicher diejenigen, bei denen von einem wie auch immer gearteten Liebesleben überhaupt gar keine Rede sein kann, Frauen, die keinerlei *Davor* kennen, nur ein *Noch-nie*. Eine von ihnen ist die wohl meistzitierte Single-Theoretikerin der Welt, die US-amerikanische Psychologin Bella DePaulo. Sie hat sich nach eigenen Angaben nie auch nur auf die flüchtigste Paargeschichte eingelassen. Mit knapp über fünfzig gab sie erhobenen Hauptes bekannt, schon als *single at heart* zur Welt gekommen zu sein.[3]

Seltener melden sich die unfreiwillig Noch-nie-Verbandelten zu Wort, diejenigen, für die das Leben *à elle seule* weder je ein Fest der Selbstliebe war noch ein Akt des angewandten Feminismus, noch eine irgendwie zu überspielende Phase, sondern nichts als eine einzige schmerzvolle Verbannung. Die Frau, die keinen Tag ihres bisherigen Lebens jemanden an ihrer Seite hatte, obwohl sie es sich so sehr wünscht: Zählt sie mit, wie oft sie schon versucht hat, jemanden zu *finden*? Sie weiß, was man über sie denkt und sagt, über die *Unvermittelbare*, die *Schwierige*, die *Loserin* – »die Hässlichen, die Alten, die Mannweiber, die Frigiden, die schlecht Gefickten, die nicht Fickbaren, die Hysterischen, die Durchgeknallten, [die] vom großen Markt der tollen Frauen Ausgeschlossenen«, wie die französische Schriftstellerin Virginie Despentes gängige Schmähungen der *Ungeliebten* einmal aufgezählt hat.[4]

Lebt die Frau auf der Straße, unter einer Brücke, im verwehten Eingang einer U-Bahn-Station, mit einem Schweizer Sennenhund als einziger Begleitung, erfährt sie sicherlich andere Überraschungen und Schwierigkeiten, als wenn ihr Lieblings-Chihuahua sich in der einst noch mit dem Ex angeschafften Eigentumsmaisonette immer wieder ausgiebig in den begehbaren Kleiderschrank erbricht.

Mit Kind in der Fünfzigquadratmeterbude ist es anders als ohne Kind in der Fünfzigquadratmeterbude.

Im Studierendenwohnheim ist es anders als im Altersheim ist es anders als im Frauenhaus ist es anders als in der Asylunterkunft.

Beim netzfeministischen Symposium, beim Powerfrauen-Get-together, beim Female-only-Weekend im Wohlfühl-Retreat ist es garantiert sehr anders als jeden Mittwoch-, Donnerstag-, Freitag-, Samstagabend in *Moni's Pinte,* wo die *Frührentner, faulen Kerle* und *Säuferinnen* hocken.

Findet sie sich hübsch, kann es ziemlich aufregend für sie sein, bestimmt ist es sehr viel leichter, als wenn sie ihr Spiegelbild kaum erträgt.

Begrüßt man sie mit »Schönen guten Morgen, Frau Professor«, ist es ein völlig anderes Ding, als wenn die Nachbarskinder »Hilfe, da kommt die Irre!« rufen, wenn sie den Müll rausbringt.

Ist sie siebenundfünfzig, hat sie für alles Weitere weniger Zeit, als wenn sie achtundzwanzig ist, dafür hat sie mehr Erfahrung und lässt sich nicht so leicht aus der Fassung bringen.

Die eine hofft, dass es schnellstmöglich vorübergeht, die andere findet nach und nach Gefallen daran – und ihnen allen fühle ich mich inzwischen eng verwandt. Jede Einzelne ist ein Kunstwerk für sich. Und doch macht die Frau ohne Begleitung immer wieder Erfahrungen, die sie mit anderen Solistinnen verbindet. Es fängt am *Katzentisch* in der Gaststätte an und hört bei Blicken und Bemerkungen, einer bestimmten Art von Fragen, Komplimenten und Beleidigungen, die oft nur schwer zu greifen sind, nicht auf. Sie wird beobachtet – oder glaubt, beobachtet zu werden. Davon sprechen jedenfalls die meisten Zeugnisse, die die Solistin bisher hinterlassen hat, und davon weiß auch ich zu berichten.

Im Vergleich zu den Sitzengelassenen und den Nichtbeachteten darf ich mich wohl zu den Superprivilegierten unter den Solistinnen zählen. Ich kann es leichtnehmen, denn ich bin eine von denen, die, erstens, selbst daran gedreht haben, bewusst oder unbewusst, *dass es so kam*, und die, zweitens, über genügend Möglichkeiten verfügen, ihr Alleinsein so zu gestalten, dass es ihnen einigermaßen gefällt.

> »Ich bin zweiundvierzig, und während alle meine Freunde verheiratet sind oder in Langzeitbeziehungen stecken, habe ich selbst irgendwie vergessen, mich darum zu kümmern.«[5]

So beiläufig umreißt die britische Journalistin Naomi Harris, 1974 geboren, vier Jahre jünger als ich, ihr schlafwandlerisches Schlingern ins Alleinstehen hinein. Ähnlich lief es bei mir. »Irgendwie vergessen«: Ich wünschte, ich könnte eine überzeugendere, eine politischere Erklärung liefern. Aber die gibt es nicht. Oder gibt es sie doch, und ich bin gerade dabei, sie zu erschließen?

Meine Geschichte, die *Liebesgeschichte*, von der aus ich mich der Frau ohne Begleitung nähere, geht so: Weder wurde ich je von einem Mann geschlagen noch vergewaltigt, noch beklaut. Ich habe geliebt und wurde geliebt, so gut der andere und ich es eben konnten, und habe niemandem gravierende Vorwürfe zu machen, nichts, was über das Er-sagt-sie-sagt-, das gewöhnliche Wie-konntest-du-mir-das-antun-Niveau hinausgeht. Ich weiß, wie es ist, mit einem Mann zusammenzuwohnen, wie sich ein gemeinsames Klingelschild und zehn gemeinsame Jahre anfühlen – eheähnlich, würde ich sagen –, habe drei ernsthafte, sozusagen wahre Beziehungen erlebt, zwei, drei flüchtigere *Geschichten*, eine Long-Distance-Sache mit schwer psychotischer Note sowie eine bescheidene Zahl von One- und Two-Night-

Stands; wurde betrogen, habe nicht Schluss gemacht deswegen, sondern kratzte, zugegebenermaßen etwas mühsam, Verständnis zusammen – Verständnis für dieses, Verständnis für jenes, was weiß ich, woher ich es immer nahm – und bin selbst nie fremdgegangen, auch wenn ich es einmal in Erwägung zog, nicht aus Erlebnishunger oder Lust, sondern aus niederen Beweggründen, die sich unter dem Schlagwort *#Rache* bündeln lassen. Zweimal habe ich einen Heiratsantrag bekommen, einmal auf einer Party, gegen halb vier in der Früh, das andere Mal auf Reisen, in einer nordamerikanischen Großstadt, von einem Obdachlosen, an den ich ab und zu noch immer warm denke. Zweimal wurde ich gefragt, ob ich ein Kind *machen* wolle, zweimal sagte ich: »Jetzt lieber nicht«, wobei ich einmal dachte: *Mit dir lieber nicht.* Klopfte einer meiner Partner sexistische Sprüche – oft klangen sie gar nicht sonderlich übel, vielmehr witzig, manchmal sogar originell – über eine seiner Ex-Freundinnen oder Kolleginnen, eine TV-Moderatorin, eine Politikerin, eine Kellnerin oder seine Mutter, redete ich mir ein, ich hätte mich verhört. Nun ja: Ich schluckte es meist. So wie immer mal wieder eine teelöffelgroße Portion Sperma, das ja sehr proteinhaltig sein soll. Legte ein Mann eine ausgeprägte Cunnilingushemmung bei diametral hohem Fellatiobedarf an den Tag oder erschütternd eintönige Rektalpräferenzen oder gelegentliche Erektionsschwierigkeiten oder ein anderes eventuell Binge-Porno-induziertes Problem, nahm ich es nie persönlich, machte keine große Sache daraus und versuchte, ihm – und mir – trotzdem *ein gutes Gefühl* zu geben. Ich stellte frische Blumen in die Zimmer und briet Bratkartoffeln, nie flogen Teller durch die Wohnung. Einmal wurde ich als *perfekte Freundin* gelobt, etwas später als *perfekte Frau,* und mit den drei *Lieben meines Lebens* bin ich bis heute lose befreundet. Unverdächtiger – oder sollte ich sagen: geschmeidiger – als meines kann das Liebesverhalten einer gegenwärtigen heterosexuellen Großstadtfrau kaum sein. Nur ein etwas sperriges Detail ist mir im Nachhinein aufgefallen: Letztlich war immer ich es, die früher oder später gesagt hat: *Lass es uns hier beenden.*

Eines Tages beschloss ich, am Spielfeldrand der Liebe Platz zu nehmen, um das Geschehen erst einmal aus komfortablem Abstand zu verfolgen. Ich nahm an, dass es ein Leichtes wäre, an Tag Y erfrischt wieder einzusteigen und zu meinen Leuten zu sagen: »Das ist übrigens mein neuer Freund, der Mann, den ich jetzt liebe.«

Doch die Zeit verstrich, wie es typisch für sie ist, ich hatte einiges zu tun, stieß plötzlich auf so viele Dinge, die ich ergründen wollte, erfuhr meine eigene Freundlichkeit und Furchtlosigkeit auf neue Art, entdeckte etwa mein Talent, mit wildfremden Menschen herzerquickende Zufallsgespräche zu führen, in der Bahn, auf einer Parkbank, schloss Freund- und Bekanntschaften in ungeahnten Zusammenhängen, wurde, da niemand sein wachendes Auge auf mich hielt, das, was man vielleicht *gelassener*, vermutlich *offener* nennt, konnte einfach *sein*, nicht jemandes Frau – es war so ermüdend, oft so undankbar –, sondern zur Abwechslung einmal vor allem Mensch, Mensch unter Menschen, und erhielt sehr viel dafür zurück. Fast traute ich meiner eigenen Wahrnehmung nicht, aber womöglich … blühte ich auf?

»Gib Acht, dass du dir die Liebe nicht abgewöhnst, das geht schnell, nicht, dass du's verlernst!«, sagten ab und an, lachend, ein paar Menschen, die es gut mit mir meinten. Ebenfalls lachend schlug ich ihre Warnungen in den Wind. »Später mal wieder, bestimmt!«, versicherte ich ihnen und mir selbst.

Ich tröstete Freundinnen, die dachten, ihr Herz sei gebrochen, und half anderen, die E-Mails ihres Schwarms zu interpretieren, mitunter eine *hermeneutisch höchst anspruchsvolle Übung*[6].

Ich beglückwünschte Paare zu ihrem zweiten oder dritten Kind und stellte mich zur Verfügung, wenn eine oder einer von ihnen *endlich mal wieder alleine* ausgehen wollte: »Du weißt doch bestimmt, wo am Samstag was los ist!« Das Treiben auf dem Platz ging ungebrochen weiter, und in vielem erkannte ich mich und meine früheren Partner wieder. Ja, ich sah mich selbst, wie ich gerannt und gesprungen war, im Namen der Liebe, wie ich gekeucht, geschwitzt, gejubelt und bei Fouls vor Empörung aufgeheult hatte, wie ich den Schiedsrichter suchte, um mich zu beschweren – wo war er denn, verdammt? –, wie ich meinem Mitspieler jauchzend vor Freude in die Arme stürzte, ihm Pässe zuspielte und versuchte, seine zu verwandeln, und wie ich mich nach jeder Partie rücklings auf den Rasen fallen ließ, mal tränenüberströmt und völlig fertig, mal berauscht von Endorphinen, erleichtert, dass ich es hinter mir hatte.

Schleichend geschah etwas Merkwürdiges: Je länger ich auf der Bank saß, desto unattraktiver erschien mir, was ich vom Spielfeld mitbekam. Von der Seitenlinie aus betrachtet, wirkte das Spektakel ungeheuer ritualisiert und dabei oft lächerlich, bizarrer noch, als es in allen schlauen Büchern stand. Beinahe tat es weh, es mitanzusehen, kaum konnte ich es fassen: wie viele angespannte Tage und schlaflose Nächte ich deswegen verbracht, wie sehr ich mich dieser Sache einmal verschrieben und wie merkwürdig auch ich mich dabei verhalten hatte – dass tatsächlich *ich* das gewesen war.

»Bis zu meinem fünfunddreißigsten Geburtstag war ich genauso oft flachgelegt worden wie meine Freundinnen, und ich war auch zweimal verheiratet und zweimal geschieden, und all das hat eine Frau veranstaltet, die ich nicht kannte (ich), mit einem Mann, den ich nicht kannte (die Bräutigamfigur auf dem Hochzeitskuchen).«

Vivian Gornick, die New Yorker Essayistin, Feministin und Langzeitsolistin, hat eine solche Entfremdung von ihrer amourösen Vergangenheit ebenfalls schon erlebt. »The Odd Woman and the City«[7] – »Die seltsame Frau und die Stadt« – heißt der Essay, dem das obige Zitat entnommen ist, Gornick veröffentlichte ihn 2015, kurz vor ihrem achtzigsten Geburtstag, als sie schon seit fünfundvierzig Jahren ohne Begleitung unterwegs war. Im gleichen Alter, in dem Gornick es einst tat, mit Mitte, Ende dreißig, just in dem Alter, in dem die sagenumwobene biologische Uhr einer jeden Frau angeblich besonders laut tickt, begann also auch ich, es mir auf der Zuschauerinnenbank gemütlich zu machen, und im Rückblick würde ich sagen, es dauerte kein Jahr, bis mir aufging, was bis heute seine Gültigkeit hat: Erst seit ich nicht mehr Teil eines Paares bin, gab es kaum noch einen Tag, an dem ich mich *alleingelassen* fühlte.

Gelegentlich begegnete mir ein Mann, der mir auf die eine oder andere Art gefiel. Aber ich engagierte mich nicht sonderlich. Es genügte mir, ab und an ein wenig herumzuplänkeln. Sobald die andere Seite sich stärker zu begeistern schien, achtete etwas in mir darauf, die Angelegenheit in die lauwarme Zone zurückzuführen. *Ich habe wenig Zeit*, lautet die Formel, mit der ich mich entzog und bis heute entziehe, und sie war beziehungsweise ist nie direkt eine Lüge. Ich hätte Zeit, immer gehabt. Wenn ich mir aber vorstellte oder vorstelle, X oder Z öfter zu treffen als alle sechs, acht Wochen einmal, wurde und wird mir eng ums Herz. Ich pflege so meine Wege, Leidenschaften und Routinen, bin eine Freundin und Bekannte von so vielen und genieße auch meine liebe Abgeschiedenheit so sehr, immer mal wieder für ein paar abgeschaltete Tage am Stück. Temporäre Unerreichbarkeit ist der Luxus, in dem ich schwelge, wann immer ich ihn mir leisten kann.

> »Ich ließ mich gelegentlich lieben, aber mit dem Gefühl, fehl am Platz zu sein, so dass sich kein rechter Genuss einstellen wollte, verliebte mich ab und zu in ein Erscheinungsbild und entliebte mich wieder, sobald ich die Wahrheit hinter dem Bild entdeckte – immer recht schnell, leider! Festzuhalten ist, dass ich traurig war, und emsig«,

notierte die französische Journalistin und Politikerin Françoise Giroud im Sommer 1960.[8] Sie war vierundvierzig, einmal auf eigenen Wunsch geschieden, danach einmal schwer verletzt, von einer großen und großartig zerbrochenen Liebe, und verbrachte hadernde Wochen »allein unter der Mittelmeersonne, in einem verheerenden Zustand«, mit einer Reiseschreibmaschine als einzigem Gegenüber.

Emsig war auch ich. Traurig nicht so sehr. Verheerend kam mir mein *Zustand* keinesfalls vor. Es war viel schlichter, sanfter: Ich verliebte mich nicht mehr.

War ich doch einmal kurz davor – es geschah zweieinhalb Mal in den vergangenen sechs, sieben Jahren –, stellte sich früher oder später heraus, dass es bereits eine Frau im Hintergrund gab; die Mutter eines gemeinsamen Kindes, von der derjenige *lang schon getrennt* war, nur des Kindes wegen wohnte man noch zusammen, und da die Kindsmutter *ziemlich sensibel* war, wäre ein Hausbesuch ungünstig gewesen; eine Ehefrau, die sich *beruflich länger im Ausland* aufhielt; eine hin und her mäandernde Long-distance-on-off-Amour-fou, die ab und an in die Stadt kam, dann natürlich mit *älteren Rechten*, aber hey, *sie fuhr ja auch wieder weg*! All die Frauen im Hintergrund, da bin ich mir sicher, wussten nichts von den Blinzeleien, die die Männer an ihrer Seite ab und an mit einer wie mir veranstalteten, einer, die sie fälschlicherweise für besonders *dankbar* und / oder *easy going* hielten, weil sie es bestimmt *mal wieder brauchte*. Zu meiner eigenen Verblüffung brauchte ich es aber nicht. Nicht so dringend jedenfalls, wie es mir früher vorgekommen sein mag.

So vergaß ich heimlich, still und leise, warum das angeblich Wichtigste im Leben das Wichtigste im Leben war. Vielleicht konnte man es tatsächlich verlernen. Oder es war einfach so: Mein Leben hatte sich zu einer anderen Sportart entwickelt. Ich beherrschte sie und amüsierte mich damit, ohne viel darüber nachzudenken, ich fühlte mich wohl.

Bis ich erschrak, vor nichts und niemandem als mir selbst.

Ich denke, mein Erschrecken – ich werde später noch davon erzählen – lag darin begründet, dass ich nicht von selbst auf meine *Lage* gekommen war. Mit der Zeit häuften sich die Gelegenheiten, bei denen andere mich auf mein sich verfestigendes Alleinsein ansprachen. Die unverlangten Aufmunterungen nahmen zu: »Lass den Kopf nicht hängen, wird schon noch!«

Es ist merkwürdig, mit Mitleid überschüttet zu werden, wenn es doch gar nicht nötig ist. Anfangs fand ich es albern. Dann begann es zu nerven. Nach einer Weile machte es mich aggressiv. Vorübergehend spielte ich zur Gegenwehr ein wenig Theater. Erkundigte sich wieder einmal jemand sorgenvoll nach meinem Beziehungsstatus, seufzte ich lieblich, drehte meine Augen zur Decke und behauptete: »Ach, es ist kompliziert …« Ein billiger Trick. Er funktionierte jedes Mal. Sofort ließen die romantischen Hysterikerinnen und Hysteriker von mir ab. Aus der Formulierung »Es ist kompliziert« schlossen sie wahrscheinlich Folgendes: *O weh, es läuft wohl nicht gerade glänzend zwischen ihr und ihrem Typ, na ja, wer kennt das nicht, Hauptsache, sie hat mal wieder jemanden!*

Mit der Zeit wurde es mühsam. Und immer unglaubwürdiger, auch für mich selbst. Das Nagen, Bohren, Stochern zeigte Wirkung, mein sorgsam kuratiertes Selbstbild bekam Risse.

Von einer *lockeren Übergangszeit* konnte bei mir tatsächlich keine Rede mehr sein. Hielt ich die Strippen überhaupt noch in meinen Händen? Oder war der berühmte Zug für mich bereits abgefahren, und alle anderen wussten es, nur ich lungerte ahnungslos noch am Bahnsteig herum und tat wie ein angeberischer Teenager so, als ob ich sowieso etwas viel Besseres vorhätte?

Vielleicht war es in Wahrheit mein Alter, das mich ab einem gewissen Punkt entsetzte, die Idee der Endgültigkeit-an-sich und der siedend heiße Gedanke: Hatte ich etwas übersehen, verschlafen oder fahrlässig zerstört, etwas, das ich in den silbergrauen Jahren doch noch brauchen könnte? Hatte ich meine *Optionen voll ausgeschöpft*, wie ein funktionstüchtiger Gegenwartsmensch es gefälligst tut, zack, zack?

Ein Versagerinnengefühl flackerte in mir auf.

Womöglich war ich nicht unabhängig, sondern übrig geblieben und wollte es bloß nicht wahrhaben, aus Eitelkeit und Stolz.

Weitere unangenehme Regungen machten sich bemerkbar:

Enttäuschung.

Traurigkeit (ab und an natürlich doch ein wenig, es wäre kindisch, es zu leugnen).

Neid.

Scham.

Trotz.

Bis mir, nach und nach, alles eingeleuchtet hat.

Und schließlich: doch wieder zu gefallen begann.

Meine Vermutung ist, dass viele Frauen sich immer mal wieder mit ähnlichen Überlegungen herumschlagen. Eine Zeit lang schlich ich wie ein angeschossenes Reh durch die Gegend. Sehr klein, sehr wackelig, sehr verletzlich erschien mir auf einmal meine Einzelexistenz. Ich wünschte mir einen trostspendenden Spiegel. Eine Kollegin, eine Alliierte. Ein weibliches Idol, an dem ich mich wieder aufrichten konnte. In dieser Stimmung begann ich, der Frau ohne Begleitung hinterherzuspionieren. Alle schienen mich vor ihr zu warnen. Aber wer war sie denn eigentlich? Die Unheimliche. Die große Unbekannte. Ein Phantom. Wahrscheinlich war sie ganz einfach: ich.

WIE ICH ZU DENKEN BEGANN

Anfangs ohne jegliches Konzept, getrieben von schierer Selbstunsicherheit, begab ich mich auf die Suche nach Filmen, Musik, Kunst, Büchern, die von der Solistin erzählten, und stieß zunächst auf ein Schottergebirge allerbeschickertster Prosecco- und Vibrator-Prosa. Es war schlimmer, als ich befürchtet hatte. Wie eine Zeitreise in die 1990er Jahre. »Liebe dich jetzt ... und die Männer stehen Schlange«, versprach eines von siebzigtausend Werken, die ein weltberühmter Onlinehändler zum Thema auf Lager hatte. »95 % meiner Socken sind Single – Und? Heulen sie deswegen?«, hieß eine andere Schrift auf der Einkaufsempfehlungsliste. Ein *aufblasbarer Ehemann* aus ökoschweinischem PVC-Plastik war für unter zehn Euro zu haben. »Sei frech & wild & wunderbar!«[9], stand auf einer Geschenkbox für mehr Glück, die *50 Gute-Laune-Kärtchen* für die Single-Frau enthielt und zum Sofortbestellpreis von sechs Euro neunundneunzig frei Haus geliefert wurde. Gehörte ich wirklich zur Zielgruppe? Richtete sich dieses Blödsinnswarenangebot allen Ernstes an mich, einen erwachsenen Menschen? In pastelligen Kleinkinderfarben, *fifty shades of Blassrosa*, wurde die Solistin angesprochen, als ob sie das dümmste Huhn der Welt wäre. Es war widerlich. Kränkend. Ehrabschneidend.

Die Lebensrealität einer an die Fünfzigjährigen, halbwegs gebildeten, modisch nur mäßig und kosmetisch so gut wie gar nicht interessierten, leider nicht gerade wohlhabenden, dafür extrem low-budget-erfahrenen, grundsätzlich reisefreudigen, musikaffinen, sich nicht fortgepflanzt habenden, ansonsten aber sehr menschenfreundlichen, kulinarisch minderbegabten, von Flirts einstweilen abgeturnten, höchst selten kopulierenden Frau: Offensichtlich waren die Algorithmen auf einen solchen *Fall* nicht vorbereitet.

So musste ich meine Recherche im Segment *Special Interest* fortführen. Auf abgelegenen Webseiten, in versteckten Blogs, Sozialwissenschaftsforen und gut sortierten Antiquariaten forschte ich weiter. Bald grub ich mich rückwärts durch die Zeit, tief in die Vergangenheit hinein, und je besser ich die Frau ohne Begleitung dabei kennenlernte, desto klarer wurde mir, dass ich mich mit meinem Alleinsein in bester Gesellschaft befand. Denn die Frau ohne Begleitung ist ein beeindruckendes Wesen. Ja, ich halte sie inzwischen für die eigentliche, die wahre Heldin der Moderne – eine entscheidende Pionierin des 20. und vielversprechende Protagonistin des 21. Jahrhunderts.

Erst kamen die Fabriken und das elektrische Licht, der Krieg, die Demokratie und die Wahlrechtsreform, der Faschismus, der Holocaust und der nächste Krieg, dann wieder die Demokratie, auf der einen Seite der Mauer das angebliche Wirtschaftswunder, auf der anderen der real existierende Sozialismus, das Fernsehen, die Pille und die Popkultur, *Emma* und die Wende, das Internet, »Sex and the City« und der Neoliberalismus, Hartz IV und die Pandemie – und die Frau ohne Begleitung war beziehungsweise ist zur Stelle. Als *Trümmerfrau* räumte sie den Schutt zur Seite; als *Alleinerziehende* päppelte und päppelt sie neue Bürgerinnen und Bürger groß; als *Ehrenamtliche* schwitzt sie für die eine oder andere Verbesserung der Welt; als ultraflexible *Leistungsträgerin* bringt sie ihre soften Talente ins Bruttosozialprodukt ein; als knapsende *Mindestrentnerin* macht sie kaum Mucken. Alle Veränderungen in der Arbeitswelt und in den Familien, allen *Gender-Trouble*[10] hat sie auf ihren schmalen Schultern mitgetragen, nicht selten überlastet, ausgebeutet und erschöpft, oft aber auch neugierig und lustvoll. So manches Mal ist ihr Bewusstsein den Verhältnissen vorweggeeilt, dann ist sie vor allen anderen losgeprescht, als mutige oder *unfreiwillige Avantgarde*[11]. Kläglichste Missstände hat sie ausgebadet, an allen möglichen Verkrustungen hat sie geknispelt und gekratzt. Und immer wieder wurde sie dafür als *Störenfriedin* kritisiert, als *Mangelwesen* fernanalysiert oder als *Problemfall* bedauert. Noch immer sehen viele in ihr nichts als ein tragisches Überbleibsel eines gesellschaftlichen Wandels – den die Frau ohne Begleitung doch selbst maßgeblich losgetreten, innig ersehnt oder durch ihr bloßes Dasein beschleunigt hat.

Sie war jedenfalls die Erste, die das ungleiche Spiel zwischen den Geschlechtern für alle sichtbar in Frage stellte, schon mit der Art, wie sie lebte: eben allein, ohne einen Gatten, der lange Zeit – hierzulande noch bis weit in die 1970er Jahre hinein – qua Gesetz befugt war, über ihr Leben (und das ihrer Kinder) zu bestimmen. Vor über zwei Jahrhunderten begann sie, für ihre Bildung, ihre wirtschaftliche Autonomie und ihr Wahlrecht zu kämpfen, und sie tat es für alle Frauen, auch die vermählten. »Unverheiratete Frauen bildeten das eigentliche Rückgrat der ersten Frauenbewegung«, wie die australische Politologin Sheila Jeffreys es formuliert.[12]

Auch heute bildet die Frau ohne Begleitung wieder eine Avantgarde. Achtzehn Millionen Alleinstehende zählte das Statistische Bundesamt im Jahr 2020.[13] Neuneinhalb Millionen davon waren

Frauen, eine davon war ich – ein Massentierchen. Insgesamt hat sich die Zahl der Einpersonenhaushalte seit dem Nachwendejahr 1991 fast verdoppelt, nicht nur in den großen Städten, sondern, in etwas flacherer Kurve, auch auf dem Land. Zweiundvierzig Prozent aller deutschen Privathaushalte bestehen inzwischen aus lediglich einem Menschen, und nach Einschätzung des Bundesinstituts für Raumforschung wird dieser Anteil in den kommenden Jahrzehnten noch kräftig steigen.[14]

So gesehen, lebt die Frau ohne Begleitung schon heute in der Zukunft. Ob von ihr selbst so gewünscht oder gezwungenermaßen: Erneut ist sie vielen anderen einen Schritt voraus. Wie sie es im Grunde immer schon war. Um die vorletzte Jahrhundertwende als *Junggesellin;* in den 1920er und 1930er Jahren als *Neue Frau;* in der Nachkriegszeit als *Ledige;* seit den *Swinging Sixties* als *Single*. So wie die gesellschaftlichen Bedingungen sich nach und nach wandelten, so verschob sich die Stellung der Solistin im Gesamtgefüge, und so änderten sich auch die Bezeichnungen, die man ihr gab.

Es war höchste Zeit für ein Update, überlegte ich.

Das *Single*-Wort war schon in Gebrauch, als der *Eiserne Vorhang* zwischen Ost und West sich gerade erst herabsenkte, bevor die Beatles ihren ersten Hit landeten, bevor das Farbfernsehen in die Wohnzimmer kam und bevor Frauen freien Zugang zur Pille als Verhütungsmittel hatten. Es stammte aus einer lang schon versunkenen Welt. Eine Menge, fast alles, hatte sich seither verändert, insbesondere für Frauen. Das 21. Jahrhundert gibt nun einen radikal anderen Rahmen fürs weibliche Alleinleben vor. Schon deshalb hatte die Solistin der Gegenwart eine eigene Vokabel verdient – das weibliche Alleinstehen, -sitzen und -liegen, das längst seine eigenen Traditionen hat und sich doch ständig fortentwickelt und dessen große Blütezeit womöglich gerade erst beginnt.

Den Vorgängerinnen kann nicht genug gedankt werden. Hätten sie in ihrer jeweiligen Zeit nicht so offen und vielstimmig vom weiblichen Leben ohne Begleitung erzählt, in ihren Romanen, Essays, Artikeln und Liedern, hätten viele Frauen, die nach ihnen kamen, jenes Leben vielleicht gar nicht erst gewagt. Hiermit werfe ich auch meine kleine Story in den großen Pool, wer weiß, wofür sie einmal gut sein mag. Sie ist nicht sonderlich spektakulär, aber vielleicht muss sie das auch gar nicht sein. Genau darum geht es ja: Das Leben ohne Begleitung ist nicht besser, aber auch nicht schlechter als das gebundene. Es ist ein komplettes Leben. Eines von vielen möglichen Frauenleben. Einfach: ein Leben.

Die AGB, die Allgemeinen Geschäftsbedingungen für dieses Buch, copye und paste ich von Virgina Woolf. Frau Woolf, die dafür bekannt ist, dass sie jeder Frau ein *Zimmer für sich allein* empfahl, schrieb vor knapp einhundert Jahren:

> »›Ich‹ ist nur eine bequeme Bezeichnung für jemanden, den es in Wirklichkeit nicht gibt. Lügen werden mir über die Lippen kommen, aber vielleicht mischt sich auch die eine oder andere Wahrheit darunter; es ist an Ihnen, diese Wahrheit ausfindig zu machen und zu entscheiden, ob es sich lohnt, irgendein Stück davon aufzubewahren. Falls nicht, werfen Sie das Ganze einfach in den Papierkorb und vergessen Sie es.«[15]

ENDLICH ANGEKOMMEN

Vielleicht beginnt die Geschichte, die ich erzählen will, an der Guillotine, mit der Hinrichtung einer zornigen *Single Mom*, vor Hunderten von Schaulustigen, mitten in Paris.

Vielleicht startet sie in den Studierzimmern ehrgeiziger *höherer Töchter* an der Ostküste der USA.

Vielleicht nimmt sie in der europäischen Fischerei- und Textilindustrie ihren Lauf, in den überbelegten, schlecht belüfteten, kaum beheizten Unterkünften hart arbeitender *Fabrikfrauen*.

Vielleicht beginnt sie damit, dass ich als Grundschulkind lieber Cordhosen trug als Rüschenkleider, weil ich zu oft die »Rappelkiste«[16] im TV geschaut hatte, eine optimistische Siebzigerjahresendung, in der Mädchen und Jungs gemeinsam im Matsch spielten, fast alle trugen sie androgyne Topfschnittfrisuren, von Weitem konnte man sie kaum unterscheiden, und sie kamen bestens miteinander klar.

Oder damit, dass junge Männer mich, als ich achtzehn, neunzehn war, wohl vor allem deshalb als Girlfriend in Betracht zogen, weil ich *keine Tussi* war, wie sie es ausdrückten, damals, bei uns in Hessen, abschätzig gegenüber anderen jungen Frauen, voll des Lobes für mich, mit der sie über Musik reden konnten *wie mit einem Mann*. Ich war keine, die an ihnen *hing* wie eine *Klette*, so sprachen sie, sondern eine, die garantiert keine roten Rosen, keinen Liebesbrief, keinerlei Extras zum Valentinstag erwartete. Wie ihnen das gefiel. Und wie es mir gefiel, dass es ihnen so gefiel.

Oder die Geschichte beginnt damit, dass meine Mutter, eine Vollzeithausfrau mit starkem Willen und bescheidener Bildung, mir stets deutlich zu verstehen gab, wie stolz sie auf jede einzelne Eins in meinen Schul- und Unizeugnissen war. Und damit, dass sie, die mit neunzehn zum ersten Mal schwanger geworden war, mich noch vor meinem sechzehnten Geburtstag, bevor ich mit irgendeinem Jungen auch nur Händchen gehalten hatte, zu ihrem Frauenarzt mitnahm und durchsetzte, dass er mir die Pille verschrieb, damit ich ganz bestimmt keine *frühe Mutter* würde und erst *auf eigenen Beinen* stünde, bevor ich mich um einen Mann und alles Folgende zu *kümmern* hätte, und damit, dass sie mir Bücher zum Geburtstag schenkte, von denen sie auf den Literaturseiten der *Brigitte* gelesen hatte, lauter Erzählungen von *unabhängigen* Frauen: »Ich, Tituba, die schwarze Hexe von Salem« von Maryse Condé; »Breaking Glass. Die unheimliche Karriere einer Rockband« von Susan Hill; »Memoiren einer Intellektuellen« von Mary McCarthy.

Oder damit, dass, als ich Mitte dreißig war, einer meiner vielen männlichen Freunde zu mir sagte: »Du wirst dich entscheiden müssen. Wenn du jetzt noch ein Buch schreibst, oder sogar zwei, wird's eng. Das vertragen nicht viele Männer, wenn eine Frau sie in solchen Dingen überflügelt, glaub's mir, ich bin selber einer. Sie werden dich weiterhin ficken wollen, darauf kannst du wetten, aber heiraten werden sie was anderes.«

Vielleicht beginnt die Geschichte, die ich erzählen will, damit, dass ich mit den Schultern zuckte und »So what?« zu dem Freund sagte und mit einer lässigen, schlanken Handbewegung zwei Gin Tonic nachbestellte, praktisch wie im Film, und mir von außen, oben dabei zusah, »Geht auf mich!«.

An irgendeinem Punkt muss ich anfangen. Ich entscheide mich für die gerade erst vergangene Gegenwart.

»KARRIEREFRAU«, WÄRE ZU VIEL GESAGT

Der Tag, an dem ich die alleinstehende Frau in mir erkannte, war ein nasskalter Freitag ohne sonstige Reize. Einer Bürokollegin habe ich die Einsicht zu verdanken. Sie ist achtzehn Jahre jünger als ich, stand kurz vor der Geburt ihres ersten Kindes und hatte, da sie monatelang in die Elternzeit verschwinden würde, *einen spontanen Abschiedslunch zu zweit* vorgeschlagen. Jenes Mittagessen brachte die Dinge ins Rutschen, vielmehr: meinen Geist in Bewegung.

Äußerst ungern verbringe ich meine Mittagspause in Gesellschaft, und vielleicht sollte ich zunächst erklären, warum das so ist, wie und womit ich mein Geld verdiene. Als leitende Angestellte bin ich in einem Betrieb mit zweihundertvierzig Beschäftigten tätig, in einer Firma, die Nachrichtenim- und -export betreibt und dabei weltverbesserische Absichten verfolgt, weshalb das Duzen Pflicht und die Gehälter exorbitant niedrig sind. Meine Jobbeschreibung besagt, dass ich die publizistische Produktion am Laufen zu halten habe, und zwar auf die *teamorientierte* Art. Daher verbringe ich täglich neun bis zehn Stunden damit, *Projektgruppen* und *Meetings* einzuberufen, daher reden zwischen acht und achtzehn Uhr Menschen hektisch auf mich ein, und ich rede hektisch zurück und versuche, motivierende Zuversicht zu streuen. Ginge es nach mir, würde ich ohne Mätzchen einfach durchregieren. Aber so macht man es heute nun mal nicht mehr. Eine weiblichere Arbeitswelt haben wir jetzt, heißt es, auf die Menschlichkeit komme es an. In der Quintessenz bedeutet dies, dass ich mir keinen einzigen Tag mit schlechter Laune leisten kann.

> »Arbeit ist grundsätzlich Frauenarbeit geworden, selbst die der Männer. [...] Besonders junge weibliche Singles sind ex-

trem wichtig für das Wachstum. [...] Frauen werden dazu angehalten, sich selbst als Menschen mit guten Kommunikationsfähigkeiten zu sehen, ›wie geschaffen‹ für die Arbeit in Agenturen und Callcentern«,

schreibt die britische Philosophin Nina Power in ihrem Essay »Die eindimensionale Frau«[17], und ich erkenne meinen Job beziehungsweise mich in meinem Job darin wieder. Für *typisch weibliche* Qualitäten werde ich bezahlt, *diplomatisches Geschick, psychologisches Einfühlungsvermögen,* unerschütterliche Umsicht. *Tough* soll eine weibliche Führungskraft sein, aber nicht *biestig*. Bestens informiert, aber um Himmels willen nicht *besserwisserisch*. Gern *engagiert,* aber bitte keine *Furie*. Das verbindende Glied, das inspirierend wirkt, stets ein offenes Ohr hat und seine Eigeninteressen zurückzustellen weiß – *die perfekte Mutter.* Zum Ausgleich für den Performancedruck gönne ich mir diesen einen Luxus: eine halbe Stunde zwischen zwölf und zwei, während der ich nichts von alldem hören will, während der man mir besser aus dem Weg geht. Ich bin die, die alleine isst.

Da es aber nun mal der letzte Bürotag der Kollegin war, gab ich ihrer Bitte um eine gemeinsame Pause nach. Ihre Anhänglichkeit rührte mich, und auch sonst fand ich sie nicht uninteressant.

Die Kollegin zählte zu den besonders Eifrigen in der Belegschaft, war gewissermaßen ein *High Potential* im Betrieb, eine der auf zornige Art schlauen jungen Frauen, die funkelnde kleine Metallstecker in ihren Nasenflügeln tragen und große Margarete-Stokowski-Verehrung in ihren Herzen. Sie ließen sich nicht die Hälfte dessen gefallen, was ich als *weibliches Jungtalent* noch hingenommen hatte. In ihren Artikeln erklärten sie messerscharf, wie Sexismus und Rassismus zusammenhingen, warum sie *Vulva* für ein besseres Wort als *Vagina* hielten, welche Fallen die *Care Work* mit sich brachte, *die Arbeit, die man erst bemerkt, wenn sie nicht erledigt ist*[18], und wiesen unermüdlich auf das *Pay Gap* hin, das schier unausrottbare Einkommensgefälle zwischen weiblichen und männlichen Erwerbstätigen. Sie operierten nicht mehr mit dem Binnen-I, sondern mit Unter_strichen, Stern*chen und Doppel:punkten, um auch trans Personen und solche, die weder Frau noch Mann waren oder sein wollten, in ihren gerechten Zorn zu inkludieren, und bluteten für Selbstversuchsreportagen *Menstruationstassen* in *Menstruationszelten* voll (»Du meine Güte, bitte nicht zurück zum Mondphasen-Feminismus!«, entfuhr es mir einmal in einer Sitzung). In ihren Kolumnen diskutierten sie über *body politics, body shaming, body positivity,* verwarfen vieles, kaum dass sie einen neuen #Hashtag in die Welt gesetzt hatten, wieder und bezeichneten sogenannte *Beziehungstaten* nicht mehr als *Beziehungstaten,* sondern als das, was sie de facto meist waren: Femizide, Frauenmorde. Nicht alles leuchtete mir ein, manches erschien mir albern oder sogar kontraproduktiv, aber prinzipiell ging es in die richtige Richtung, fand ich.

Staffelübergabe war ein Wort, das mir immer mal wieder in den Sinn kam, wenn ich beobachtete, wie sicher sie sich in einer Realität bewegten, die ich mir in ihrem Alter oft gewünscht hatte. Frauen meiner Jahrgänge hatten Dekaden zuvor das erste große Medienpraktikantinnenheer gestellt und einige Energie aufwenden müssen, um das damals noch weitgehend ungehemmte Gegockel und Gegrabsche ihrer fast ausnahmslos männlichen Chefs auszublenden, abzuwehren – es *strategisch wegzulächeln,* wie es im Managementjargon der 1990er und 2000er Jahre hieß[19]. Ungerechtigkeiten und Unverschämtheiten ließen sie, ließ ich, mit einer so merkwürdigen Tapferkeit über sich ergehen, dass es im Grunde kaum (noch) zu glauben war. Im Hintergrund kreischten die Nadeldrucker, piepsten die Modems, meldeten die Faxgeräte Papierstau, im sechsten Stock spielte ein königlich bezahlter Jochen, Frank, Hans-Günther oder Michael Taschenbillard an seinem Fünfquadratmeterschreibtisch, stauchte seine *Assistentin* zusammen oder pimpte seine Spesenabrechnung, während in den so günstig eingekauften und so hübsch anzusehenden jungweiblichen Vorzeigekräften eine Vision gärte, ein *höheres Ziel*, jedenfalls war es bei mir so gewesen: *Wartet nur, ihr Macker, bald wird es euch an die Button-down-Krägen gehen, ihr werdet alt, und wir werden mehr, und je mehr wir werden, desto weniger werden wir eure Sauereien dulden, früher oder später werdet ihr abgemeldet sein.*

Noch immer waren die Chefs in der Mehrheit – mittlerweile handelte es sich um Exemplare meines Alters, Jungs, mit denen ich Zungenküsse in Landschulheimen hätte tauschen, Männer, die *marriage material* für mich hätten sein können, hätte ich dereinst zugeschlagen –, und noch immer benahmen sich einige von ihnen mitunter wie Paviane auf Crystal Meth. Aber jetzt kamen sie nicht mehr ganz so schadlos damit durch[20] wie ihre Vorgänger. Die nachgewachsene weibliche Angestelltengeneration wehrte sich stärker als alle vorherigen. Manchmal dachte ich: Diese jungen Dinger mit ihren rund um die Uhr eingeschalteten Twitter-Konten sind die Töchter, die ich nie gebar.

Einmal hatte das High Potential mich ganz direkt gefragt, ob ich *früher* auch ein paar #MeToo-Erfahrungen gemacht hätte.

»Nichts allzu Wildes«, hatte ich gemurmelt und mich nach draußen verzogen, in die Aschenbecherecke im Hof, um das *früher* in ihrer Frage schnell wegzurauchen. Sie ging also davon aus, dass eine Frau in meinem Alter für sexuelle Belästigung nicht mehr in Frage kam. War das nicht diskriminierend? Nannte man eine solche Denkweise jetzt nicht *Ageismus*? Binnen zwei, drei

Lungenzügen sah ich allerdings ein: Sie hatte recht. Mit der Zeit hatte es mir gegenüber tatsächlich nachgelassen, und ich konnte mich nicht darüber empören, im Gegenteil, das war einer der entscheidenden Vorteile des Älterwerdens als Frau: endlich ein Berufsalltag, ohne »drei alte Säcke anlächeln zu müssen, damit sie […] dir eine Aufgabe anvertrauen«, wie Virginie Despentes die übliche Berufsanfängerinnenerfahrung im ausgehenden 20. Jahrhundert einmal beschrieb[21].

Wie ich qualmend so da stand, allein neben den Recyclingcontainern, eine *alte Häsin* im Geschäft, versuchte ich, mich in das *Jungtalent* zurückzuversetzen, das ich einmal gewesen war, und fand mich in folgender Szene wieder: Ich bin siebenundzwanzig und sitze im ersten Großraumbüro meines Lebens, als News-Nachwuchs in einer global agierenden Agentur. Es ist meine erste Nachtschicht, drei Uhr früh. Neben mir sitzt der Ressortleiter, zwanzig, dreißig Jahre älter als ich, um mich anzulernen. Das Großraumbüro liegt im Dunkeln, nur der Tisch mit dem alten Mann und mir ist beleuchtet, von zwei winzigen Strahlern und dem Elektroblau der Bildschirme. Er legt seine Hand nicht auf meine. Er drückt sein Knie nicht gegen meinen Schenkel. Er prahlt mit seinen früheren Heldentaten, schwärmt, wie er einst nur mit einem Kugelschreiber bewaffnet an lebensgefährlichen Krisengebietsstraßen stand, und lobt mich, ich hätte den richtigen Riecher, ein großes Potenzial – ganz anders als *die frigide Fregatte*. Arglos wie ein Gänseblümchen frage ich, was oder wen er meint mit der *frigiden Fregatte*. Und er erklärt, dass er an W Punkt denke, die Kollegin in seinem Alter; die ledige, kinderlose Vizeressortleiterin; die einzige Frau auf einer solchen Position im ganzen Haus; diejenige, die vor lauter Ehrgeiz *die schönsten Dinge im Leben verpasst* habe, weshalb sie in jeder Konferenz *verbissen* versuche, sich mit ihren *verzweifelten* Vorschlägen *wichtigzutun*, was mit jedem neuen Anlauf nur noch deutlicher zeige, wie *frustriert* sie sei. »Kein Wunder, dass *so eine* keinen abbekommt, kein Wunder, dass *so eine* schnell verwelkt«, sagt der alte Mann und zwinkert mir zu, und es klingt wie ein exklusives Verschwörungsangebot und eine scharfe Warnung zugleich.

Ready?, fragte die hochschwangere Begabung kurz vor zwölf im hausinternen Chatprogramm, und eine Viertelstunde später saßen wir dann zu Tisch, sie vor einem Teller sicherlich sehr folsäurehaltigen Linsengemüses, ich vor einem überbackenen Schweineschnitzel. Angeregt plauderten wir über Donald Trump, als sie sich, für mich völlig überraschend, ohne jeden Zusammenhang, erkundigte, wie lange ich *denn schon Single* sei.

Die zutrauliche Selbstverständlichkeit in ihrer Frage verblüffte mich. Wie sie darauf komme, fragte ich zurück.

»Keine Ahnung, ich habe es mir einfach so gedacht«, sagte sie und strahlte mich an. Dann benutzte sie ein peinliches Wort: »Ich finde es *supercool*, wenn eine Frau ihr Ding alleine durchzieht.«

»Es gibt nichts Uncooleres als das Wort *cool*«, belehrte ich sie.

»Uncool ist das neue Cool«, gab sie zurück, stahlhart wie ein Cyborg.

Himmel, sind diese jungen Frauen goldig und auf Zack zugleich, kein Wunder, dass manche es da mit der Angst zu tun bekommen, dachte ich.

Doch dieser Gedanke war nur ein billiges Selbstablenkungsmanöver, denn ihre Frage überforderte mich, und zwar in mehrfacher Hinsicht. Dass jemand ihren Leib befruchtet hatte, war nicht zu übersehen, aber ich hatte keine Ahnung, ob sie ihn ihren *Freund* nannte, einen *Ausrutscher* oder ihren *Verlobten.* Umgekehrt hatte ich im Betrieb nie ausgeplaudert, wie es privat um mich stand. Sah man mir etwa an, dass ich allein war? Wenn ja, woran? Lag es am fehlenden Ring? Nicht alle Eheleute tragen ihn. Obwohl: in der Generation Z vermutlich schon. Ich hätte eine Fernbeziehung führen können, mit einem umstrittenen Handballtrainer, weshalb es geheim bleiben musste, mit einem Lebensabschnittsgefährten aus einer süddeutschen Seenlandschaft, schon seit zwölf Jahren – ohne Schmuck. Hatte sie in meinen öffentlichen Onlineprofilen spioniert? Kaum jemand trug dort einen Beziehungsstatus ein, nicht mal die amtlich Getrauten. Oder hatte jemand meine Personalakte geleakt, und sie hatte den Eintrag *ledig* entdeckt, eine Lebenslaufinformation, die man längst nicht mehr angeben muss[22], aus purer Gewohnheit schreibe ich es immer noch dazu. Wie aus dem Nichts erinnerte ich mich an eine Begegnung mit einer Musikerin, die als *Female Artist from Hell* für ihre Synthesizerkunst warb und mir Jahre zuvor, als sie und ich noch in unseren Dreißigern waren, in einem Club zugeraunt hatte, wie wenig sie von einer anderen, älteren Musikerin hielt, die gerade ihr Solo-Set zu Ende gespielt hatte. Sie könne es einer Frau nämlich *ansehen*, wenn diese länger keinen Sex mehr gehabt habe: »Es erklärt so vieles.«

Unwohl war mir vor allem, weil ich eine tiefe Abneigung gegen das Wort *Single* hegte, einen regelrechten Snobismus sogar. Spontan verband ich nichts als turbokommerzielle Idiotien damit, rohe Verzweiflung, lauwarmen Afterwork-Prosecco. *Mädels-Touren* zu Designer-Outlet-Centern. *Freche Frisuren* für Ü30, Ü40, Ü50, Ü60. Schrilles Flirt-Coach-Geplapper. *The Dickonomics of Tinder*[23]. Speeddating-Turniere, bei denen es *Romantikwochenenden* in Wellnesshotels zu gewinnen gab. Whirlpools voller *Batida de Coco*[24]. *Alles kann, nichts muss – alle elf Minuten verliebt sich ein Single – ich schneeschippe jetzt*[25]. Wie konnte jemand auf die Idee kommen – wie konnte sie es wagen –, mich mit alldem in Verbindung zu bringen?

Zudem, und das war das Entscheidende, hatte ich bis dahin noch keinen Gedanken auf die Frage verschwendet, wie lange ich *Single* war.

Was bedeutete das Wort überhaupt?

Meinte es, dass es niemanden gab, mit dem man zusammenwohnte? Oder nur niemanden, mit dem man regelmäßig Geschlechtsverkehr betrieb? Zählten Eine-Nacht-Begegnungen oder Urlaubsaffären, zählte das Herzklopfen, das ein bestimmter Busfahrer bei einem auslöste, weshalb man rund um die Uhr an ihn dachte und also keineswegs *frei im Herzen* war, dazu oder nicht? War das Singlesein eine temporäre Zustandsbeschreibung oder ein Lebensentwurf?

Gar so etwas wie eine, Obacht!, *Identität*?

War man Single ab dem ersten Tag nach dem Ende einer Beziehung oder erst, wenn man etwaigen Liebeskummer überwunden hatte und sich aktiv auf die Suche nach jemand Neuem begab?

Und was, wenn man nicht suchte, sondern bloß lebte?

»Seit anderthalb Jahren, ungefähr«, antwortete ich schließlich und versuchte, es so belanglos wie möglich klingen zu lassen. Wobei in Wahrheit längst schon wieder zwei dreiviertel Jahre seit meiner letzten Tändelei vergangen waren, praktisch drei.

»Das ist aber nicht lang, das geht ja noch«, sagte die Kollegin, und wir wechselten das Thema, und eine halbe Stunde später sagten wir uns dann Lebwohl. Eine *Hausgeburt* hatte sie sich vorgenommen.

Später, in meiner Wohnung, als ich die Feierabendeinkäufe im Kühlschrank verstaute, die Spülmaschine ausräumte, das Altpapier bündelte und die Wäsche des Vorabends vom Trockenständer nahm, während ich all die Aufgaben erledigte, für die ich eine süße kleine Ehefrau recht gut hätte gebrauchen können, eine nette Zuverdienerin, die sich in einer Nebentätigkeit von, sagen wir, zwanzig Wochenstunden ein wenig *selbst verwirklicht,* mit einem Jöbchen in einer Galerie, mit stundenweisem Modeschmuckverkauf in der Boutique einer ihrer Freundinnen, mit leichten Buchhaltungstätigkeiten im Homeoffice, und die ansonsten zusieht, dass die Betten frisch bezogen sind und etwas Warmes auf dem Tisch steht, sobald ich mein Aktenköfferchen im Flur fallen lasse, während ich also wieder einmal in den bequemsten aller Tagträume abzugleiten drohte, den Traum, ein *Mann alter Schule* zu sein, ging mir das Gespräch mit der Kollegin unablässig durch den Kopf. Ich überlegte, ob ich nicht doch eine Single-in war – wie sollte man es sonst nennen? – und weshalb mich dieses Wort so pikierte. Vor allem eines saß mir quer: Woher rührte dieses bange Stottern? Warum hatte ich die Dauer meines Singleseins absichtlich verkleinert? Ich ärgerte mich, über die Neugier der Kollegin, aber noch mehr über mich selbst.

Es gibt nichts Traurigeres als eine Frau, die allein zu Hause trinkt, hatte ich ein paar Tage zuvor jemanden im Radio sagen hören. Ich öffnete eine Flasche Supermarkt-Syrah, schenkte mir ein Glas ein, dimmte das Licht, ließ die Jalousien herunter und strich über die Schallplattencover in meinem Regal, die kleine Sammlung, die ich über all die Jahre zusammengetragen hatte. So viele Lieblingslieder – gewissermaßen also: so viel *Liebe.* Aus all den Scheiben suchte ich die Musik heraus, die von Frauen gemacht war, und zwar von solchen, die nicht nur vom Alleinsein singen oder sangen, sondern auch persönlich über längere Strecken ohne feste Begleitung durch ihr Leben gingen beziehungsweise gegangen waren. Unter diesem Aspekt hatte ich meine Sammlung noch nie betrachtet und war erstaunt, dass es für ein Spontanprogramm von um die zwei Stunden reichte.

Nina Simone: *Always alone at home or in a crowd / A single woman out on a private cloud*

Björk: *You'll meet an army of me / Self sufficiency please*

Liz Phair: *I want a boyfriend / I want all that stupid old shit like letters and sodas / I'm gonna spend another year alone / It's fuck and run*

Christiane Rösinger: *Liebe wird oft überbewertet / Liebe ist nur ein Teilaspekt des Lebens / Und die anderen Teile sind auch nicht schlecht*

Ella Fitzgerald: *I'm alone when I lower my lamp / That's why the lady is a tramp*

Kylie Minogue: *I don't need anyone / Except for someone that I don't know*

Kylie Minogue – war es zu fassen? Beruf: Traumfrau mit Gesang. Nebentätigkeit: Unterwäschemodel. *Sexy*, aber *lieb*, appetitlich, aber ungefährlich. Einst umschwärmt und begehrt von, grob geschätzt, jedem zweiten Mann meiner Altersklasse; auch von weiblichen Popfans gemocht, für den einen oder anderen gelungenen Song. Oft unterwegs, beruflich bedingt. Zwei Jahre älter als ich, elf Zentimeter kleiner. Kein Kind. Drei ernsthafte Beziehungen in dreißig Jahren. Wobei *ernsthaft* bedeutet: Sie dauerten je zwei bis fünf Jahre. Einmal, kurz vor ihrem Achtundvierzigsten, schrammte sie knapp an der Eheschließung vorbei, mit einem Schauspieler namens Joshua Sasse, neunzehn Jahre jünger und dramatisch viel unbekannter als sie. 2016 gaben die beiden ihre Verlobung bekannt, 2017 die Trennung. Seither lebte Kylie Minogue wieder wie all die Jahre zuvor, wieder in etwa so wie ich.

Es sind oft die tollsten Frauen, die keinen Partner finden – was für ein Jammer! War dieser Allgemeinplatz in nächtlichen Kneipengesprächen gefallen? Hatte ihn die eine alleinstehende Freundin am Telefon gesagt – und die andere alleinstehende Freundin hatte ihn kurz darauf beim Spazierengehen wiederholt? Hatte ich ihn bei Facebook gelesen? Oder selbst schon mal ausgesprochen, in gequälter Selbstironie?

Wenn bei mir Wohnzimmerdisco ist, setze ich darauf, dass die Socken an meinen Füßen meine Tanzschritte dämpfen, so dass man im Erdgeschoss nichts davon mitbekommt. Höchstens das Knarzen der Holzdielen könnte mich verraten. Ein junges Paar wohnt unter mir, ich schätze sie auf Ende zwanzig, und ich will nicht, dass sie sich, während sie aneinandergeschmiegt eine Netflix-Serie schauen, garstig angrinsen: *Hörst du die Alte hüpfen, schlimm, sie hat mal wieder ihre fünf Minuten da oben!*[26] So beschränkte ich mich auch diesmal auf moderates Hüftgewackel und lindes Armgeschlenker. Von der Zimmertür scharwenzelte ich zum Balkon und wieder zurück, hin und her. Unterdessen ließ ich in meinem Innern die Rechenmaschine laufen, um endlich die Mathematikhausaufgabe zu erledigen, vor der ich mich so lange gedrückt hatte. Die letzte *Sache,* die mir beim Mittagessen noch eingefallen war und zu der ich absichtlich falsch zurückgezählt hatte, konnte und wollte ich als *Beziehung* nicht gelten lassen, sie hatte nur gut ein Jahr gedauert, und am liebsten hätte ich sie rückgängig gemacht, noch während sie lief. Genauso wenig galt eine *Angelegenheit* von irgendwann davor, ein Viermonatsding, das so lau verlaufen war, dass ich mich nicht mal mehr ans Schlussmachen richtig erinnern konnte.

Und davor? Satte fünf Jahre ohne überhaupt ein Engagement in diese Richtung und genau zwei Mal Sex.

Und davor? Zwei Jahre mit jemandem, der achthundert Kilometer entfernt wohnte und den ich meinem Umfeld als *meinen Freund* vorstellte, wenn er mich in *meiner Stadt* besuchte, so wie er mich in *seiner Stadt* als *seine Freundin* in seine Kreise einführte. Aber: Hätte ich meine letzten dreitausend Euro hergegeben, wenn er sie gebraucht hätte – und umgekehrt? Hätte ich mein Leben geopfert, um seines zu retten – und umgekehrt? Wann war man *vergeben* – wann *frei*? Ab welchem Innigkeitsgrad zählte eine Verbindung als etwas, das einen zum *Nicht-Single* macht?

Beinahe im gleichen Alter und zur gleichen Zeit stellte jenseits des großen Ozeans eine Frau ganz ähnliche Überlegungen an. Die US-Autorin Kate Bolick war dreiundvierzig, als sie in ihrem Buch »Spinster. Making a Life of ones' own«[27] (»Alte Jungfer. Sich ein eigenes Leben aufbauen«) über sich schrieb:

> »In diesem Moment bin ich ›Single‹ in der striktesten Definition seit siebzehn Jahren, von denen ich neun damit verbrachte, Single zu sein und gleichzeitig vom Single-Leben zu träumen.«

Es klingt kompliziert, aber es ist im Grunde ganz einfach. Was Bolick mit »striktester Definition von Single« meint, ist, dass sie seit siebzehn Jahren mit niemandem eine Zukunft plante. Zwar blieb sie während jener Zeit nicht ungeküsst, zwar erlebte sie, verteilt über neun Jahre, immer mal wieder ein *Geschichtchen*.

Ohne sich bei der jeweiligen anderen Person aber aufgehoben oder sich ihr verpflichtet gefühlt zu haben. Mit ihrem Geist und ihren Gefühlen war sie nicht ganz bei der Sache, und die jeweils andere Seite schien es auch nicht zu sein. »Situationships« nennt die marokkanisch-französisch-israelische Soziologin Eva Illouz solche Verbindungen: »Beziehungen, in denen man sich unausgesprochen oder explizit darüber einig ist, nicht in einer Beziehung zu sein. [...] Sie werden ›bis auf Weiteres‹ unterhalten und ›führen zu nichts‹.«[28]

So stand Kate Bolick in jedem ihrer *Geschichtchen* früher oder später neben sich und sehnte sich danach, das wechselseitige So-tun-als-ob schnellstmöglich hinter sich zu lassen. Lieber wollte sie wieder als *social aloner* durch ihre Tage segeln – als *gesellige Einzelgängerin*, alleinlebend, aber keineswegs *einsam*, sondern freundschaftlich »verbunden mit Gleichgesinnten«. Die Amerikanerin machte das Single- oder Nicht-Singlesein also allein am Grad ihres eigenen emotionalen und gedanklichen Engagements fest.

Bolicks Buch kannte ich an jenem Freitag noch nicht, und ich hatte auch noch keine Ahnung, wie sehr andere Frauen – verständlicherweise vor allem solche, die unfreiwillig ohne Begleitung waren – sich über eine derart *verwöhnte* Rechnung ärgerten[29]. Als *reiches liberales weißes Mädchen* mit *Luxusproblemen*[30] wurde sie von einigen verhöhnt, etwa im Lager konservativer Trump-Anhängerinnen. Instinktiv legte ich an mein *Liebesleben* die gleichen Kriterien an wie das *reiche liberale weiße Mädchen*. Ich tanzte nicht nur so vor mich hin, ich tanzte mit Methode, tanzte mich aus dem Nebel des Liebergarnichtsogenauwissenwollens hinaus und tanzte nicht allein, sondern ließ sie in meinem Geist alle noch einmal mit antanzen, die *festen Freunde*, *Gschpusis* und *Seelenverwandten*, gewichtete, sortierte aus, blätterte zurück, weiter und immer weiter, bis zum einstweilen letzten Mal, dass ich mich jemandem zugehörig gefühlt hatte. Und kam – mit Bolick gesprochen – auf folgendes Ergebnis: »In diesem Moment bin ich Single in der striktesten Definition seit vierzehn Jahren, von denen ich sechs damit verbrachte, Single zu sein und gleichzeitig vom Single-Leben zu träumen.«

Acht netto – vierzehn brutto.

Vier.

Zehn.

»Ich glaube, ich bin jetzt *angekommen*«, hatte das High Potential gesagt und irgendwie heilig aus seinem Hängekleidchen geguckt dabei, und mit seiner flachen Hand hatte es über die Kugel gestrichen, in der das neue Leben puckerte.

Und hier war ich: eine längst schon leicht angeknitterte Person in einer Stadt, die ihr nicht sonderlich gefiel, in der sie aber festhing, wegen ihres Jobs, dessen Erlös gerade dazu reichte, die Miete und das Nötigste drum herum zu finanzieren, die Miete für eine schattige Zweizimmerbude, in der das Warmwasser aus einem elektrischen Durchlauferhitzer kam und in der es nie nach frisch gekochten Köstlichkeiten duftete, aus der nie ein vertrautes Husten, nie ein zärtliches Rascheln, nie eine freundliche Musik erklang, wenn sie die Wohnungstür aufschloss. Es war immer still, und es roch immer nur nach mir.

Ich versuchte mir vorzustellen, wie es wäre, wenn ich doch wieder einmal *jemanden kennenlernte* und wenn jener jemand bei der zweiten oder dritten Verabredung von sich sagte: »Also ich bin jetzt übrigens knapp anderthalb Jahrzehnte allein.« Sehr sicher hätte ich mich danach nur noch sporadisch bei ihm gemeldet. Wenn überhaupt. Anderthalb Jahrzehnte *ohne*: Selbst in meinem humanistischen Verständnis klang das in keinster Weise mehr anziehend. Es klang bedenklich.

So nahm ich die Vierzehn als das, was sie wohl war: ein offizieller Ausmusterungsbescheid.

Ein bisschen fühlte es sich aber auch gleich wie ein Freispruch an.

Endlich war es raus.

Ich war raus.

Ich nahm mir fest vor, es gut zu finden.

ZUFALLSZWISCHENMENSCHLICHKEIT IST MEIN HOBBY

Bevor ich zu grübeln begann, wie und warum ich zur alleinstehenden Frau geworden bin, bevor ich anfing, mich vorübergehend ein wenig *verrückt zu machen* deswegen, gefiel mir mein Leben ohne Begleitung ziemlich gut.

Dies so deutlich zu sagen birgt einige Gefahren. Die größte ist wahrscheinlich, dass es wie gelogen klingt.

Ich möchte niemandem *empfehlen,* so zu leben wie ich – will aber doch gleich mal ein wenig von den positiven Seiten des Sololebens erzählen. Vor allem will ich mir die Vorteile selbst noch einmal vor Augen halten. Die Vorteile, wie *ich* sie sehe. Man kann Kosten-Nutzen-Rechnungen zu allen möglichen Belangen des Lebens anstellen, Pro-und-Con-Listen aufsetzen, so kleinteilig, so akribisch, bis man fast wahnsinnig wird, und am Ende stimmen die Vergleichskalkulationen doch nicht und überzeugen niemanden. Ich denke: Alle Menschen legen sich die Dinge irgendwie zurecht, so, dass sie einen Sinn für sie ergeben, so, dass sie sich darin wiedererkennen, und im Zweifelsfall, wenn es hart auf hart kommt, reden sie sich die Dinge schön. Was mein kleines Leben angeht, versuche ich, es mir folgendermaßen zu erzählen: Es ist, erstens, meins, und es ist, zweitens, wunderbar.

Was genau ist so wunderbar an meinem Sololeben? Nun, zuerst fällt mir dies ein: Es hat mich zu einer reichen Frau gemacht. Nicht in finanzieller, aber in menschlicher Hinsicht. Ohne Begleitung bin ich viel herumgekommen, nicht nur geografisch. Es gab Phasen, da übernachtete ich in Fünf-Sterne-Hotels, die andere für mich buchten und bezahlten, da trippelte ich über rote Teppiche, wurde zu Crémant-Besäufnissen geladen, suchte mir einen *Steuerberater*. Und andere Phasen, in denen ich in einem Amt mit bröckelnder Fassade ein und aus ging und auf den guten Willen einer *Fallbearbeiterin* angewiesen war, Zeiten, in denen ich den sagenumwobenen *Abgehängten* so nahe rückte, wie nur wenige in meinem näheren Umfeld es von sich behaupten können. Markante Ausschläge nach oben wie nach unten habe ich erlebt, ohne dass jemand mich im Höhenflug aufgehalten oder beim Absturz aufgefangen hätte. Fast alle soziale Scheu habe ich dabei abgeschüttelt. Mit Gewinnerinnen und Gewinnern weiß ich ebenso gut umzugehen wie mit Verliererinnen und Verlierern, denn beide Seiten trage ich in mir selbst, und ich konnte sie nur deshalb so intensiv kennenlernen, weil ich dabei keinerlei Rücksicht auf irgendjemandes Befindlichkeit nehmen musste. Weil die Achterbahnfahrt niemanden juckte, außer mich, die ganz allein im bunt blinkernden Wägelchen saß und manchmal gar nicht wusste, wie ihr geschah. Vor allem deshalb habe ich heute immer ein paar packende Storys auf Lager und kaum je Angst – nicht mehr. Käme jemand auf die Idee, mich als *lebensklug* zu bezeichnen, würde ich keinesfalls widersprechen. Zwar verfüge ich tatsächlich, wie so viele alleinstehende Frauen, über keine nennenswerten materiellen Werte. Zwar bin auch ich eine potenzielle Kandidatin für Altersarmut. Zwar finden sich in meinem Kleiderschrank keine *Designerteile*. Zwar war ich noch nie in einem *Infinity Pool* baden. Das hindert mich jedoch nicht daran, meine ganz eigenen Arroganzen zu pflegen. Ich will nicht bescheidener tun, als ich bin, eine gewisse Überheblichkeit habe ich mir über die Jahre durchaus zugelegt. Eine meiner Lieblingsselbstbehauptungen lautet: *Das schaffe ich alleine*. Eine andere: *Ich komm' schon klar*. Die liebste von allen: *So leicht macht man mir nichts mehr vor.*

Die Tatsache, dass ich keinen Partner, auch keine Partnerin an meiner Seite weiß, bringt einen weiteren, noch sehr viel bedeutenderen Vorteil mit sich: Sie hat mich innerlich zu einer zähen, äußerlich aber zu einer weicheren, friedlicheren, sehr viel freundlicheren Person gemacht.

Es ist nämlich so: Meine Wärme, meine Zugewandtheit, meinen Charme verwalte ich nicht engherzig wie eine Glucke oder meinetwegen eine Löwin, die sich zuvorderst auf ihr Rudel konzentriert und alles wegbeißt, was ihr Königinnenreich in Unordnung stürzen könnte – nein, ich streue sie großzügig ins Feld. Ich flirte, wenn man so will, volldemokratisch, mit dem Backshop-Personal in meinem Viertel wie mit Buggykindern an Bushaltestellen, mit Taxifahrern, Bürokolleginnen, Call-Center-Leuten, die auf ihren Mindestlohnbildschirmen nach Antworten auf meine mickrigen Probleme suchen, mit den Kurierfahrern, die mir die Waren bringen, die ich zu brauchen glaube, und auch, es stimmt, mit meinem Zahnarzt.

Volkswirtschaftlich ausgedrückt: Ich privatisiere meine Zuneigungskapazitäten nicht, ich sozialisiere sie.

Dadurch, dass ich nicht auf einen Menschen fixiert bin und auch nicht auf mich selbst in Verbindung mit einem Menschen – *Bin ich zu anhänglich? Zu unanhänglich? Warum vögelt er mich seit einem halben Jahr nur noch von hinten? Ist die Luft raus? Ist sie noch drin? Gibt er mir das, was ich zu verdienen glaube? Ist er etwa ein Narzisst, also: krankhaft? Bin ich eine Narzisstin?* –, dadurch, dass meine Kanäle nicht mit sogenannter Romantik oder Paarpsychologie verstopft sind, überlege ich nicht ständig, was ich von jemandem *haben* kann. So egoistisch, so egozentrisch – vielmehr: duozentrisch – sind doch eigentlich immer nur Menschen, die behaupten, sie seien *in Liebe* mit irgendwem. Immer *wollen* sie etwas von dem oder der anderen: einen Anruf, ein Geschenk, ein Signal, einen Beweis, mehr Nähe, mehr Abstand, eine Erklärung, eine Entschuldigung, eine Beteuerung, ein *Itsch-lübe-Ditsch* pro Tag. Da bin ich eindeutig anders. Da es mir fernliegt, jemanden als *mein eigen* zu betrachten, respektiere ich die anderen mit ihren Grenzen und Verschrobenheiten, erpresse sie nicht, erwarte nicht, dass sie sich für mich *ändern*, und laufe nicht mit einer Schnute durch die Gegend, wenn sie es, erwartungsgemäß, nicht tun.

Inzwischen weiß ich, dass auch andere Solistinnen es als großen Gewinn betrachten, nicht (mehr) »in den zänkischen Räumen der romantischen Liebe« festzusitzen. So formuliert es die kanadisch-britische Schriftstellerin Rachel Cusk[31], geschieden, alleinerziehend. Von »emotionaler Erbsenzählerei«, die in Paarbeziehungen früher oder später einsetze, schrieb die Generation-X-Autorin und Langzeit-Single-in Elizabeth Wurtzel.[32]

Für mich würde ich es so beschreiben: Dadurch, dass ich nicht *den einen* Menschen über achteinhalb Milliarden andere stelle, finde ich praktisch alle auf die eine oder andere Art interessant – und auch: *wichtig*. Ja, ich versuche, jeder und jedem gegenüber gleich aufmerksam zu sein, auch Passantinnen und Passanten, selbst in flüchtigsten Momenten. Das gibt den Menschen, völlig zu Recht, ein gutes Gefühl. Für mich wiederum hat es den Effekt, dass sie mir schnell vertrauen, so dass ich sehr viel sehe und höre, mehr als andere, vielleicht. Ich bin das Gegenteil von besitzergreifend. Ich lasse die Leute so sein, wie sie sind. Oft höre ich, man könne sich *sehr gut unterhalten* mit mir.

Was man mir schon Positives über mich gesagt hat: Ich sei *zuverlässig. Herzlich. Ehrlich. Unterhaltsam. Melancholisch.*

Was man mir schon Negatives über mich gesagt hat: Ich sei *erratisch. Distanziert. Quecksilbrig. Kopflastig. Melancholisch.*

All das stimmt. Ich fühle mich erkannt von der Welt, meiner Liebhaberin, meinem Liebhaber, meinem kugelrunden Darling. (Ich denke, sie ist *inter,* weder Frau noch Mann.)

Personen, die nicht in einer Zweierbeziehung stecken, unterhalten mehr Freund- und Bekanntschaften, auch Kontakte in die Nachbarschaft, und sie pflegen jene Verhältnisse auch aufmerksamer als Gebundene, zeigen Studien rund um den Globus. Davon profitiert die Allgemeinheit in hohem Maße, worauf etwa der Chicagoer Soziologe Eric Klinenberg seit den 2010er Jahren unermüdlich hinweist. Allen Vorurteilen zum Trotz verhielten Solistinnen und Solisten sich weniger »selbstsüchtig« als Liierte, und das nicht nur, indem sie engere Verbindungen zu älteren oder kranken Familienangehörigen pflegten und, statistisch gesehen, mehr Ehrenämter übernähmen. Sondern auch, indem sie »das öffentliche Leben in Städten lebendig halten, weil sie häufiger Zeit mit Freunden und Nachbarn verbringen als diejenigen, die mit anderen zusammenleben, weil sie Bars, Cafés und Restaurants besuchen und an informellen sozialen Aktivitäten sowie an Bürgergruppen teilnehmen«[33]. Tendenziell genössen Alleinlebende »mehr Lebenszufriedenheit« als Gebundene, hieß es, dazu passend, in einer Untersuchung, die 2015 an der US-amerikanischen Northwestern University erschien.[34]

Insbesondere für weibliche Singles scheint das mit der »höheren Lebenszufriedenheit« zu gelten. »Viele Frauen erzählen, daß sie sich in Partnerschaften sehr einsam fühlen – einsamer, als wenn sie als Single-Frau lebten«[35], konstatierte die US-amerikanische Sexualwissenschaftlerin Shere Hite schon 1989 in ihrem Buch »Kein Mann um jeden Preis«. Was bundesdeutsche Frauenbiografien angeht, war die Psychologin und spätere CDU-Familienministerin Ursula Lehr bereits in den 1970er Jahren zu ähnlichen Schlüssen gekommen. Als Mitglied einer konservativen Partei stand Lehr, heute über neunzig, nicht gerade in Verdacht, tradierte Familienverhältnisse über den Haufen werfen zu wollen. Aber selbst damals, in den Siebzigern, als es noch lange keine so breite und gut ausgebaute gesellschaftliche Infrastruktur für Alleinlebende gab wie heute, als eine Solistin noch unter viel strengerer Beobachtung stand und es deutlich schwieriger für sie war, sich ein taugliches Sozialleben aufzubauen, wies Lehr schon darauf hin, dass die Frau ohne Begleitung insgesamt weniger *einsam* war als viele ihrer verheirateten Altersgenossinnen. 1972 notierte sie: »Frauen, die sich als aktive Mütter und Großmütter ausweisen – also sehr familienzentriert sind –, zeigen geringeres Interesse für Angelegenheiten, die einen als ›Bürger‹ interessieren; ebenso scheinen sie auch auf einen großen Bekanntenkreis weniger Wert zu legen.«[36] Spätestens mit der Geburt des ersten Kindes und der damit »oft einhergehenden Reduzierung privater Kontakte« fühlten viele Frauen sich »völlig ›disengaged‹«, schrieb Lehr. *Disengaged* bedeutet so viel wie: nicht eingebunden, ausgeschlossen – *vereinzelt.*

Beinahe nahtlos schließen die Erkenntnisse der heutigen Sozialwissenschaft daran an. Auch jetzt, vierzig, fünfzig Jahre später, da Partnerschaften sich etwas anders gestalten als zu Lehrs Zeiten und da es auch deutlich mehr berufstätige Ehefrauen und Mütter gibt, ist die alleinlebende Frau oft besser in ihre Umwelt *eingebunden* als die gebundene. Ein Wissenschaftlerinnenteam an der Uni Chemnitz kam in einer Familienforschungsstudie mit dem flotten Titel »She's single, so what?« zu dem Ergebnis: »Alleinstehende Frauen unterhalten manchmal einen ganzen Konvoi von Menschen, wie Freunde und Verwandte, die ihnen wichtig sind. Viele alleinstehende Frauen sind nicht so anfällig für die Unsicherheiten, die entstehen, wenn jemand in Sachen Freundschaft und Fürsorge nur von einer anderen Person abhängig ist.«[37]

Auch ich habe mir über die Jahre einen »Konvoi von Menschen« angelegt. Zwar bin ich mir nicht so sicher, ob meine Freundinnen und Freunde mich unbedingt brauchen. Aber ich weiß: Ich brauche sie. Sicherheitshalber werde ich in diesem Buch an gebotener Stelle von ihnen schwärmen.

Lose Bekanntschaften, gleich welchen Geschlechts, sind jedoch eine ebenso tragende Säule für mein Daseinsmodell – und jene will ich hier nun einmal ausdrücklich preisen.

Sogenannte *oberflächliche Kontakte*: Wie sehr ich sie schätze! Leute, die ich noch nicht sehr lange oder nicht sonderlich gut kenne – und denen ich auch gar nicht näherkommen will. Menschen, mit denen ich vielleicht nicht mehr teile als exakt ein klar umrissenes Interessengebiet: Sixties Soul. Die Filme von John Cassavetes. Eintracht Frankfurt. Der oder die *Irgendwer,* den oder die ich antexten kann, um *irgendwas* zu unternehmen, wenn mir mal die sprichwörtliche Decke auf den Kopf fällt. So wie der oder die *Irgendwer* auch mich anfunken kann, falls Bedarf an einer freundlich flachen Ablenkung von irgendeinem Problem besteht. Es muss nicht alles voneinander gewusst werden. Vielleicht passt es gerade, dann geht man zusammen eine Runde um den Block, plaudert – und schenkt dem oder der anderen zwei Stunden Leichtigkeit, die sie oder er gerade dringend braucht.

Es kann ein Kollege oder eine Kollegin sein, mit dem oder der man nie ein längeres Wort gewechselt hat, mit dem oder der sich plötzlich aber doch ein Glas nach Feierabend ergibt, weil die Arbeitszeit nicht zum Lästern über die jüngsten Katastrophenentscheidungen der Geschäftsführung ausgereicht hat. Gemeinsam lässt man ordentlich Dampf ab. Vermutlich wird sich eine vergleichbare Situation nie wieder ergeben. Das macht nichts. In dem Moment, in dem es geschieht, tut es gut – ist es hilfreich – ist es sozusagen *echt* – ist es *wertvoll.*

Es kann der ältere Nachbar aus dem Stockwerk obendrüber sein, nennen wir ihn Herrn Schmidt, der, wie sich beim Treppenhaustalk herausstellt, beinahe am selben Tag Geburtstag hat wie man selbst. »An Sternzeichen gloob ick nich«, sagt Herr Schmidt, und man nickt und führt von da an aber doch immer ein extranettes Schwätzchen, wenn man sich auf dem Weg vom oder zum Supermarkt zufällig begegnet, Herr Schmidt, der verwitwete Single mit seinem *Hackenporsche* im Schlepptau, und ich, die Warum-auch-immer-Single mit ihrem *Shoppingtrolley.*

Mein Eindruck ist: Die alleinlebende Frau ist eine hervorragende Beobachterin, letztlich auch ihrer selbst, und hat dadurch das Potenzial, ein sehr feiner Mensch zu sein oder zu werden – fein wie feingetuned. Da niemand sie ablenkt und fünfzig bis neunzig Prozent ihrer Sinne in Beschlag nimmt, verfügt sie über ein hochentwickeltes Gespür für die verschiedenen Nuancen, Aromen, Lautstärken von Zwischenmenschlichkeit. Und dabei verfolgt sie eben *nicht* zwingend das Prinzip *Me first.*

Das ist nicht nur eine Behauptung, die ich geblendet von Selbstüberschätzung aufstelle. Belege dafür habe ich in Dutzenden Texten entdeckt, die Solistinnen über ihren Alltag verfasst haben, heute, gestern, vorgestern. Immer wieder setzte – und setzt – die Frau ohne Begleitung sich mit den mannigfaltigen

Spielarten von sozialer Nähe und sozialer Distanz auseinander. So gut wie nichts nimmt sie »für selbstverständlich«. Sensibel lotet sie aus, wie weit, wie tief, wie hoch diese oder jene Bekanntschaft reichen könnte. Und das oft ohne jeden Erwartungsdruck. Dafür voller Respekt für die individuelle Qualität des Verhältnisses – Respekt vor der persönlichen Sphäre der jeweils anderen Seite und auch vor sich selbst. *Wo warst du, was machst du gerade, woran denkst du, warum guckst du so komisch?* Nicht die Solistin belästigt sich selbst und andere mit solch aufdringlichen Fragen, die Liierte tut es.

Ein schönes literarisches Beispiel für das fein ziselierte Sozialleben einer Alleinstehenden findet sich bei der nie verheirateten US-amerikanischen Schriftstellerin Renata Adler. Sie machte 1983 eine Single-Frau namens Kate, Mitte dreißig, zur Heldin ihres Romans »Pechrabenschwarz«. Einer von Kates langjährigen Freunden ist ein schwuler Mann namens Leander. Außenstehenden könnte die Verbindung *dünn, unwichtig* oder eben *oberflächlich* vorkommen. Kate betrachtet die Sache jedoch ganz anders. Sie schätzt die lange Leine, das sehr leichte, dafür aber extrem dehnbare, somit also doch wieder verlässliche Band, das zwischen ihr und Leander gespannt ist:

> »Obwohl er mein Freund war, traf ich Leander Dworkin nicht häufig. Wir fanden unsere Freundschaft am Telefon sicherer. Manchmal telefonierten wir täglich. Dann wieder sprachen wir ein Jahr oder mehr nicht miteinander. Aber die Bindung zwischen uns war, glaube ich, weniger Stürmen ausgesetzt und in mancher Beziehung intensiver als Leanders Verhältnis zu Leuten, mit denen er tatsächlich zusammenkam. Alle paar Jahre einmal trafen wir uns zum Abendessen oder zu einem Drink oder auch nur auf einen Besuch.«[38]

»Alle paar Jahre« auf einen Drink treffen: So läuft es auch zwischen mir und einigen von mir sehr gemochten Menschen. Wir sind uns treu, auf unsere Art.

Hübsch finde ich auch, was die bereits zitierte Französin Françoise Giroud 1960 zum Thema notierte. Nachdem sie von einem Mann betrogen und sitzengelassen worden, also höchst unfreiwillig ins Sololeben gestartet war, fand sie mit der Zeit doch Gefallen daran und nannte sich eine *Freie Frau*. Mit jedem weiteren Jahr »in Freiheit« schien ihr Bekanntenkreis sich zu weiten, und besonders zärtliche Gedanken widmete Giroud gerade denjenigen, die nur flüchtig mal durch ihr Leben rauschten, denn auch jene waren ein wichtiger Baustein ihrer neuen *sozialen Landschaft*:

> »Leider gibt es keinen Begriff für diejenigen, denen man nur eine Zeit lang durch wechselseitige Zuneigung, Sympathie oder Interesse verbunden ist. [...] Ich nenne sie die ›Bis-baldigen‹.«[39]

Die Rotgelockte mit der prächtigen Zahnlücke, die immer nur dann auftaucht, wenn bestimmte andere Leute auch in der Bar sind: Sie wird *Sassa* gerufen und grüßt mich immer, obwohl wir uns noch nie unterhalten haben, und sie hat mir einmal einen Zwanzigeuroschein nachgetragen, der mir bei der Thekenbestellung aus dem Mantel gerutscht war. Hätte sie ihn selbst eingesteckt, wäre es niemandem aufgefallen.

Das Einmalgespräch, das seine überraschend hellen Momente hat, obwohl es mühsam und nur zum Zeittotschlagen begonnen wurde, mit einer völlig fremden Person, bei einer lausig langen Zugfahrt, einem beruflichen Branchen-Zwangs-Empfang, im Warteflur welcher Behörde auch immer.

Der galante kurdische Kioskmann, der mich fragt: »Wieder zwei von den Roten, Madame, oder rauchen wir heute bio?«, und der seine Recep-Tayyip-Erdoğan-Verachtung mit mir teilt, weil er weiß, dass ich bei einer Zeitung arbeite, und der mir zum Dank für meine Zuhörerinnengeduld immer ein Gratisfeuerzeug zusteckt: »Wieder eins in Tarnfarben, oder nehmen wir heute eins mit Glitzer, Madame?«

Sie alle will ich auf keinen Fall missen. Es handelt sich um Mikro-Gefährtinnenschaften, die sich situationsbedingt ergeben und aus denen nicht mehr werden muss, vielmehr: gar nicht mehr werden soll. Ihre Zartheit und Begrenztheit ist ja gerade das Besondere an ihnen. Der Wert der Zufallszwischenmenschlichkeit wird meiner Meinung nach gehörig unterschätzt.

CECI N'EST PAS UN CROISSANT

Am Morgen nachdem die Vierzehn in mein Leben getreten war, wachte ich mit Katergefühlen auf, wie nach einer etwas zu wüsten Party. Mit schweren Lidern, dem Geruch meines eigenen Schweißes in der Nase und einer süßen Resteuphorie im Blut. Als ob ich *sonst was* angestellt hätte. Dabei war mit der Wohnzimmerdisco schon gegen Mitternacht Schluss gewesen, und vom Syrah hatte ich bloß zweieinhalb Gläser getrunken. Das Gefühl, die Grundvibration changierte zwischen Geradeschlussgemachthaben und Ganzfrischverliebtsein. Unverhofft hatte ich etwas Wichtiges über mich herausgefunden. Jetzt musste ich mich nur noch in mich integrieren.

Es war schon seltsam. Immer mal wieder hatte ich diesen oder jenen Winkel meiner Existenz streng durchleuchtet, um zu erkennen, *wo ich stand*. Wie lief es mit der Arbeit, verdiente ich auch nur annähernd genug für die kostbare Lebenszeit, die ich dem Büro hingab? Wie sah es mit meinen Idealen aus? Hatte ich je welche gehabt? Welche hatte ich drangegeben, welche hatte ich mir neu ausgedacht? Wer war mir *wichtig*? Wem war ich *wichtig*? Sollte ich meine Eltern nicht öfter besuchen? Den Kontakt zu meinem Bruder vertiefen? Bestand die Antwort auf alle noch kommenden Fragen darin, auch eine dieser Yoga-Frauen zu werden, machten *normale* Frauen es nicht so, sobald ihr Vierzigster überschritten war: tief einatmen, noch tiefer ausatmen? Würde ich doch noch einmal den Ort wechseln und eines Tages näher an einem Meer wohnen? Hoffentlich. Es würde mir so gut stehen. Wann kam die Belohnung?

Nur einen Aspekt hatte ich bei all meinen Zwischenbilanzen geflissentlich ausgeblendet. Ich hatte ihn *in Watte gepackt.*

Ein Teil von mir hatte all die Jahre wohl doch auf etwas gewartet oder gehofft, und jener Teil hatte mir und anderen beständig einzureden versucht: *Diesmal lasse ich mir lediglich ein bisschen mehr Zeit zwischen den Beziehungen*. Er hatte mich davon zurückgehalten, den Tatsachen ins Auge zu blicken und sie zu benennen. Wahrscheinlich aus Furcht, dass ich mich damit für immer festlegte, eventuell auf das Falsche. Aus Angst, dass es unter keinen Umständen ein Zurück gäbe, etwa so, als würde ich freiwillig meine Staatsbürgerinnenschaft abgeben, spräche ich es einmal laut und deutlich aus: Es gab niemanden an meiner Seite, und ich *suchte* auch niemanden, ich hatte schlicht keine Lust darauf – Punkt.

Im Rückblick muss ich es als mittelschweren Selbsterkenntnisschock verbuchen. Offensichtlich war ich eine Frau, der die sogenannte Liebe nichts bedeutete – was für eine Feststellung! War die sogenannte Liebe die Leiche in meinem Keller? Wer hatte sie umgebracht? Ich?

Sehr verwegen kam ich mir vor.

Härter auch, als ich bis dahin angenommen hatte.

Für das neue *Lebensgefühl* wollte ich mich sogleich belohnen, schon allein, um etwaige Zweifel in Schach zu halten. Ich beschloss, mich übers verbliebene Wochenende *einmal so richtig zu verwöhnen,* wie es die *Frauenzeitschriften* auf ihren Titelseiten befahlen. Ich wollte mir eine *Me Time* gönnen, wie es heute heißt. Wobei ich jenen Begriff eigentlich gar nicht verstand beziehungsweise nicht sicher war, wie ich ihn auf mich anwenden konnte, *Me Time* herrschte bei mir ja sowieso die meiste Zeit.

Als Erstes schaltete ich das Phone aus. Nicht vor Montagfrüh würde ich es wieder in Betrieb nehmen, das erschien mir wesentlich für eine *Me Time,* die den Namen verdiente. Das Nächste – und Einzige –, was mir unter dem Stichwort *verwöhnen* in den Sinn kam, war ein Croissant, innen so fettig, außen so knusprig wie nur irgend möglich.

Die frische Luft auf dem Weg zum Backthekencafé würde mir guttun. Fröstelnd stieg ich aus dem Bett, schlüpfte in meine Jogginghose – *Homewear* sagen Bildungsbürgerinnen, aber ich war noch zu müde dazu – und in den Büropullover vom Vortag, trank im Stehen in der Küche einen schnellen Kaffee zum Wachwerden und frohlockte, weil ich immer noch so jung war. Tatsächlich hatten meine Samstagmorgen nicht viel anders ausgesehen, als ich mich in meinen Zwanzigern noch ausgiebig im Nachtleben herumtrieb. Auch montags bis freitags, vor der Arbeit, servierte ich mir nie ein Müsli, nie einen Marmeladentoast, immer nur ein, zwei Tassen Koffein und zum Nachtisch etwas Nikotin. *Diesen einen Schritt zum sogenannten Erwachsensein, das Reifestadium »ordentliches Frühstück«, habe ich einfach übersprungen,* dachte ich und erzitterte unter einem weiteren Verwegenheitsschauer.

Ich zog mir den Trenchcoat über, meinen täuschend echt wirkenden *Geschäftsfrauenmantel,* und betrachtete, mit der Hand schon am Türgriff, im Flurspiegel kurz die Frau, die in meiner

Wohnung wohnte. Die Alleinstehende an der Schwelle zur Best-Ager-Kohorte. Seit jeher zählte ich zu denen, die sich nur schminken, wenn der Job es verlangt oder etwas Größeres ansteht. Ich bin die, die ohne Concealer einkaufen geht. Mit Feminismus hat das nichts zu tun, nur mit Faulheit. Nun hatte ich das Alter erreicht, in dem das berühmte Spiegelbildparadoxon einsetzte. Musterte ich mein Antlitz im Spiegel, sah es in meinen Augen eigentlich noch genauso aus wie früher, selbst kurz nach dem Aufstehen. Wenn ich mich allerdings auf Fotos betrachtete, die irgendwer erst kürzlich von mir geschossen hatte, wenn ich mich durch das Objektiv von jemand anderem sah, erschrak ich. *Wer war das?* Nur auf Fotos nahm ich sie wahr, die Schlupflider und die Nasolabialfalten, die aufgeweichten Konturen der Kinnpartie und die krummer gewordenen Schultern.

Ich zupfte meinen Haarknoten zurecht, drückte meinen Rücken gerade, betrat gegen zehn Uhr fünfunddreißig die Welt – und sofort begann sie wieder ein Gespräch mit mir. Diesmal in Gestalt von *ihr*. Plötzlich empfing ich *Zeichen*. Wo immer ich mich hinbewegte: Die Frau ohne Begleitung war schon da.

Gleich an der Fußgängerinnenampel fing es an. *NO BOYFRIEND NO PROBLEM* schrie es mir entgegen, in knallroten Buchstaben, aus dem Schaufenster der Parfümerie auf der anderen Straßenseite. Als ich näher an die Scheibe trat, verstand ich, dass es sich um den Slogan für ein neues Duftwasser handelte. *Girls can say anything*[40] hieß das Produkt. Auf den dazugehörigen Plakaten posierten sehr schöne, sehr junge Frauen auf Skateboards, vor Geländewagen, mit Boxhandschuhen. Eine hielt ein Megaphon in ihren perfekt manikürten Händen und tat so, als ob sie es mit trotzigem Schlussmacherinnenstolz herausbrüllte: *NO BOYFRIEND NO PROBLEM! Der Kapitalismus, der alte Schlawiner,* dachte ich und hielt es für eine nette kleine Schicksalsironie, dass da nun also tatsächlich jemand diese Lettern angebracht hatte, ausgerechnet jetzt, extra für mich.

Drei Häuser weiter betrat ich das Backthekencafé. Es war ziemlich voll. Ich stellte mich in die Schlange und nahm, erst nur aus den Augenwinkeln, eine verhutzelte Figur wahr, die an einem der Plastiktische saß und gurgelnde Geräusche von sich gab. Eine alte Frau, die mit ihrer Kaffeetasse sprach. Ich erkannte sie wieder. Ein paarmal war sie mir im Supermarkt aufgefallen, zuletzt, wie sie vor dem Dosenregal mit sich selbst verhandelt hatte, welche Tomatensuppe sie wählen sollte. *Hört man es, wenn man mit sich selbst spricht?*, hatte ich mich damals gefragt und zwei Teenies böse Blicke zugeworfen, weil sie die Frau nachäfften. Vor mir in der Backthekenschlange stand ein Paar, knapp in meinem Alter. Beide glotzten die Alte an. Die Pärchenfrau kicherte und zog eine verächtliche Grimasse, der Typ schüttelte hämisch grinsend seinen Kopf. Auch jenen beiden warf ich einen tadelnden Blick zu. Wahrscheinlich hat er sie nicht erreicht. Das Paar giggelte weiter, und ich versuchte, nicht länger zu ihr hinzusehen, zu der Frau ohne Begleitung, die so brutal angestarrt wurde, dieses zierliche Einzelwesen, das niemanden zu seiner Verteidigung bei sich hatte, das da bloß an seinem Kaffee nippte, wie ein bebendes Vögelchen, und zwischen den Schlucken eine anregende Unterhaltung mit dem Heißgetränk führte, in einer Sprache, die nur Eingeweihte verstanden.

Wann genau ist es bei mir gekippt?, überlegte ich. *Wann habe ich aufgehört, Witze über solche Menschen zu reißen? Und seit wann macht es mich aggressiv, wenn andere es tun, wie dieses gottverdammt miese Couple mit seiner beschissenen Samstagmorgenromantik in Bob's Billig-Backshop?*

Als das Couple an der Reihe war, begann der Typ ihren Hintern zu kneten, während sie der Backthekenverkäuferin Anweisungen gab, was alles in die große braune Tüte sollte. Das rein, das raus, nein doch nicht, lieber drei davon oder besser noch was mit Körnern – »Was meinst du, Schatz?«. Er zückte sein Portemonnaie, sie drückte die Brötchentüte wie einen Blumenstrauß an ihre Brust, gab dem Typen einen Kuss auf die Wange und sagte, ich schwöre, es ist wahr: »Ich liebe dich.«

»Ein Croissant bitte«, sagte ich, als ich freie Bahn hatte.

»Tut mir leid, gerade alles weg«, antwortete die Verkäuferin und deutete mit ihrer Backwarenzange zur Tür, durch die das Paar sich knutschend nach draußen schlängelte.

»Wer zu spät kommt, den bestraft das Leben«, sagte die Verkäuferin.

Bezog sie sich auf die Teighörnchen, den fortgeschrittenen Vormittag – oder, bitte schön, auf was?

Im Regal hinter ihr wies ein Schild auf *Unsere Neuesten Brotspezialitäten* hin.

»Dann nehme ich eines dieser *Single-Brote* für zwei achtzig, bitte.«

»Die sind im Aktionsangebot, zwei gibt's für fünf, und wenn Sie drei nehmen, sind Sie mit sechs Euro dabei. Kann ich Ihnen nur empfehlen.«

»Aber es ist ein *Single-Brot*!«, fuhr ich sie an. »Welcher Single kauft drei Brote auf einmal, wie soll er die denn ganz alleine essen, bevor sie steinhart werden?«

»Ich frier se mir immer ein, dann halten sè zwei Wochen«, sagte die Verkäuferin und lächelte, sehr freundlich.

Aha, dachte ich, *auch ohne Begleitung unterwegs.*

»Die Streuseltaler kosten heute nur achtzig Cent«, informierte sie mich, »auch die mit Pudding drin.«

»Okay«, sagte ich, »kein Brot, nur so ein Streuselding. Nein: zwei.«

»Mit Pudding oder ohne?«

»Mit.« Ich legte zwei Euro auf die Theke. »Stimmt so«, und

als ich mich umdrehte, war die alte Frau verschwunden, nur ihre Tasse stand noch auf dem Tisch.

Wieder zu Hause, spürte ich, wie mein Selbstverwöhnungsvorsatz mich unter Druck setzte. Die gebackenen Puddings packte ich erst einmal in den Kühlschrank und überlegte, was ich mir nun im Weiteren gönnen könnte. Das Wetter war mau. Der Nachmittag noch nicht mal angebrochen. Hätte meine Wohnung über eine Badewanne verfügt, hätte ich wahrscheinlich Wasser eingelassen. Ein ausverkauftes Croissant und eine nicht vorhandene Wanne. Abgesehen davon, fiel mir nichts ein, was mir nun *besonders gutgetan* hätte. Woher wussten andere Frauen das? Ich war eine Selfcare-Niete. Oder vielleicht doch eher ein Glückspilz – *wunschlos glücklich*. Für einen Augenblick machte mich das regelrecht fertig. Erstmals seit langem wusste ich nichts mit mir anzufangen. Wahrscheinlich hatte ich in den vergangenen vierundzwanzig Stunden zu viel übers Alleinsein nachgedacht und mich damit so verwirrt, dass ich ad hoc vergessen hatte, wie es funktionierte. Es war wie ein Blackout.

Sentimentalität ist auch eine Art, sich zu verwöhnen. Ich kochte mir noch einen Kaffee, legte einen alten schwarzen Mann auf den Plattenteller, Muddy Waters, und zog ein paar Erinnerungskisten hervor. Kramte fahrig in alten Fotos, Briefen, Tickets, Partyflyern. Fuhr mit den Fingerspitzen über die Regale, die Platten, die Bücher. Faltete knittrige Stadtpläne auseinander, versuchte, mich an Straßenecken, Plätze, Gebäude zu erinnern, die ich mit Kugelschreiberkreuzchen markiert hatte, an das vibrierende, ergebnisoffene Glück, das ich bei meinen *lonely walks* durch München, Kyoto, Leeds, Warschau, Istanbul, Zwickau, Cleveland / Ohio empfunden hatte. War es nicht paradox, dass meine Liebesgeschichten, festen Bindungen, mündlichen zwischenmenschlichen Verträge alle in meine erste Lebenshälfte fielen, in die Zeit, in der ich besonders unruhig, waghalsig, abenteuerlustig, vielleicht sogar *schwer berechenbar* war? Und dass ich mich nun, da ich *peu à peu etwas ruhiger* wurde, bescheidener, leiser, womöglich auch weiser, so schwertat mit der Zweisamkeit? Zu welchem Zweck hatte ich all diese Schätze gesammelt, das Papier, das Vinyl, meine Erfahrungen, wenn ich sie nun mit niemandem teilen konnte? *Was ist das hier für ein Museum?*, knurrte ich, innerlich, während ich durch den adrett dekorierten Zweizimmerpalast einer … *ja was denn eigentlich?* schlich. Statistisch gesehen, hatte ich noch fünfunddreißig Jahre vor mir. *Das ist viel,* dachte ich.

Glücklicherweise kam mir dann doch noch ein brauchbarer Gedanke: ich, allein in einem dunkelroten Kinosessel.

»Die kleinen Ladenmädchen gehen ins Kino«, wusste der Soziologe Siegfried Kracauer schon 1927 zu berichten.[41] Das Kino zähle »zu den tausend kleinen Freuden des Single-Daseins«, alleinstehende Frauen gingen dreimal so häufig hin wie verheiratete, schrieb der französische Soziologe Jean-Claude Kaufmann achtzig Jahre später über »Die Einsamkeit moderner Frauen«[42]. Was mein *Lieblingsort* sei, fragte mich einmal ein Mann. »Ein kleines verstecktes Kino am Rande meines Viertels«, hatte ich gesagt. Ob ich ihn mal dorthin mitnähme. »Nein«, antwortete ich, in wohlerprobt *charmantem* Gestus, so dass er sich nicht allzu hart vor den Kopf gestoßen fühlen musste – mir lag nie das Geringste daran, irgendwen zu kompromittieren – und ich dennoch meine Ruhe hatte.

So sehr hatte ich mich an das Alleininskinogehen gewöhnt, dass es mich wirklich störte, wenn jemand mitkam oder direkt neben mir saß. Es erschwert das Versinken in eine Geschichte. Es bleibt mehr von einem Film hängen, wenn man ihn sich in Ruhe, also allein, anschaut. Und wenn man wieder rauskommt, aus dem schönen Dunkelrot, zerstreut sich die Sache nicht so schnell. Das *fremde Gefühl*, das man im Idealfall aus einem Film mitnehmen kann, hält sich etwas länger, wird nicht gleich zerplappert. Gelegentlich kommt man erst dadurch, Stunden nach der Vorstellung, auf die Lösung des Rätsels, ergibt sich erst im stillen Nachsinnieren die eine oder andere Epiphanie.

Bei der US-Schauspielerin und Autorin Issa Rae hatte ich erst kurz zuvor eine kleine Liebeserklärung ans Kino gelesen – die gekoppelt war an eine Liebeserklärung an die große Stadt. Beide Räume bieten eine gewisse Anonymität, die man, statt sie zu fürchten, auch genießen kann. Ein »schützendes Isoliertsein«, wie auch der Berliner Autor und Single-Mann Daniel Schreiber einmal schwärmte.[43] In ihrem Buch »The Misadventures of Awkward Black Girl«[44] schrieb Issa Rae über ihre Solojahre:

> »Früher taten mir die Leute leid, die allein in Restaurants aßen oder allein ins Kino gingen. [...] Dann zog ich nach New York und erlebte, wie Millionen von Menschen damit zufrieden waren, Dinge alleine zu tun: Lebensmittel einkaufen, U-Bahn fahren, auf Parkbänken sitzen, Filme schauen, Restaurants besuchen. So viele Dinge konnte man alleine tun, ohne Angst, von anderen dafür abgeurteilt zu werden. [Im Kino, *kk*] saß ich am Ende des Ganges eines nur halbvollen Saals und legte die Füße auf den Sitz vor mir – ES WAR DER HIMMEL! Niemand stellte mir während des Films Fragen, niemand drohte auszuplappern, was als Nächstes passieren würde, niemand tauchte seine bespeichelten Finger in mein Popcorn – da waren nur ich und der Film. Danach eröffnete sich mir ein ganz neues Leben in selbstgewählter Isolation.«

Nachmittagsvorstellungen sind grundsätzlich die besten. So klappte ich den Laptop auf, um das Programm zu studieren, und stellte fest: Es führte praktisch kein Weg an der Frau ohne Begleitung vorbei. Nicht mehr als quiekende *Warum-ruft-er-nicht-an*-Nudel trat sie nun, zu Beginn der neuen Zwanzigerjahre, auf, sondern als verwitwete Feministin und Spitzenjuristin (»RBG – Ein Leben für die Gerechtigkeit«); als alleinstehende Bürokraft mit literarischen Ambitionen (»Astrid«); als lediges Kindermädchen mit übernatürlichen Kräften (»Mary Poppins' Rückkehr«); als eine Clique afroamerikanischer Gangster-Witwen, die sich mit kompromissloser Härte durch Chicago ballern (»Widows – Tödliche Witwen«); als einsame adoleszente trans Frau, die im Ballett-Milieu um Anerkennung ringt (»Girl«); als mexikanische Mittelschichtsmutter und als junge Hausangestellte aus den Slums, beide von ihren Partnern verlassen und bedroht (»Roma«); als alleinstehende Umweltaktivistin, die für ihr Recht auf Adoption kämpft (»Gegen den Strom«).

Auch mein Lieblingskino folgte dem Diktat der Solistin. Dort lief eine Wiederholung von »Meine schöne innere Sonne«, den ich 2017, als er herauskam, verpasst hatte. Die Hauptrolle spielte Juliette Binoche, ledig. Laut Ankündigung ging es um eine alleinstehende Pariser Künstlerin, gerade fünfzig geworden, die sich im Internet in eine Romanze mit einem zwanzig Jahre jüngeren Mann verrennt und schließlich bei einem Wahrsager Erlösung sucht.[45] Ich ergab mich.

Dann lernte ich Gitta kennen.

Mehrfach war sie mir im Kinofoyer schon aufgefallen. Ich ihr wohl auch. Sie schien in meinem Alter zu sein. Kurzhaarig. Groß. Offensichtlich hatten wir nicht nur den gleichen Filmgeschmack, wir kamen auch beide stets ohne Begleitung. Eines Tages hatte ich gedacht: *Ach je, die Arme, sie hat ja wirklich nie jemanden dabei.* Dann: *Gut, ich auch nicht. Aber bei mir ist es anders.* Auch an diesem Samstag wechselten wir einen Blick des Wiedererkennens, ohne uns aber zuzunicken, angenehm distanziert. Ich ging, wie immer, durch die rechte Tür in den Saal, sie durch die linke.

Nach dem Film sprach sie mich an.

Ob er mir gefallen habe?

»Nein. Eher nicht so«, sagte ich.

Ob ich Lust hätte, um die Ecke noch etwas Kleines zu essen?

Du meine Güte, dachte ich, *die muss wirklich schlimm einsam sein.* Viertel nach fünf, wer wollte denn um diese Uhrzeit essen gehen? *Was für ein tragischer Hilferuf,* dachte ich. Weder hatte ich Appetit noch Lust, mir die Leidensgeschichte einer Unbekannten anzuhören. Eine Leidensgeschichte musste es wohl sein, wenn sie eine völlig Fremde so direkt um Gesellschaft bat. Andererseits war die Zufallszwischenmenschlichkeit nun mal mein Hobby. Und ich hatte nichts vor. Und ihr Vorschlag kam mir wie ein weiteres *Zeichen* vor. Also sagte ich: »Okay, eine Kleinigkeit vielleicht.«

Als wir dann beim türkischen Italiener saßen, verflüchtigte sich der Einsamkeitseindruck rasch. Gitta war in einem Labor beschäftigt, in dem sie mit verseuchten Petrischalen hantierte, wenn ich sie richtig verstand. Sie sprach noch mehr und noch schneller als ich in meinen besten Momenten und war recht witzig dabei, an der Grenze zu zotig, sie brachte mich zum Lachen. Als *Outdoor-Frau* bezeichnete sie sich. Sie ruderte, paddelte, kajakte, kitete und war auch auf Katamaranen unterwegs, oder ich verwechselte alles, und es waren doch bloß verschiedenfarbige Segelboote.

Nachdem wir aufgegessen hatten, sagte sie: »Schön, dass du ein bisschen aufgetaut bist. Jetzt bin ich mal ehrlich: Du kamst mir immer so ernst und einsam vor. Ganz schön depri. Da dachte ich: Nun frag' ich sie mal, ob sie vielleicht jemanden zum Reden braucht …?«

Ich erklärte ihr, was daran so komisch war.

Worauf Gitta sich ein zweites Bier bestellte, ich mir eine zweite Cola und sie noch einiges mehr von sich erzählte. Eine Ehe lag hinter hier, fünf Jahre mit einem ebenfalls naturwissenschaftlich interessierten Mann, der allerdings weder sportlich noch cineastisch zu begeistern gewesen war. Kinder bekamen sie nicht. Auf Gittas Wunsch hin ließen sie sich scheiden, »in aller Freundschaft«, wie sie sagte. Sechs Jahre lag das zurück. Ihr Ex war mittlerweile zum zweiten Mal verheiratet, mit einem Mann. Gitta wiederum hatte nach der Trennung ihre Leidenschaft für die BDSM-Szene entdeckt, in der sie seither als *sexpositive Single-Frau* (O-Ton Gitta) zugange war, im Heterosegment, auf der dominanten Seite, wie sie andeutete.

»Etwas Festes« komme für sie nicht mehr in Frage, sagte Gitta. »Und bei dir?«

»Ach, ich hab eh zu wenig Zeit für so was«, sagte ich und gab ihr ein paar Eckdaten, das Nötigste.

Gegen halb acht brachen wir auf, und Gitta schlug vor, dass wir einmal einen *Ausmarsch* in einer der umliegenden Grünanlagen unternehmen könnten. (Als bald darauf die Pandemie einsetzte, wurden wir, da wir so nahe beieinander wohnten, für eine Weile zu Corona-Spaziergangs-Gefährtinnen.)

Ich sagte: »Klar, nette Idee. Aber: Wie machen wir's jetzt mit dem Kino?«

»Was meinst du?«

»Na ja, wie soll ich's ausdrücken … Ich gehe wirklich gern allein ins Kino.«

»Kannst du doch weiterhin«, sagte Gitta.

»Nein. Also, ja. Nur: Wenn wir uns da wieder mal über den Weg laufen?«

»Ja? – Dann?«, fragte Gitta und hob ihre Augenbrauen.

Ja? – Dann? Was wollte ich ihr denn eigentlich mitteilen?

»Okay, ich hoffe, du nimmst es mir nicht übel«, hörte ich mich sagen, »aber es ist eben … hingehen, drinsitzen, weggehen – Ende. Ohne zu reden. Weder vorher noch nachher. Es ist mein stilles kleines Kino. Verstehst du, was ich meine?«

»Boah, du bist krass«, sagte Gitta und lehnte sich weit in ihrem Stuhl zurück, als ob sie vor einem Geist zurückwich.

»Ich will nicht unhöflich sein …«, beeilte ich mich zu sagen.

»Das ist nicht unhöflich, das ist krank!«, rief sie, lachte aber, zu meiner Erleichterung, dabei. »Damit ich's richtig verstehe«, sagte sie, »du schlägst also vor, dass wir uns Bescheid geben, wenn eine von uns ins Kino will, damit die andere wegbleibt? Oder schlägst du gerade vor, dass wir künftig so tun, als ob wir uns nicht kennen? Oder beides?«

»Nein, so meine ich das nicht«, sagte ich.

»Doch, so meinst du's«, sagte Gitta.

Und sie hatte recht. Ich wollte meinen versteckten Lieblingsort nicht teilen, weder mit ihr noch mit irgendjemandem sonst. Ihre Reaktion beschämte mich. Ich hatte darauf gesetzt, dass es ihr ähnlich ging. Aber ich hatte nicht richtig nachgedacht. Es wäre absurd, kein Wort miteinander zu wechseln oder die Köpfe wegzudrehen, wenn wir uns im Foyer wieder einmal vor die Füße liefen.

Sie beugte sich wieder etwas vor, legte ihren Kopf leicht schief und fragte: »Sag mal, wie lange bist du jetzt eigentlich schon allein?«

»Warum?«

»Nur so«, meinte Gitta – dann: »Kann es sein, dass du ganz schön nerdy bist?«

»Was heißt ›nerdy‹?«

»Na ja, bisschen … antisozial vielleicht?«

»Ich finde nicht, nein«, sagte ich und lachte hell auf, in der Hoffnung, dass es überzeugend wirkte. »Es ist ein Missverständnis, ich hab mich blöd ausgedrückt – tut mir leid, alles easy mit dem Kino und so weiter, und – spazieren gehen, toll!«

»Nee, nee«, sagte Gitta, »fünf Jahre sind es mindestens.«

»Fünf Jahre sind was?«

»Nein, sieben«, sagte sie. »Seit sieben Jahren bist du allein. Und jetzt kommst du in die Drift. Jetzt erwischt dich langsam der Koller. Sorry, nur *meine* Diagnose.«

ASZENDENT EISWÜRFEL

Magische Tage hatten begonnen. Der *Zeichenstrom*, er riss nicht ab. Die Vierzehn hatte unleugbar etwas angerichtet, meine Wahrnehmung schien sich verschoben zu haben, und anfangs ähnelte es tatsächlich dem frühen Verliebtheitsstadium – wenn jeder Song, jede Schlagzeile nur mehr von *ihm* handelte. Bloß dass es nun um *sie* ging.

Besonders auffällig war es im Fernsehen und bei den *People-Portalen* im Netz. Schaltete ich die »Tagesschau« ein, stand jedes Mal Susanne Daubner am Sprecherinnenpult, geschieden, alleinerziehend, wie ich einmal aufgeschnappt hatte. Beim ZDF las Jana Pareigis die Nachrichten vor, auch sie eine *Working Single Mom*, nach allem, was man so hörte. Daubner und Pareigis moderierten Beiträge an, in denen die damalige Bundesjustizministerin und heutige Verteidigungsministerin Christine Lambrecht von der SPD vorkam. Oder die damalige Bundestagsvizepräsidentin und heutige Kulturstaatsministerin Claudia Roth von den Grünen – beide ledig, keine Kinder.

Oder Ilse Aigner von der CSU, die sich in einem Gespräch mit dem *Spiegel*[46] darüber aufgeregt hatte, dass sie so oft zu ihrem Privatleben befragt wurde. »Offenbar ist eine alleinstehende Frau für viele immer noch das Schlimmste, ein vollkommen inakzeptabler Zustand«, motzte Aigner. Weil sie weder ein Kind noch einen Partner vorzeigen könne, werde ihr gelegentlich unterstellt, lesbisch zu sein. Wobei am Lesbischsein nichts Schlimmes sei, nur: »Man kann geschieden sein, zum vierten Mal verheiratet, man kann schwul, lesbisch, irgendwas sein, aber alleinstehend, das geht nicht.«

Unterdessen amüsierten sich manche im Netz über eine bis dahin unbekannte FDP-Frau: Josefa Schmid, Single ohne Anhang, Bürgermeisterin im bayerischen Kollnburg. Auf der Suche nach medizinischem Personal für ihre Gemeinde hatte sie eine Stellenanzeige im *Deutschen Ärzteblatt* geschaltet, mit dem neckischen Zusatz: »Die Bürgermeisterin ist noch unverheiratet!«[47]

Die TV-Kommissarin Katharina Wackernagel gab bekannt: »Heiraten und Kinder schließe ich kategorisch aus.«[48]

Die Boxerin Regina Halmich erklärte, »warum kein Mann sie mehr umhaut«[49].

Die Moderatorin von »Bauer sucht Frau«, Inka Bause, früh verwitwet, legte in einem Interview dar, dass sie, anders als die Landwirte in ihrer Show, keineswegs einen neuen Partner suchte: »Für mich ist mein Leben gerade wunderbar so.«[50]

In den Werbespots für Slipeinlagen der Marke *Tena Lady* war eine flotte Mittfünfzigerin zu sehen, eine *Silver Single Lady*, eine *Cougar*, eine *MILF*, die in ein Minikleid mit extrem hohem Elastananteil schlüpfte. Sie machte sich schick für ein Date, und dank neuartiger Hygieneartikel würde ihre wechseljahrsbedingte Blasenschwäche den Abend bestimmt nicht verderben.

In praktisch allen Kosmetikspots standen die sich schminkenden, föhnenden und eincremenden Frauen allein vor ihrem jeweiligen Spiegel – und fast alle sagten, sie schniegelten sich *nur für sich selbst*.

In einem Imagefilm von *Turkish Airlines* war, als einzige Urlauberin in der ganzen Ägäis, eine blonde Umdiedreißigjährige zu sehen. In einem weißen Kleid stand sie auf einer Klippe und blickte aufs Meer. Wahrscheinlich dachte sie gerade an ihren Ex-Freund zurück, den sie kurz vor Ferienbeginn leider hatte verlassen müssen, wegen unüberbrückbarer Differenzen in x Bereichen. Zur Belohnung für den harten Schnitt gönnte sie sich eine

Auszeit mit Einzelzimmerzuschlag. Ohne Begleitung sprang sie ins türkisfarbene Wasser, und aus dem Off sprach eine Frauenstimme von der »Möglichkeit, den eigenen Weg zu gehen, zu fliegen, frei zu sein«[51].

Kamala Harris, die sich anschickte, die nächste Vizepräsidentin des noch immer mächtigsten Landes der Erde zu werden, sprach bei CNN über ihre Erfahrungen »als alleinstehende berufstätige Frau in ihren Vierzigern«[52].

Die Sängerin Natalie Imbruglia platzte mit ihrer Vorfreude auf ihr Leben als vierundvierzigjährige Single-Mutter heraus: »Nein, ich habe keine Wassermelone verschluckt. Ich erwarte mein erstes Kind im Herbst [...]. Ich bin gesegnet, dass dies mit Hilfe von In-Vitro-Fertilisation und einem Samenspender möglich wurde.«[53]

Drew Barrymore aus *E. T.* gab nach längerem Singlesein bekannt, sie wisse nicht, »ob ich bereit bin, mich wieder zu öffnen«[54].

Emma Watson aus »Harry Potter« erläuterte, warum sie sich ab sofort als »selbstverpartnert«[55] bezeichnete.

Charlize Theron aus »Atomic Blonde« verriet, dass sie seit fünf Jahren niemanden mehr »getroffen« hatte: »Ich bin aber glücklich und fühle mich nicht einsam.«[56]

Derweil hatte Sharon Stone aus »Basic Instinct« Trouble mit einem Datingportal, weil man ihren Account für gefälscht hielt.[57]

Gut. Ich hatte es verstanden. Es gab viele. Sie waren keineswegs alle blutjung, und sie machten kein Hehl aus ihrem Alleinstehen, -sitzen, -liegen. Im Gegenteil, mitunter stellten sie es sogar aus. Als eines ihrer *Markenzeichen*.

Supercool fand die junge Bürokollegin es also angeblich. Womöglich hatte sie es doch anders gemeint, als es zunächst in meinen Ohren klang. Nicht minimal gehässig, sondern maximal freundlich. Vermutlich hätte ich mich vor ihr und ihrem glühenden Bauch überhaupt nicht schämen müssen. Scham: Das war es, was mich in der Kantine ins Stottern gebracht hatte. Scham und Konkurrenz. Entsetzlich.

AUS DEM BAUCH HERAUS

Für eine Weile verabredete ich mich dann gezielt mit Frauen, die so ähnlich lebten wie ich. Ich suchte das Gespräch mit ihnen und war erstaunt, dass ich so viele dann doch nicht kannte. Ohnehin stellen die Gebundenen in meinem Bekanntenkreis die Mehrheit, ich schätze ihren Anteil auf siebzig Prozent. Die übrigen dreißig Prozent schlagen sich alleine durch – aber keineswegs alle so radikal solo wie ich. Viele, ich glaube die meisten, halten sich ein Haustier als Mitbewohner, die legendäre Katze, den treuen Hund, den geheimnisvollen Leguan. Eine züchtet dicke, fette Weinbergschnecken, eine andere besitzt ein Pferd. Manche der mit mir befreundeten Solistinnen und Solisten haben sich in einer kleinen oder größeren Wohngemeinschaft eingerichtet. Zwei sind zu ihren verwitweten beziehungsweise geschiedenen Müttern gezogen, um sie zu pflegen und/oder Geld zu sparen. Wieder andere wohnen mit einem oder mehreren Kindern zusammen, als *Einzeleltern*, wie Alleinerziehende mittlerweile manchmal genannt werden.

Eine der radikal allein Lebenden in meinem Kreis ist Carla, dreiundvierzig, halbtags angestellte Übersetzerin von Industrie- und Werbetexten, Spanisch-Deutsch, in der verbleibenden Zeit als *freie Astrologin* tätig. Über gemeinsame Bekannte hatten wir uns kennengelernt, und als sie mir erstmals von ihrer Nebentätigkeit erzählte, hielt ich es für einen Witz. Tatsächlich aber hatte die Bundesagentur für Arbeit in den krisenhaften Nullerjahren begonnen, auch Astrologinnen-Ausbildungen über sogenannte Bildungsgutscheine zu finanzieren – Hauptsache, die Leute verschwanden aus der Arbeitslosenstatistik. Mittlerweile erfreute sich die Esoterik wieder wachsender Beliebtheit, nicht nur im neurechten und verschwörungsanfälligen Milieu, sondern auch im Feminismus, beinahe schon wieder so, wie es in den 1970ern gewesen sein muss. Überall waren Berichte über *Neue Hexen* oder *queere Astrologie* zu lesen, in der *FAZ*.[58] wie in der *taz*[59], im Magazin *Emotion*[60] wie im *Missy Magazine*[61].

Carla verdiente nach eigener Auskunft monatlich »zwischen vierhundert und achthundert Euro brutto« mit ihrer kosmischen Begabung und war dabei, ihre Webseite aufzurüsten. »Astro boomt, aber total«, hatte sie bei unserer letzten Verabredung gesagt. Aufgefallen sei ihr, dass viele der »modernen« Astrologinnen Single seien – »Wie du und ich! Voll das Frauenbusiness. Antipatriarchal«, hatte sie gesagt. »Alles, was du brauchst, ist Ahnung davon, klar, aber das ist in einem Jahr zu schaffen. Eine gute Formulierungsgabe, Einfühlungsvermögen, ein lizenziertes Softwareprogramm zur Berechnung der Konstellationen, da bist du mit knapp tausend Euro dabei. Das war's dann auch schon. Lach nicht«, hatte sie gesagt, »es ist eine Art Wissenschaft. Aber mit Intuition. Man muss da schon was anzapfen in sich. Ist schwer zu erklären. Du kannst im Homeoffice starten, freie Zeiteinteilung. Ich finde es schön, von zu Hause zu arbeiten und dennoch mit Menschen zu tun zu haben. Ihnen zu helfen.«

Auch Carla war schon lange nicht mehr *fest* mit jemandem zusammen. Jedes Jahr schlief sie drei, vier Mal mit einem alten Studienfreund, der seit den späten 1990ern in Costa Rica lebte, alle zwölf Monate kurz nach Deutschland kam und den sie ihren *Soulbrother* nannte. Abgesehen davon, lief in sexueller Hinsicht bei ihr genauso wenig wie bei mir, nahm ich an. Als wir nun wieder einmal zusammensaßen, in einem Lokal in Carlas Nachbarschaft, versuchte ich herauszufinden, ob auch sie einmal eine Art Erweckungsmoment als Alleinstehende erlebt hatte. »Neulich wurde mir erst so richtig bewusst, dass ich eine chronische Solistin bin, und das war, als ob plötzlich mein Sternzeichen gewechselt hätte«, sagte ich, weil ich annahm, dass diese Metapher bei Carla gut ankam. »Von der Meerjungfrau wurde ich über Nacht zum Seeigel, von der Birne zur Ananas – so ungefähr.«

Carla nickte ernst und sagte: »Lana Del Rey hat gerade ihr Sternzeichen gewechselt.«

»Wie bitte?«

»Die Sängerin, Lana Del Rey. On-off-Single, seit ewig. Sie ist an der Datumsgrenze von Zwilling zu Krebs geboren, im Netz hieß es immer, sie sei Zwilling. Jetzt hat sie schon wieder mit jemandem Schluss gemacht und bei der Gelegenheit öffentlich klargestellt[62]: Sie war nie Zwilling, sie ist Krebs, wie du!«

»Aha«, sagte ich.

Dann sprach sie über eine »Horrorkonstellation«, die ihr augenblicklich zu schaffen mache. Etwas mit ihrem Saturn lief schief, deshalb dachte sie nun wieder öfter an eine Abtreibung zurück, die sie mit Anfang dreißig vorgenommen hatte. Sie spüre gerade die Trauer, die sie stets unterdrückt habe, sagte sie. Ich versuchte, etwas Passendes zu äußern. Aber Carla lenkte auf einen anderen Aspekt um: Vor allem spüre sie ein schlechtes Gewissen, sagte sie und malte beim *schlechten Gewissen* mit ihren Fingern Anführungszeichen in die Luft. »Wenn ich mir anhöre, was andere so alles hinbekommen, worum die sich kümmern müssen, in ihren Familien … Ich weiß, es klingt pervers, aber: Wäre ich wenigstens eine alleinerziehende Mutter, würde mich das im Augenblick echt stärken. Ich käme mir irgendwie … erwachsener vor.«

»Was ist das denn für ein Quatsch?«, antwortete ich, so brüsk wie vage.

»Wieso Quatsch, kennst du das nicht? Gar nicht? Das glaub ich dir nicht.«

Ich wusste schon, wovon sie sprach, aber bei mir war es anders. Da ich nie schwanger war, habe ich nie abgetrieben. Bis heute kann ich nicht glaubhaft beantworten, ob ich je den Wunsch und das Zeug zur Mutterschaft besaß oder nicht. Ich kenne eine Frau, die wusste schon mit sechzehn, dass sie keinesfalls Mutter werden wollte, sie ließ sich kurz nach ihrem dreißigsten Geburtstag sterilisieren. Und kenne sehr viele mehr, die sich sehr früh sicher waren, dass sie eines Tages Kinder bekommen wollten. Sie suchten sich später einen Partner, mit dem sie diesen Wunsch umsetzten. Die Kinder waren gewissermaßen also schon vor dem Mann da – das hat mich immer fasziniert. Zwei, drei kannte ich außerdem, die hatten einen Partner und auch einen starken Kinderwunsch, aber es klappte nicht.

Bei mir war es so, dass ich nie einen Mann kennen- und lieben lernte, der mich zur Fortpflanzung inspiriert hätte, niemanden, von dem ich mir hätte vorstellen können, dass wir gemeinsam Eltern hätten sein können. Obwohl, einen gab es vielleicht schon, aber ich habe es nicht rechtzeitig erkannt. Oder doch, ich habe es rechtzeitig erkannt. Aber ich wollte nicht. »Später. Wir haben noch so viel Zeit«, sagte ich, wenn wir mal auf das Thema kamen oder wenn jemand fragte: »Und, wann ist es bei euch endlich so weit?« Als unsere Liebe nach zehn Jahren tot war, aus anderen Gründen, und ich dem Mann sagte, dass ich gehen würde, schlug er vor: »Lass uns jetzt ein Kind kriegen. Es ist das, was wir brauchen, es wird uns wieder zusammenschweißen.« Kurz dachte ich damals, mit vierunddreißig, als ich längst schon meinen Umzug in eine andere Stadt organisiert hatte, noch darüber nach. Ohne es dem Mann zu sagen, nur für mich. Ich saß auf gepackten Koffern und Kisten, nicht nur bildlich, sondern wörtlich, und überlegte: *Das ist nun also meine Chance.* Ganz nüchtern, ganz wach dachte ich: *Das hier ist jetzt die Kreuzung, hier stelle ich die Weiche.*

In jenem Moment fiel die Entscheidung. Ich war damals selbst etwas überrascht von der Klarheit, doch von da an, obwohl noch sieben, acht Jahre der Fruchtbarkeit vor mir lagen, wusste ich, so sicher, wie man manche Dinge eben *einfach weiß,* dass das Muttersein nicht zu meiner Geschichte gehörte. Heute bin ich mit etlichen alleinerziehenden Müttern aufs Herzlichste befreundet und weiß, dass sie glücklich sind mit ihren Kindern, auch nachdem sie sich von den Männern getrennt haben, mit denen sie sie zeugten. Mir hätte ich das nicht zugetraut. Es war für mich in etwa so, wie eine *freie Kreative* namens Andrea es im Frühjahr 2021 in einem Feature zum Thema »Lebensentwürfe ohne Kind« im *Deutschlandfunk*[63] formulierte:

> »Die Vorstellung, alleinerziehende Mutter zu sein, war für mich eigentlich das Schrecklichste überhaupt. Und ich hätte meinen Regieberuf auf gar keinen Fall als alleinerziehende Mutter machen können. Das ist nicht vereinbar, so wie die Strukturen hier sind. Und die Vorstellung, alleine, ohne Geld, ohne einen guten Beruf, mit einem Kind, oder vielleicht sogar mit mehreren, da zu sitzen, war für mich der absolute Albtraum.«

Ich wollte schreiben, reisen, schauen, was ich der Welt auf meine Art zurückgeben könnte. Manchmal denke ich heute: *Es ist schon auch schade.* Aber mein *Bauch* sagt mir, dass wir im Reinen miteinander sind. Wenn im Bekanntenkreis wieder mal eines zur Welt kommt, schenke ich ihm zur Begrüßung Säuglingsschühchen, immer mit dem Gedanken *These boots are made for walking*[64].

Was Carla gesagt hatte – »wenigstens eine alleinerziehende Mutter« zu sein, um sich »erwachsener« zu fühlen –, konnte ich dennoch nachvollziehen.

Als sehr junge Frau kam ich mir ernsthafter und selbstständiger vor als viele Gleichaltrige. Ich konnte es nicht erwarten, endlich *erwachsen* zu sein. Kaum hatte ich die Schule abgeschlossen, verließ ich mein Elternhaus, verteilte Joghurtproben vor Supermärkten, kellnerte, arbeitete im Hinterzimmer einer Privatbank als Datentypistin – so nannte man damals eine Sekretärin, die mit einem Computer statt mit einer Schreibmaschine hantierte –, hielt »Callcenter-Monologe«[65] und gab meine Stimme auch für die Synchronisation von Softpornofilmen her, alles, um bei niemandem die *Hand aufhalten* zu müssen. *Unreif* erschienen mir diejenigen, die die Nabelschnur zu ihren Eltern auch nach ihrem zwanzigsten Geburtstag nicht kappten. Manche ließen sich sogar bis zu ihrem dreißigsten oder darüber hinaus noch von Mum und Dad sponsern. Spöttisch blickte ich auf sie herab und ging ganz auf in der von mir selbst geschaffenen Siebenfachbelastung aus ehrgeizigem Studium, miesen, aber nötigen Brotjobs, unbezahlten, aber interessanten Praktika, ersten Schreibaufträgen, engagierter Liebesbeziehungsgestaltung, intensivem Nachtleben und autodidaktisch erlernter Haushaltsführung. Im Grunde war ich schon mit neunzehn dreißig.

Und in gewisser Weise war beziehungsweise bin ich es vielleicht immer noch, denn prinzipiell hat sich an meinem Lebensstil seither nicht viel verändert. Viel weniger jedenfalls als bei denen, die Familien gegründet haben, gleich, ob jene Familien noch existieren oder längst in mehrere Teile zerbrochen sind.

Die Verhältnisse haben sich gedreht – die anderen sind jetzt *weiter*, sind an mir vorbeigezogen, zumindest in dieser Hinsicht. Sie tun das, was die Spezies seit Zehntausenden von Jahren tut, erkunden als Eltern eine Daseinsdimension mit ganz eigenen Aufgaben, Grundsatzfragen, Zwängen, Freuden, Schrecken, Lasten und Erkenntnissen. Wenn Leute sagen, die Liebe, die sie zu ihrem Kind empfänden, sei mit nichts vergleichbar, glaube ich ihnen das voll und ganz. Sie bewegen sich in einem Erfahrungsraum, der mir verschlossen ist. Niemand hat mich ausgesperrt, auch das habe ich ganz alleine bewerkstelligt. Ich empfinde es weniger als Gefühls-, sondern vielmehr als Wissenslücke. Bei wesentlichen Fragen des Lebens kann ich nicht mitreden. Und vermutlich ist es das, was mich manchmal, sehr selten, in schwachen Momenten, ein wenig daran stört.

Für Frauen in mittleren Jahren sei das Leben ohne eigene Familie »eine Einladung, sich mit der Frage auseinanderzusetzen: Worin könnte weibliche Reife sonst noch bestehen?«, sagt die US-amerikanische Feministin und Journalistin Rebecca Traister.[66]

In der *Powerfrauen*-Liga bieten sich viele Möglichkeiten, die persönliche Weiterentwicklung vor anderen und vor sich selbst zu belegen, mit Beförderungen, Unternehmensgründungen, künstlerischen Coups, wissenschaftlichen Titeln, wenigstens mit einem eigenen Podcast vielleicht. Nicht jede Frau ohne Begleitung kann aber eine Zahnärztinnenpraxis oder einen Onlineshop für Grußkarten aus handgeschöpftem Büttenpapier vorweisen, eine selbstentwickelte »Bewässerungsanlage in Ghana«, einen »Forschungsaufenthalt in Sankt Petersburg« oder ein »Training für den olympischen Biathlon«, wie eine andere Amerikanerin, die Essayistin Hanna Rosin, typische »Karrierefrauen-Erfolge« einmal aufzählte.[67] Nicht jede hat etwas *geschafft* oder *geschaffen*. Nicht jede *will* es überhaupt. Wenn weder eigener

Nachwuchs noch berufliche Sensationen den Lebenslauf schmücken, wenn nichts zu vermelden ist außer ein Broterwerb, der jedem Tag die gleiche Kontur gibt, eine Tätigkeit in einer Lagerhalle von *Amazon* vielleicht oder im Erdgeschossbüro einer blassgrauen Behörde, oder wenn sie arbeitslos ist, kann es für eine Frau ohne Begleitung – und ohne Kind – durchaus eng werden mit dem Selbstwert und dem Respekt von außen. Wozu ist sie denn da, wenn sie sich weder *als Frau* (Mutter, Gattin, Geliebte) betätigt noch sonst irgendwas zustande bringt? Warum hat sie so gedrängelt, wozu genau hat sie sich denn nun *frei entwickelt? IST DAS ALLES?*

Ich glaube, dass Carlas »schlechtes Gewissen« damit zu tun hat.

Für mich, die sich vor Fremden als *Führungskraft* ausgeben und in ihrem Lebenslauf den Punkt *Buchveröffentlichungen* anführen kann, ist es verhältnismäßig leicht. *Vor lauter Arbeit weiß ich gar nicht, wo mir der Kopf steht!,* kann ich sagen, und die meisten glauben und goutieren es. Ich kann mir nicht vorstellen, dass heute noch jemand eine Frau wie mich als *frigide Fregatte* bezeichnen würde, wie ich es vor zwanzig Jahren über eine Frau zu hören bekam, die mir vorausging.

Obwohl – wahrscheinlich doch.

Die Welt kennt seit jeher allerlei männliche Respektspersonen, die sich enge persönliche Bindungen erfolgreich vom Leib halten, und sie applaudiert ihnen dazu: dem *Lonesome Cowboy,* dem künstlerischen oder wissenschaftlichen *Genie,* dem *Lebemann* und *Playboy,* dem *Gangster,* dem *Eremiten,* dem *selbstverliebten Dandy.*

Aber: »Was ist die Frau?«, fragte einst Simone de Beauvoir[68] – was bleibt von ihr übrig, wenn sie sich nicht konstant auf ein Gegenüber bezieht?

Wenn sie weder *pflegt* noch *vermisst* noch *verführt*?

Sondern *ganz für sich* ist?

Diese Frage erscheint nicht nur Carla (und mir) bis heute unbeantwortet.

> »Als Frau, 37 – tick tack tick tack, wtf – alleinstehend, kinderlos – wer denkt sich nur solche Wörter aus? – geschieden, bin ich scheinbar auf der Suche nach – hahaha, no way, nix! – Obwohl doch, ich suche dringend einen Ausweg aus dem binären Denken, das besagt, jemand sei Mutter oder eben nicht – oder müsse es werden, um was zu werden – oder war es genau anders herum?«[69],

äußerte im Frühjahr 2021, angemessen enerviert, etwa die Berliner Theatermacherin Felizitas Stilleke.

Der hinter- oder untergründige Erwartungsdruck, der Felizitas Stilleke auf die Nerven geht, der Carla im Nacken sitzt und den ich zu ignorieren versuche, geht ausgerechnet auch von Frauen aus, selbst wenn sie es überhaupt nicht beabsichtigen. Persönliche Bindungen und Mutterschaft würden heute wieder verstärkt »als zentrale Erfahrung der Weiblichkeit« begriffen, und zwar von den Frauen selbst, merkte die französische Philosophin Elisabeth Badinter im Jahr 2010 an[70] – nicht ohne Verwunderung und feministischer Sorge. Sie sah eine Rückkehr des Biologismus durch die Hintertür aufziehen: Während für die Simone-de-Beauvoir-Generation nach dem Zweiten Weltkrieg vor allem wichtig gewesen sei, »was die Geschlechter einte« – der sogenannte Gleichheitsfeminismus, der besagt: *Frauen und Männer unterscheiden sich im Prinzip nicht sonderlich* –, würden sich einige Feministinnen seit einer Weile wieder mehr dem zuwenden, »was die Geschlechter voneinander unterschied« – dem sogenannten Differenzfeminismus: neue Menstruationskulte, Stillen als etwas *Natürliches*, Fläschchen geben als etwas *Künstliches*, rosafarbene Kinderzimmer für die Töchterlein, blaue für die Buben. Badinter befürchtete, im Gender-Studies-Jargon gesprochen, die Wiedereinengung des Wesens *Frau* auf ihren *cis* Körper beziehungsweise eine ihre *cis* Körperfunktionen – auf ihre potenzielle Gebärfähigkeit. Und ihre Prognose schien sich zügig zu bestätigen.

So nahm etwa das »intellektuelle Mutterschaftsbuch« über die vergangenen zehn Jahre eine »erstaunliche Entwicklungskurve«, wie Meredith Haaf 2019 in der *Süddeutschen Zeitung*[71] konstatierte. Schlaue, durchaus feministisch gepolte Autorinnen besprechen in ihren »Momoirs« nun – wieder – ausführlich die Pros und sehr scharf auch die Cons der Mutterschaft: Antonia Baum, Rachel Cusk, Orna Donath, Sheila Heti, Miranda July, Mareice Kaiser, Isabell Lehn, Caroline Rosales und viele andere. Sie verklären die Mutterschaft keineswegs, sondern kreisen auf kritische Art um Themen wie künstliche Befruchtung, das Alleinerziehendenwesen und immer noch, wie seit bald hundert Jahren, die Vereinbarkeit von Familie und Beruf.

Es sind zweifellos wichtige Themen, die auch entsprechend viel Gehör finden. Die Frau ohne Kind und Begleitung, die Ungebundene, die ihre Gebärmutter von Anfang an links liegen ließ, bleibt dabei *naturgemäß* außen vor.

Wenn sie darüber hinaus weder in beruflicher noch in queerfeministischer Hinsicht etwas zu bieten hat, wenn kein einziger der LGBTQIA+-Buchstaben auf sie passt, wenn sie bloß eine »Hete« ist, die nichts als ein komplett durchstandardisiertes heterosexuelles Begehren verspürt, ohne selbiges aber mit jemandem auszuleben, dann, ja dann kommt sie womöglich auch selbst ab und an ins Grübeln, ob bei ihr wirklich alles in Ordnung ist.

Die US-amerikanische Philosophin Elizabeth Brake hat ein Wort für jene Dynamik erfunden: *Amatonormativität.* Es setzt sich zusammen aus der *Norm* und dem lateinischen Wort *amatus,* geliebt. Brake versteht unter Amatonormativität »die weit verbreitete Annahme, dass es allen Menschen in einer exklusiven, romantischen, langfristigen Paarbeziehung besser geht und dass alle eine solche Beziehung anstreben«[72]. Erst seit ich ohne *Mann an meiner Seite* unterwegs bin, (er)kenne ich den Mechanismus der Amatonormativität, der ich einst selbst gefolgt bin, und sehe, dass sie der Heteronormativität stark ähnelt, dem *gefühlten* Gesetz, nach dem *Mann* und *Frau* gefälligst inniglich zusammengehören, *no matter what.* Die Amatonormativität und die Heteronormativität sind noch immer Befestigungswälle, die diejenigen, die sich weder als *Mann* noch als *Frau* begreifen, sowie diejenigen, die anders – oder eben: gar nicht – lieben, als Obskuritäten im Außerhalb markieren. Man lässt es sie spüren, mindestens mit filigranen Sticheleien. Für diejenigen, die drinnen sitzen, hinter der Vermauerung der *Normalliebe,* kann sie leicht zu einem Gefängnis der Fantasielosigkeit werden. Sie glotzen dich dann an, der Mund steht ihnen offen, und du musst sie fast bedauern für ihre Kurzsichtigkeit, für die Beengtheit des Gefängnishofes, auf dem sie spazieren gehen, Hand in Hand mit ihrem *Fang,* ihrer *besseren Hälfte,* immer im Kreis herum, in der einschläfernden Gewissheit, dass es, wie schrecklich es gelegentlich auch sein mag, *nun mal schon immer so war,* das streng bewachte Paradies auf Erden.

> »[Z]unehmend misstrauisch beäugt werden Menschen [...], die [...] auf Sexualität verzichten, Menschen, die dezidiert auf eine Partnerschaft verzichten und lieber allein leben möchten, Frauen, die sich aus welchen Gründen auch immer bewusst gegen die Mutterschaft entscheiden. Sie alle stehen unter dem Verdacht, nicht aus dem Vollen ihrer Möglichkeiten

> zu schöpfen und somit einen Teil ihrer Persönlichkeit nicht ›auszuleben‹, denn – so die Suggestion der Kultur der Selbstentfaltung – muss nicht jeder Mensch Sexualität leben, einen Partner haben und wenigstens ein Mal das Mutter- oder Vaterglück erlebt haben? Ist ein Leben ohne diese Dinge überhaupt vollständig gelebt?«,

schreibt der Soziologe Andreas Reckwitz, ein Altersgenosse von mir, und charakterisiert den Anbruch der 2020er Jahre als eine Ära der »erschöpften Selbstverwirklichung«[73].

Die kleine Glut der Selbstverachtung: Sie glimmt wohl nicht nur in Carla, sondern in vielen Frauen ohne Kind und ohne Partnerschaft. Die deutsche Filmemacherin und Autorin Sonja Heiss ließ sie 2017 in ihrem Roman »Rimini«[74] hell aufflackern. Über die weibliche Hauptfigur Masha schrieb sie:

> »Nach einer Weile sah sie sich von außen. Eine 39-jährige Frau mit Krähenfüßen unter einer kindischen Wollmütze. […] Dieses alte Mädchen, das selbst nicht in der Lage war, die Verantwortung für einen kleinen Menschen zu übernehmen […]. Sie hatte das Gefühl, jeder […] bemitleide sie dafür, dass sie ein altes Kleinkind war.«

DAS WAS-WÄRE-WENN-SPIEL

Bei meinen Grabungen, die mich auffallend oft zu Amerikanerinnen und Französinnen führten – sie scheinen diejenigen zu sein, die am wenigsten Furcht vor dem Alleinstehen haben, sie beschäftigen sich zumindest sehr viel intensiver damit als deutsche Autorinnen und Wissenschaftlerinnen, so mein Eindruck –, stieß ich auf einen Begriff, den ich zuvor nicht kannte, der mir aber sofort einleuchtete: das *possible self* oder die *possible selves* – das *mögliche Selbst* oder die *möglichen Selbste.* Geprägt haben ihn die Stanford-Sozialpsychologin Hazel Markus und die Stress- und Traumaforscherin Paula Nurius. 1986 schrieben sie in einem gemeinsamen Aufsatz[75]:

> »*Mögliche Selbste* sind verschieden vom gegenwärtigen *Selbst,* jedoch eng mit ihm verbunden [und repräsentieren, *kk*] spezifische, individuell bedeutsame Hoffnungen, Ängste und Fantasien. Heute bin ich Psychologin, aber ich könnte Restaurantbesitzerin, Marathonläuferin, Journalistin oder Elternteil eines behinderten Kindes sein. [...] Viele dieser möglichen *Selbste* sind das direkte Ergebnis sozialer Vergleiche, bei denen die Gedanken, Gefühle, Eigenschaften und Verhaltensweisen des eigenen Individuums denen von anderen gegenübergestellt werden. Was andere jetzt sind, könnte ich werden.«

Jede könnte – wenn auch oft nur theoretisch – schlanker, hübscher, reicher, gelassener, modischer, trainierter, beliebter, *glücklicher* sein, als sie es faktisch ist. Laut Markus und Nurius existieren in jeder Person ein *gutes Selbst,* ein *schlechtes Selbst,* ein *erhofftes,* ein aktiv *angestrebtes,* ein *Nicht-ich-Selbst.* Sowie ein besonders mächtiges: das *gefürchtete Selbst.*

Es mag spinnert klingen, aber manchmal komme ich in direkten Kontakt mit den *möglichen Selbste,* die als Untermieterinnen in mir wohnen. Es währt immer nur sehr kurz, aber ich spüre die *möglichen Selbste* sehr genau.

Mein Hausfrauen-Selbst: Es gibt Augenblicke, etwa wenn mein Wohnzimmer aufgeräumt ist und ich die Fenster gerade frisch geputzt habe und das Sonnenlicht für zwanzig Minuten besonders vorteilhaft hineinscheint und der Holzboden schüchtern glänzt, wenn frische Blumen auf dem Couchtisch stehen und auf dem Plattenspieler leise knisternd eine gute Musik läuft, da denke ich: *Wie schade, dass das niemand sieht, alles hier ist zum Wohlfühlen gemacht, und es ist niemand da, der jetzt gestresst nach Hause kommt und sich erst mal hinsetzen und es für zehn Minuten genießen mag.*

Mein Mutter-Selbst: Wenn ich etwas koche – ich kann nicht kochen –, wenn ich Sellerie für einen Salat schnippele oder einen Hühnerschenkel mit Paprikapulver bestreue oder Eier in die Pfanne schlage, stelle ich mir manchmal vor, dass Kinder um mich herum sind. Ein kleiner Junge, er heißt Adrian, oder ein kleines Mädchen, Martha, manchmal sind sie auch zu zweit, sie sind mal fünf, mal neun, mal schon im Anbruch der Pubertät, also ungefähr zwölf. Ich stelle mir vor, wie sie hinter oder neben mir herumwuseln und mir plappernd ihre Kindersachen erzählen und mich fragen, wann das Essen endlich fertig ist, und wenn ich mir das vorstelle, dass ich also für die Kinder koche, gebe ich mir automatisch mehr Mühe, und dann ist es manchmal sogar richtig schmackhaft.

Mein Liebhaberinnen-Selbst: Wenn ich spät nach Hause komme, erhitzt und amüsiert, von einer kleinen Party oder einem Barabend, vielleicht minimal angetrunken, mit leicht verschmiertem Kajal, und mein Blick fällt in den Flurspiegel, und ich sehe mich von innen heraus leuchten und finde mich schön, für einen unwillkürlichen, glücklich erhaschten Moment, den man nicht fotografieren könnte, weil der Glanz, die Beschwingtheit und Gelöstheit weg wären, sobald ich mit dem Phone für ein Selfie hantierte, wenn ich mich auf diese Art also schön finde, für fünf oder zwölf Sekunden, denke ich: *Jemand müsste sie jetzt anschauen. Jemand müsste sie jetzt küssen.*

Es ist das Was-wäre-wenn-Spiel, das viele Frauen spielen und das auch so oft in der Literatur und in Filmen thematisiert wird. Manchmal spielen es Liierte, die sich wünschen, sie wären solo, wie im autobiografisch anmutenden Text »Mutterschaft«[76] der Kanadierin Sheila Heti:

»Gestern Abend waren ein paar Freundinnen hier, und irgendwann kippte die Stimmung ins Trostlose. Eine Freundin sagte, um die vierzig erkenne man als Frau plötzlich, was man alles erreicht und wie man gelebt haben könnte, wenn man sein Leben nicht so an einen Mann gehängt hätte.«

Häufiger spielen es aber wahrscheinlich Frauen ohne Begleitung. Die – hervorragende! – US-amerikanische Putzfrau, Telefonistin, Krankenschwester, Arzthelferin, Aushilfslehrerin und dreifach geschiedene, alleinerziehende und alleinstehende Schriftstellerin Lucia Berlin legte einer ihrer ebenfalls alleinstehenden Kurzgeschichtenfiguren folgende Überlegung in den Mund:

»Was habe ich sonst noch verpasst? Wie oft war ich in meinem Leben gewissermaßen auf der hinteren Veranda statt auf der vorderen? Was hat man mir gesagt, ohne dass ich es hörte? Welche Liebe mag es gegeben haben, die ich nicht spürte? [...] Was, wenn ich mit Paul geredet hätte, bevor er ging? Was, wenn ich um Hilfe gebeten hätte? Was, wenn ich H geheiratet hätte?«[77]

Und Carrie Bradshaw, die neurotische Shopping-Schnalle, sinnierte in »Sex and the City«: »Kann man sein Schicksal dadurch verpassen, dass man einen Fehler macht?«[78]

Genau an dieser Frage setzt Carla mit ihrem noch im Aufbau befindlichen Business an. Ein personalisiertes Horoskop bilde keinen vorbestimmten festen Plan ab, erklärte sie mir einmal, »es ist eher wie ein Wetterbericht oder eine Landkarte«. Es zeige die Potenziale auf, die in jeder Person steckten, auch die Konflikte. Je besser man die Landkarte oder den Wetterbericht kenne, desto heiler komme man durch, desto eher entdecke man auch Abkürzungen oder besonders lohnende Verbindungen.

»Ist doch logisch«, sagte Carla.

»Du arbeitest also mit einem Kompass, ja? Auch mit Würfeln?«, fragte ich und bereute es sogleich. Sie glaubte wirklich daran, und es war nun mal ihr kleines Geschäft, es war doof von mir, mich auf diese Art darüber zu mokieren.

»Es geht nicht ums ›Glauben‹ und auch nicht um ›höhere Mächte‹«, sagte Carla. Sich mit einem Horoskop oder mit Tarotkarten zu beschäftigen ähnele einer Meditation: »Du richtest dich mit einer Frage an das Horoskop oder meinetwegen die Karten. Dann nimmst du auf, was du siehst oder liest, und den Rest macht deine Intuition von alleine. Du kommst auf Antworten und Ideen, die dir sonst verschlossen bleiben würden. Letztlich überlistest du damit nur deine eigene Vernunft.«

»Ich mag meine Vernunft, ich wäre aufgeschmissen ohne sie«, sagte ich.

Carla verdrehte ihre Augen.

»Weißt du, was Großväterchen Adorno über die Astrologie sagt?«, fragte ich sie.

»Dieser Philosoph, oder wer?«

»Jawohl, der Schöpfer der Kritischen Theorie, der alte weiße Mann meines Vertrauens.«

»Auweia, ich ahne, was jetzt kommt …«, sagte Carla.

In den frühen 1950er Jahren untersuchte Theodor W. Adorno eine Zeit lang Zeitungshoroskope. Dabei warf er auch einen interessierten Blick auf das weibliche Publikum. Obwohl Horoskope in Tageszeitungen sich in Themen und Tonfall damals fast ausschließlich an Männer richteten, würden sie vor allem von Frauen gelesen, nahm Adorno an – und zwar weil Frauen über sehr viel weniger Autonomie verfügten als Männer und sich, laut Adorno, in die »männlichen« Horoskope hineinträumten, in »männliche« Lebenswelten, die sie selbst gern erfahren hätten: Arbeit, Unterwegssein, Anerkennung. »Jede Hausfrau kann dadurch das Gefühl bekommen, ein V. I. P. zu sein«, schrieb Adorno.[79]

»Wow – ja! Genau darum geht es!«, sagte Carla. »Um Empowerment. Darum, neue Möglichkeiten zu erkennen.«

Ich sage: Auch die Astrologie, das Kartenlegen, die Wahrsagerei sind Was-wäre-wenn-Spiele. Der Trick besteht darin, den Ratsuchenden ihre *möglichen Selbste* aufzuzeigen – mit welchen merkwürdigen Methoden auch immer.

Kein Wunder, dass die Esoterik in den späten 1960er und den 1970er Jahren eine Hochkonjunktur erlebte, als die zweite Welle des Feminismus losbrandete und die Scheidungskurven dies- und jenseits des großen Ozeans erstmals zu einem markanten Steigflug ansetzten. Frauen lösten sich vermehrt aus ihren Ehen, um ein für sie bis dahin unbekanntes Terrain zu betreten: ein autarkes, selbstbestimmtes Leben. Sie ersehnten oder waren zumindest offen für Anregungen und ein wenig (Selbst-)Orientierungshilfe für ihre neue Lebensweise, die auch rings um sie herum gerade erst *im Kommen* war.

Heute erleben Techniken wie die Astrologie oder das Kartenlegen einen neuerlichen Aufschwung, und zwar vor allem im Queerfeminismus, der die tradierte binäre Geschlechterordnung zu überwinden sucht – also wiederum neue Gebiete erschließen will. »So wundert es mich kein bisschen, dass die meisten Leute [...], die diese Rituale und Praxen als heilsam empfinden, Femmes of Color sind. Queere und trans Personen«, schrieb etwa Hengameh Yaghoobifarah, eine deutsche nichtbinäre Person (so möchte die Person bezeichnet werden), im Jahr 2018 im *Missy Magazine*, und zwar unter der extrem tollen Überschrift »Mein Horoskop ist wichtiger als Deutschland«[80].

Aber auch bei heterosexuellen Single-Frauen kommen die uralten Was-wäre-wenn-Spiele heute wieder sehr gut an, und das, so mutmaße ich, aus drei Gründen.

Erstens, weil viele sich als Einzelne oder Ver-einzelte im Wust des großen Ganzen auch heute noch nach einer Verortung und Orientierung sehnen, nach einer »absoluten Macht« (Adorno), an die sie sich anlehnen können oder der sie etwas *Power* abzapfen können; nach einer namenlosen Kraft, die auf sie aufpasst. *Indem die Sterne, Karten, Kaffeebohnen zu mir sprechen, habe ich ein Gegenüber, jemanden, der mich sehr gut kennt und den ich um Rat fragen kann, bin also nicht so allein.*

Zweitens, weil die Selbstfürsorge und die Selbstoptimierung ohnehin allgemeingültige Befehle des gegenwärtigen Kapitalismus sind. Jede und jeder ist dazu aufgefordert, jederzeit das Beste aus sich herauszuholen. (Er oder sie muss bloß Carlas Ratschlägen folgen. Oder ein Coaching buchen. Oder, machen wir's kurz: gleich eine Therapie, es gibt für alles ein *Syndrom*, gegebenenfalls kann man schnell eins erfinden.)

Drittens, weil die Esoterik gewisse Identifikationsmöglichkeiten für Solistinnen bietet. Die *fahrende Seherin*, die *weise Schamanin* und insbesondere die *Hexe*: »Fast alle der Hexerei beschuldigten Frauen waren alleinstehend oder verwitwet, also keinem Mann unterworfen«, schrieb die Schweizer Journalistin Mona Chollet 2020 in ihrem Buch »Hexen. Die unbesiegte Macht der Frauen«[81]. Die deutsche Journalistin Annabelle Hirsch merkte 2019 im Magazin *Frankfurter Allgemeine Quarterly* zur neuen Hexen-Faszination in der Kultur, der Mode und den Medien an:

> »Es scheint fast logisch, dass sich der Feminismus wieder auf diese Figur besinnt. Auch, weil sie viele Aspekte anspricht, die Frauen noch immer beschäftigen: Es geht um Fragen der Mutterschaft (die Hexe hat meist keine Kinder und hilft sogar bei der Abtreibung), der Partnerschaft (sie ist meist Single),

> des Wunsches nach Selbstverwirklichung (sie lebt im Abseits und macht ihr eigenes Ding), der eigenen Lust (sie gilt als sexuell unersättlich) und des Alterns (sie wird oft als alte, gruselige Frau dargestellt).«[82]

Carla nahm mich wohl als eine Art Probekundin, zum Üben. Ein paar Tage nachdem ich ihr von meiner Wiedergeburt als Alleinstehende erzählt hatte, rief sie mich an. Sie habe »noch mal geschaut«. Insgesamt sei ich recht skorpionisch, das wisse ich ja, aber jetzt hätte sie noch etwas Neues herausgefunden, das erschwerend hinzukomme.

»Da gibt es karmische Altlasten. Deine Venus sitzt direkt auf deinem absteigenden Mondknoten, das habe ich so noch nie bei jemandem gesehen.«

»Muss ich zum Arzt? Wenn ja, zu welchem?«, fragte ich.

»Mach dich ruhig lustig. Typisch. Das ist dein Mond im Schützen. Der macht sich bei dir im ersten Haus echt breit.«

»Ich hab ihn nicht eingeladen.«

»Ha! Und das ist dein Merkur im Löwen. Die große Klappe. Im Sextil mit Uranus: Du musst immer noch eins draufsetzen. Manchmal ist es genial. Oft aber auch nur zwanghaft möchtegernoriginell.«

»Verrat mir lieber, was mit dem anderen Haus ist. Ist es ein Ferienhaus? Am Meer?«

»Pfff…«, machte meine Sternenfreundin und legte auf.

Typisch Radieschen, Aszendent beleidigte Leberwurst.

Ich muss einräumen: Ganz esoterikfrei bin auch ich nicht. Ich kenne mein Geburtshoroskop schon länger als Carla, die Zeichnung mit all den kryptischen Symbolen, und habe mal eine *Aurafotografie* von mir erstellen lassen, ich gab es als *Recherche* aus und schrieb einen Zeitungsbericht darüber. (Überraschung: Es ist übelster Quatsch.) Und dann war da noch etwas, von dem ich im nächsten Kapitel erzählen werde. Ich weiß also, was verführerisch an *solchen Sachen* ist, weil ich selbst schon darauf zurückgegriffen habe. Erwartungsgemäß meist in Umbruchphasen. Beim Eintritt in die Uni. Beim ersten richtigen Job. Vor Umzügen in andere Städte. Manchmal vor größeren Reisen. Und, selbstverständlich, im Zusammenhang mit sogenannter *Liebe*.

Als ich mich mit Mitte dreißig zur Single-in machte, begann eine besonders intensive Astrophase bei mir. Dabei interessierten mich schon auch die Männer, mit denen ich hie und da einen romantisch-erotischen Versuch startete, sofern ich ihre Geburtsdaten kannte, linste ich in ihre Horoskope. Vor allem interessierte ich mich aber für mich selbst. »Die Sterne« nutzte ich als Übergangsbegleitung. Nach so langer Zeit mit X, dann Y, dann Z war es sowohl aufregend als auch manchmal verwirrend, mich allein zurechtzufinden. Wer wollte, konnte oder sollte ich sein, nun, da mich nichts und niemand mehr zurückhielt? Welche *möglichen Selbste* kannte ich vielleicht noch gar nicht, *was wäre wenn*? Es dauerte zwei, drei Jahre, bis ich solide im Alleinsein angekommen war, und so lange schaute ich immer mal nach, nun ja, »ganz oben«.

Heute halte ich mich weitgehend fern davon und sehe die Esoterik in jeglicher Spielart kritisch. »Manch einstige Streiterin für das Recht auf Abtreibung oder gleichen Lohn für gleiche Arbeit glaubte ernsthaft, eine wiedergeborene Magierin oder Hexe zu sein«[83], lästerte die Schriftstellerin Ulrike Heider in den 1970er Jahren über den esoterikaffinen »bauchorientierten (Sponti-)Feminismus« jener Zeit, und ich kann ihre Skepsis sehr gut nachvollziehen. Noch immer interessiere ich mich für *höhere Mächte*, heute aber mehr denn je für die greif- und angreifbaren, für die Wirtschaft, die Politik, die soziale Hackordnung. Ach so, und für das natürlich auch: das Patriarchat.

HAB ICH'S DIR NICHT GESAGT?

Drei Langzeit-Prophezeiungen von drei verschiedenen Frauen habe ich im Laufe meines Lebens erhalten. Das Gemeine an ihnen ist, dass sie sich alle erfüllten.

DIE ERSTE PROPHEZEIUNG

Im Sommer 1978, ich bin acht, findet an der Grundschule Seulberg im hessischen Friedrichsdorf ein Sommerfest statt. Jede Klasse steuert einen Programmpunkt bei. Die einen veranstalten ein Tierquiz, die anderen haben *Otto*-Sketche einstudiert, meine Klasse, die 3b, wird eine Kindermodenschau aufführen. Gegen einen Bühnenauftritt habe ich nichts einzuwenden, im Gegenteil. Tanzeinlagen sind meine Spezialität. Es fing an, als ich vier war, mit der »ZDF Hitparade«, in unserer Dreizimmerwohnung, vor dem Fernsehapparat meiner Eltern. Inzwischen finde ich »Disco«[84] besser, die Show, in der sie auch auf Englisch singen. Ich nenne es *moderne Musik*. Abba, Benny und Blondie, Truckstop, die Teens, Donna Summer, Showaddywaddy und Roxy Music, Andrea Jürgens und Amanda Lear: Ich kenne sie alle. Meine Eltern finden meine Vorführungen wahrscheinlich niedlich. Mein Bruder kann sich keinen Reim darauf machen, nehme ich an, er ist noch keine zwei. Ich weiß, dass es nicht richtig gut aussieht, dass ich noch zu klein dafür bin – nur, was soll ich machen: Ich *fühle* mich so weit. Im Kinderzimmer übe ich Ausfallschritte, vielsagende Gesten und Visagen und singe, lautlos, einen dicken Filzstift an. Dass bei der Modenschau Musik laufen wird, gefällt mir natürlich, sofort habe ich einen Entwurf im Kopf: Ich sehe mich in einem blauen Bauarbeiteroverall über den Laufsteg tänzeln, mit Glitzergürtel, Schutzhelm und silbernen Cowboystiefeln, stampfgenau im Takt, als einer von den Village People[85]. Niemand ist moderner als die Village People.

Beim ersten Probelauf erfahre ich: Die Rollen sind längst verteilt. Ich soll als *Braut, ganz in Weiß* gehen. So haben meine Mutter und meine Kunstlehrerin es hinter meinem Rücken abgemacht. Ich protestiere. Weine. Schimpfe. Versuche, mich zu erklären: *Ich bin die Falsche dafür! Ihr kennt mich doch!* Ich bin ein Jeans- und Cordhosenkind, Rüschen, Schühchen, Schleifchen waren meine Sache nie. Was soll das jetzt mit diesem *weißen Kleid? Bin ich hier bei der Kommunion, oder was?*

»Aber warum?«, frage ich.

»Weil die Dinge nun mal so sind, wie sie sind«, sagen sie.

Wie können sie so dumm sein? Sie sind doch erwachsen! Wissen sie nicht, dass Frauen in *besonders schönen Kleidern* immer nur traurig herumliegen? Es steht in allen Büchern: Nie erleben die *Prinzessinnen* etwas, immer verschlafen sie alles, auf ihren hundert Matratzen, in ihren gläsernen Särgen, in den Türmen, in die man sie weggesperrt hat. Sie leben wie im Krankenhaus! Und falls doch eines Tages jemand mit einem Schwert oder einem goldenen Schlüssel vorbeikommt, irgendein *Prinz* aus wer weiß welchem Wald, wird die *Prinzessin* zur *Braut* und ist erst recht weg vom Fenster, dann passiert überhaupt gar nichts mehr.

Ich laufe weg und suche im Gewimmel meine beste Freundin. Sie heißt ebenfalls Katja, hat ebenso dunkles Haar wie ich und ungarische Eltern. Sie bringt mir fremde Wörter bei, *Etsch, götte, harm – Nemsabot!*[86], spielt mit mir *Postamt* oder *Parkhaus* und darf als Hexe gehen. »Wollen wir tauschen?«, frage ich die andere Katja. Sie schaut mich an, als ob ich ihr den bescheuertsten Vorschlag der Welt unterbreite, was ich ja auch tue, und sagt: »Nein.«

Es fällt mir nicht leicht, aber ich gönne es ihr, sie ist meine Freundin, wenn es eine verdient hat, dann sie. Nicht als irgendeine Hexe wird sie über den Laufsteg gehen, sondern als schickste Hexe aller Zeiten: Gundel Gaukeley. Jedes Kind weiß: Gundel Gaukeley ist die spannendste Person in ganz Entenhausen. Anders als Daisy Duck, die Dauerverlobte von Donald Duck – Achtung, *Schleifchen* auf dem Kopf! –, macht Gundel Gaukeley sich rar. Nur in jedem dritten oder fünften *Micky Maus*-Heft kommt sie vor. Wenn sie aber mitspielt, zischt's im Karton. Gundel führt eine eigene Zauberkram-Boutique, hat keinen Ehemann und keine Kinder, dafür zwei Freundinnen: Mona Menetekel, ebenfalls unverheiratet, und Madame Mim, genauso ledig. Ein Verehrer namens Roderich macht Gundel immer wieder Heiratsanträge, sie lässt ihn abblitzen. Er mag ein netter Kerl sein, aber gegen Gundels Tarnkappenexperimente hat er mit seinem lahmen Schmuseangebot keine Chance. Soll er doch Daisy fragen, finden die andere Katja und ich. Was wir nicht wissen: Etwa zur gleichen Zeit schwärmt ein paar Hundert Kilometer entfernt, in Bayern, ein anderes Mädchen ebenfalls für Gundel. Kerstin Greiner heißt sie. Jahre später wird sie im Magazin der *Süddeutschen Zeitung* schreiben:

»[Gundel Gaukeleys, *kk*] Kleidungsstil ist reduziert und ihr Auftritt ausgesprochen selbstbewusst. […] Ich weiß noch, wie fasziniert ich als Mädchen von ihrem lackschwarzen Haar war, vom dicken Lidstrich. […] Dazu trug sie eine modische, mit ihren berühmten Blitzbuff-Bomben gefüllte Handtasche. […] Als ich älter wurde, fragte ich mich durchaus, warum ich ausgerechnet die Böse aus diesen Comics so toll fand. […] Aber viel wichtiger ist: Wie soll Daisy Duck, dieses kreuzbrave Hausmütterchen, zum Idol von heranwachsenden Mädchen taugen? Jedenfalls von denkenden Mädchen?«[87]

»Stell dich nicht so an«, faucht meine Mutter, als sie mich wieder einfängt und zurück ins Klassenzimmer, zur Umkleideecke zieht, »es gibt nicht immer eine Extrawurst!«

»Du bist doch ein vernünftiges Mädchen, und so hübsch!«, gurrt meine Kunstlehrerin.

»Es ist doch die Hauptrolle – ALLE wollen die Braut sein!«, behaupten sie, und dann rücken sie auch schon an, mit einem Schminkkoffer und *dem Strauß*, einem Bündel getrockneter Dekoblumen, mit *dem Kleid*, einem abgelegten Sommermodenmodell meiner Mutter, und *dem Schleier*, einem Gardinenstück, das sie mir ziepend ins Haar klemmen. Heiß und hart pocht es in meinem Hals, ein Knoten aus Ohnmacht und Verwirrung, Verachtung und Wut. Schier endlos pinseln und zuppeln sie an mir herum, dann schieben sie mich in Richtung Laufsteg, wo *der kleine Jochen* schon wartet, zehn Zentimeter kürzer als ich. Ihm haben sie einen Zylinder und einen Gehstock verpasst. Mir scheint, er hat ebenso schlechte Laune wie ich. Arm in Arm, in Scham vereint, trotten wir über den Kunstrasen, den der Schulhausmeister zur Feier des Tages auf die Laufstegpaletten getackert hat.

Kaum ist die Show vorbei, stürze ich zurück in die Umkleideecke, schlängele mich so schnell ich kann aus dem umständlichen Lappen und steige wieder in meine gelb-weiß gestreifte Sommerhose und mein grünes T-Shirt. Im Kinderspiegel über dem Kinderwaschbecken betrachte ich das Metallicblau auf meinen Lidern, das Rot auf meinen Lippen. Feste lecke ich drüber, es schmeckt nach Wachs. Jetzt, in meinen eigenen Anziehsachen, gefällt es mir doch ganz gut. Mein Gesicht sieht aus wie ich, aber fremd. Ich in einem anderen Zustand. Ich vielleicht später mal. Die Augen. Das mit den Augen ist schon toll.

Als ich in die Hocke gehe, um meine Sandalen zu schließen, fällt ein Schatten über mich. Die Mutter eines Mädchens, das in der Dreiergruppe *Damen beim Schaufensterbummel* mitgelaufen ist, beugt sich zu mir herunter, viel zu tief, viel zu nah für meinen Geschmack. Ihre Stimme klingt süßlich, doch ihre Augen funkeln eisekalt. Die fremde Mutter sagt: »Oje – du armes Ding. Weiß deine Mama nicht, dass das Unglück bringt? Wer mit dem Brautkleid Unfug treibt, findet später nie einen Ehemann. So eine bleibt für immer allein.«

DIE ZWEITE PROPHEZEIUNG

Von dieser möchte ich etwas ausführlicher erzählen, denn sie erreichte mich in der bislang *besten Zeit meines Lebens*. Jene Zeit ist so etwas wie mein persönlicher Gründungsmythos. Ich mochte mich damals, nahm mich aber noch nicht so wichtig. Ich war so frei wie nie zuvor und, ich glaube, nie mehr danach.

Im Frühsommer 1990 erhalte ich ein Zeugnis, das mir die allgemeine Hochschulreife bescheinigt. Im Spätsommer 1990 belege ich Käse-Tomaten-Sandwiches in einem Londoner Seitenstraßen-Café, sechs Tage die Woche, zum Schwarzarbeiterinnentarif von zwei Pfund fünfzig die Stunde. Immer zum Ende der Samstagsschicht wird das Geld bar ausgezahlt, in ockergelben Umschlägen.

»Du vergeudest dein Leben«, sagen sie zu Hause.

»Im Gegenteil«, sage ich, »ich fange gerade überhaupt erst damit an.«

Ich bin die Erste in meiner Kleinkaufleutefamilie, die das Abitur gemacht hat, meine Eltern sind stolz auf mich. Auch ich habe Respekt vor dieser Urkunde, betrachte sie als Chance und Verpflichtung zugleich. *Ich will etwas machen aus meinem Leben*. Doch ich will es auf meine Weise tun. Eines Tages werde ich mich an einer Universität anmelden. Aber: Bücher sind das eine – alles andere ist das andere –, und das andere erscheint mir fürs Erste wichtiger. *Doktorin des gelebten Lebens*[88] ist ein Titel, der mir gefallen könnte. Mit einem Grundstock von eintausend D-Mark, als Verkaufs- und Lageraushilfe im Kleinstadt-*Hertie* zusammengejobbt, habe ich mich abgesetzt, in die berühmte große Stadt, ohne je vorher dort gewesen zu sein, und habe den ersten Job angenommen, den ich kriegen konnte. *Help wanted* stand auf einem Zettel an der Tür des Cafés, an dem ich nur deshalb zufällig vorbeikam, weil es in einer Seitengasse der *Fleet Street* liegt, wo die großen Zeitungen sitzen, deren Gebäude ich mir als Allererstes angeschaut habe, noch vor Big Ben.

Sonntags, wenn ich nicht arbeiten muss, fahre ich mit der U-Bahn oder dem Bus irgendwohin, steige an einer Station aus, deren Name mir gefällt, *Elephant and Castle, East India*, gehe spazieren, merke mir, wo es wie ist, hier laut, dort langweilig, hier aufgeräumt wie in einem Miss-Marple-Film, dort unheimlich wie kurz vor dem Weltuntergang. Abends gehe ich aus, bis spät in die Nacht, sooft ich es mir leisten kann. Ein paar Leute in meinem Alter und mit meinem Musikgeschmack lerne ich kennen, sie laden mich zu ihren Partys ein. Manche begrüßen mich mit *Heil Hitler!* und lachen, weil ich eben eine Deutsche bin und weil zu Hause aus zwei Deutschlands gerade ein großes wird. Das ist der weltbekannte britische Humor, ich glaube, sie mögen mich. Ich bin ja hier und nicht dort, ich fürchte mich ja selbst ein wenig vor Großdeutschland, im Politikabitur habe ich dreizehn Punkte. Schlaf ist nicht so wichtig, essen auch nicht. Gelegentlich lasse ich einen Laib Toastbrot aus dem Café mitgehen, einen Einliterpack Orangensaft, einen Zwölferkarton Eier. Fast alle im Kollegium machen es so, fast alle sind *Illegale* wie ich, aus Portugal, Polen, der Türkei, wir müssen alle aus unterschiedlichen Gründen knapsen, meine sind mit Abstand die harmlosesten.

Nach einem Monat, ungefähr, sitze ich an einem frühen Abend auf dem Piccadilly Circus, am Fuß des Brunnens, und warte auf zwei Leute, die mich erst in ein Pub und danach in den *100 Club* mitnehmen werden, den ich bislang nur vom Hörensagen kenne. Die Luft ist angenehm lau, dafür, dass gerade ein britischer Herbst angefangen hat, ringsum lauter junge Menschen, ab und zu hupt ein Taxi, weil einer der Busse ihm den Weg abschneidet, ich habe mein schönstes Sixtiespolyesterkleid an und meinen Lieblingssixtiesanorak drübergezogen und tue etwas, was ich noch nie tat, ich frage jemanden nach einer Zigarette und bekomme eine, *Silk Cut* heißt die Marke, und bekomme auch Feuer und nehme den ersten Zug meines Lebens und muss nicht husten.

Meinem festen Freund erzähle ich davon erst einmal nichts. Ich schreibe ihm Briefe auf Luftpostpapier. Er ist drei Jahre älter als ich, wohnt noch in seinem Jungszimmer und studiert Jura. Manchmal ziehe ich ihn auf, weil er noch bei seinen Eltern lebt. Er sagt dann, Jura sei *das schwerste Studium der Welt*, deshalb habe er keine Zeit, sich um eine Wohnung zu kümmern. Abgesehen davon, ist er ziemlich cool. Wenn wir R-Gespräche auf Kosten seiner Eltern führen und er fragt, wann ich zurückkomme, sage ich: »Mal sehen.« In die Briefe schreibe ich: *Ich denke jeden Tag an Dich*. Es ist die Wahrheit. Andere Jungs interessieren mich nicht. Ich muss bloß erst mal *raus!, raus!, raus!* Muss jetzt, da ich endlich selbst bestimmen kann, erst einmal *weg sein, unterwegs sein*. Ich denke, er versteht es. Er hat sich in ein Mädchen verliebt, das nicht von einer Einbauküche träumt, sondern von etwas anderem, was es noch genauer erkunden muss, und er sagt, es gefällt ihm, er sagt, er sei stolz auf *so eine Freundin*. Dass ich zurückkomme, irgendwann, habe ich ihm versprochen. Vielleicht wird er mich in London einmal besuchen. Dass wir nun für eine Weile nicht beieinander sind, ändert nicht das Geringste an meinen Gefühlen für ihn. Sie sind stark, die Gefühle, und mein Wort gilt. *Wir sind so jung*. Von mir aus könnte es ewig so weitergehen.

Ich bin im East End untergekommen, im Bezirk Hackney. Dalston heißt das Viertel, in dem sich die Dieselabgase der Doppeldecker mit dem Duft von Gegrilltem und vereinzelten Haschischschwaden zum *Smell of Dalston* vermischen, der sich in meinem Gedächtnis festsetzen wird, *forever and always* (was ich natürlich noch nicht weiß). Frauen wie Männer laufen hier in Umhängen, Saris, Kaftanen aller Art herum. Auf eine wundersame Verabredung hin scheint die ganze Welt im Viertel zusammengekommen zu sein, und sie hat einen rätselhaften Service mitgebracht: Plakate und Zettel, die für *Clairvoyance*, *Palm Reading* oder ein *Medium* werben, liegen in Cornershops aus, verwittern an den Türen irisch geführter Blumenläden, verstauben in den Fenstern pakistanischer *Fashion Salons*. In Dalston geht man zum Hellseher wie andernorts zum Zahnarzt, stelle ich mir vor.

Ich wohne im Obergeschoss eines viktorianischen Häuschens, als Untermieterin zweier nigerianischer Schwestern. Adanna, fünfundzwanzig, ist gerade ausgezogen, zu ihrem Verlobten. Damit Abiona, dreiundzwanzig, solo, die Miete weiterhin bezahlen kann, haben sie per Zeitungsinserat eine Untermieterin für Adannas Zimmer gesucht. Achtundvierzig Pfund pro Woche wollten sie haben. Ich habe sie auf fünfundvierzig runtergehandelt. So blieben mir, abzüglich der Bus- und U-Bahn-Kosten, dreißig die Woche, überschlug ich auf die Schnelle, das musste irgendwie gehen. Sie bekämen das Geld immer samstags, bar auf die Hand, versprach ich. »You're a funny girl«, sagten sie und schlugen ein, und so kündigte ich das winzige Pensionszimmer am Bahnhof Paddington und zog in meine doppelt so große *erste eigene Wohnung*, die schönste, die ich je irgendwo gesehen habe: ein Zwölfquadratmeterzimmer mit hellblauen Wänden und zwei total englischen Sprossenfenstern. In eine Nische ist ein Wandschrank eingebaut, drei Regalbretter und eine Stange, sonst gibt es keine Möbel. Ich solle sie Abi nennen, wie ihre Freundinnen und Freunde es tun, sagte Abiona bei meinem Einzug. Ich sagte: »Abi is a nice name. I have just made my Abi, the final exams.« Sie fragte, wann *meine Sachen* kämen. »These are my things«, sagte ich und deutete auf meinen Koffer und meinen Schlafsack. »Okay«, sagte Abi, machte große Augen und runzelte leicht ihre Stirn, »I see.«

Abi möchte Grundschullehrerin werden und steht, obwohl sie ja nicht sehr viel älter ist als ich, schon kurz vor ihrem Diplom. Meist sehe ich sie durch ihre halbgeöffnete Zimmertür an ihrem Schreibtisch sitzen, über Bücher gebeugt, mit einem Stift in der Hand. Ich glaube, ich habe noch nie jemanden so konzentriert nachdenken sehen. So will ich es später – bald – auch machen. Fast jeden Abend kocht sie, immer fragt sie, ob ich mitessen will. So lerne ich lauter Speisen kennen, von denen ich noch nie zuvor gehört habe, Okraschoten, Süßkartoffeln, schier unglaubliche Gewürze. Zum Ausgleich deponiere ich alle paar Tage ein Toastbrot auf der Küchenfensterbank und stelle frische Eier und eine neue Packung Saft in den Kühlschrank. »This juice is awful«, sagte Abi, nachdem sie erstmals einen Schluck davon genommen hatte, und verzog lachend ihr Gesicht, »I know«, sagte ich. Außer Spiegeleiern, Frankfurter Würstchen und Tiefkühlpizza habe ich noch nie etwas Warmes zubereitet. Jetzt möchte ich es einmal ausprobieren – eine erwachsene Frau sein, die jemanden bewirtet. Ich möchte mich bei Abi revanchieren. »Tomorrow I will make dinner, please be my guest«, habe ich zu ihr gesagt. »Thank you, I'm excited«, hat Abi geantwortet und milde gelächelt, als ob sie es mir nicht zutraute.

Bei *Tesco* habe ich mich dann tatsächlich zwischen den Regalen verlaufen. Aber ich zog es durch, auch eine Kerze und eine Flasche Wein habe ich besorgt. »Dinner is ready«, rufe ich in den Flur und serviere ihr mein *Thankyou*-Menü: eine *gemischte Pfanne* aus Kochbeutelreis, kleingeschnittenen *Sausages* – in der Packung sahen sie so ähnlich aus wie Frankfurter Würstchen – und etwas zu stark angebratenen Paprikastreifen, die einmal rot und grün waren. »An interesting combination«, sagt Abi und dass sie nie zuvor *German Food* gekostet habe.

Lange bleiben wir an diesem Abend noch beieinander sitzen und reden. Aus der Nähe von Lagos komme ihre Familie, aber aufgewachsen sei sie in London. Ein Stipendium habe sie für ihr Studium, auch deshalb müsse sie sich mit dem Lernen beeilen. Ihre Schwester wohne jetzt am anderen Ende der Stadt, von deren Verlobtem halte sie, Abi, jedoch nicht viel. Sie selbst sei eine Zeit lang *unhappy in love with a man* gewesen, jetzt wolle sie erst mal ihr Studium zu Ende bringen und dann Geld verdienen. Sie freue sich sehr darauf, Lehrerin zu werden, es sei schon immer ihr Traum gewesen.

»What about you? What do you want to do with your life?«, fragt Abi.

»We will see«, sage ich, »maybe I will be a reporter, one day. I like to see things, in all places. And I like writing. They give you money for it.«

»No boyfriend?«

»Doch«, sage ich, »in Germany.«

»Why are you here, why aren't you with him?«

»He's twenty-three and at the university, like you. He wants to be a lawyer.«

»Why did you come to London, then? You don't seem to like your job at that café very much …«

»Yes, but … I want to live. First I want to live.«

Abi lacht. »You don't love him.«

»No! Also, yes, I mean: Yes, I love him, wirklich, I really do.«

»Does he know?«

»Of course!«, sage ich. »I think so.«

Ich erzähle ihr, was mir an Dalston alles gefällt.

Abi sagt, sie würde lieber woanders wohnen.

Ich frage sie, ob sie mir bei der großen Auswahl eine bestimmte Adresse für die Wahrsagerei empfehlen könne.

Abi schüttelt energisch ihren Kopf. »No! They rip you off. Stay away from that crap!«

Die Wahrsagerin, die ich mir schließlich ausgesucht habe, hat ein beidseitig beschriebenes Klappschild auf den Bürgersteig gestellt. Der Umriss einer Hand ist darauf zu sehen, auf die Handfläche sind Zahlen und Sterne gemalt. Ihr Behandlungszimmer befindet sich im Anbau einer Grillbude. Keine Samtvorhänge, kein *Crystal Ball*. Die Scheiben sind mit blickdichter Folie abgeklebt. An der einen Wand stapeln sich Kartons, an der anderen Putzeimer, in der Mitte des Raums stehen ein Tisch und zwei Sperrholzstühle. Die Wahrsagerin bedeutet mir, ihr gegenüber Platz zu nehmen. Sie trägt einen hellgrünen Turban und eine bunt gemusterte Bluse, wirkt etwas erschöpft und ist wunderschön. Ich schätze sie auf Mitte, Ende dreißig, auf dem Klappschild steht, dass sie aus der Karibik kommt. Fünfzehn Pfund nimmt sie pro Sitzung. Ich überreiche ihr meinen Tageslohn, sie steckt das Geld in den Bund ihrer schwarzen Jeans. Dann lehnt sie sich in ihrem Stuhl zurück und sieht mich an. Ich verspüre durchaus Ehrfurcht vor ihren *Kräften*, nicht wenige Soul-, Pop-, Rock-, Reggae- und Blues-Songs handeln von der Macht des Voodoo, »Fortune Teller«, »Voodoo Blues«, »Voodoo Child«, »It's your Voodoo Working«, »Black Magic Woman«, »The Witch«, »Witch Doctor«, »Magic Touch«, »I put a spell on you«, und aus Büchern und Filmen weiß ich: In Teilen Afrikas und Südamerikas, erst recht in der Karibik ist eine kleine Verhexung hie und da etwas ganz Normales. Hat sie bis hierhin auch nur einmal geblinzelt? Ob sie mich hypnotisieren will? Ist das schon Teil der Behandlung? Ob sie von ihren Fähigkeiten leben kann? Oder steht sie hauptberuflich doch eher vorne, am Frittierkessel, am Spülbecken? Wie war *ihr* Weg, wie kommt *sie* hierher? Wofür braucht sie so lange? Muss ich etwas tun? Falls ich demnächst sterbe: Wird sie es mir sagen? Endlich lockert sie ihren Blick und bewegt sich ein wenig.

»So – what is your question?«

»I don't know«, sage ich. »Can you tell me something about my destiny?«

Ein Hauch von Belustigung scheint über ihr Gesicht zu huschen. Doch ihre Belustigung wirkt gütig. Sie nimmt meine Hände, betastet Hügel und Dellen, betrachtet die Kanten, fährt die Linien auf den Innenflächen ab. Je länger sie sich Zeit lässt, desto sicherer bin ich, dass sie *etwas findet*. Immer wieder hebt sie ihren Blick, schaut mir in die Augen. Und wieder auf meine Hände.

Dann hat sie's: »You are a working woman. A brave woman. I see many changes. Many friends. Good people. But no husband. No children.«

Sie blickt mich an, als ob ich jetzt etwas sagen muss.

»But I have a boyfriend«, sage ich.

Sie nimmt wieder meine linke Hand, dreht und wendet sie erneut. »You will have another boyfriend one day. Maybe you will have more. But it will not last. Maybe love will come late, very late. Maybe never.«

Fest umschließt sie meine Linke mit ihren beiden Händen, als ob sie mich trösten wollte, als ob es keine ganz leichte Diagnose wäre.

»Do not grieve«, sagt sie, »your life will be full. You will earn great wisdom with this life. I see a happy old woman.«

»My grandmother«, sage ich, »I love her very much.«

»No, the old woman is you«, sagt die Magierin. »All will be good. Have no fear. Just be aware: Love will not stay. Not this time. This life is different.«

DIE DRITTE PROPHEZEIUNG

Die dritte Prophezeiung habe ich selbst fabriziert.

Zwei, drei Staubflocken kamen mir entgegen, als ich es nun erstmals nach langer Zeit wieder aus dem Regal zog. Sein Umschlag leuchtete immer noch furchterregend pink. »Generation Ally. Warum es heute so kompliziert ist, eine Frau zu sein«, heißt es, nach der TV-Figur Ally McBeal. Mein erstes Buch. *Mein Baby* nannte ich es, eine dämliche Floskel, aber ich glaube, so sprach ich tatsächlich darüber, 2002, als es erschien.

Ally McBeal ist, wie Bridget Jones mit ihrer »Schokolade zum Frühstück«[89] und Carrie Bradshaw aus »Sex and The City«[90], eine fiktive großstädtische Single-Frau von um die dreißig. Die drei verkörperten rund um den Jahrtausendwechsel die Frau ohne Begleitung als Running Gag auf zwei Beinen, diese Beine waren *weiß*, schlank – gut, bei Bridget Jones etwas kräftiger – und mitunter von grotesk hohen Absätzen getragen. Beruflich kam sie außerordentlich gut mit, arbeitete in einer juristischen Kanzlei (Ally) oder war in der gerade erst erwachenden *Kreativwirtschaft* tätig, als *Mädchen für alles* in einer Werbeagentur (Bridget) oder als Journalistin mit eigener Lifestyle-Kolumne (Carrie). Mit all dem fleißig von ihr ganz allein verdienten Geld wusste diese Frau ohne Begleitung selten mehr anzufangen, als es in *Fashion Statements* zu investieren – wobei Ally sich meist doch an ihren Juristinnen-Dresscode hielt, Damenhosenanzüge in Größe 34/36, und Bridget sich beim Geldausgeben im Wesentlichen auf Süßigkeiten beschränkte, während sie von einer Porzellanpuppenfigur à la Ally träumte. Sie changierte zwischen den Polen *Yuppie-Schnepfe* und *Spätes Mädchen*, stolperte durch eine friedliche, saubere Großstadt voller hell beleuchteter Boutiquenfenster, eleganter Restaurants und *nicer Vernissagen* und wirkte auf den ersten Blick unbekümmert, auf den zweiten allerdings reichlich angespannt, denn sie war stets auf der Suche nach Mister Big, Mister Right, dem Vater ihrer noch ungeborenen Kinder. Carrie, Bridget, Ally konnten, wollten und genossen alles Mögliche – nur das Alleinsein nicht so richtig. Ebendarin bestand ihr Witz, ihr ganzer Charme. Die Single-Frau, wie sie zu Beginn des neuen Jahrtausends im Fernsehen lief, war eine, die viel lieber eine andere gewesen wäre: eine Frau *in festen Händen*.

»Mit ihrem postfeministischen Ansatz« komme Ally McBeal »nicht nur bei Frauen« gut an, merkte damals – durchaus angetan – die Kulturwissenschaftlerin Mercedes Bunz[91] an. Feuilleton-Männer feierten Ally als »weiblichen Westernheld unserer Zeit«[92].

Wie sähen denn aber in der Realität die Bedingungen für »weibliches Westernheldentum« aus?, fragte, durchaus skeptisch, die Jungautorin, die ich einmal war.

Jetzt fragte ich mich etwas anderes: Warum hatte mein zwanzig Jahre jüngeres Ich sich so eingehend mit dem weiblichen Alleinsein beschäftigt? Als ich das Buch schrieb, war ich vom Singletum so weit entfernt wie nie zuvor und nie mehr danach, ich war so gut wie verheiratet. Wusste die *fest* und glücklich liierte Einunddreißigjährige etwas, von dem sie nicht wusste, dass sie es wusste? War das pinke Ding ein Fluch, der mich nun einholte? Auf der letzten Seite, im letzten Absatz, auf den allerletzten Zeilen hatte die jüngere Version meiner selbst mir jedenfalls einen klaren Hinweis auf die Zukunft mitgegeben:

»Schon bald bin ich keine junge Frau mehr. […] Ich weiß nicht, ob ich eine gute Mutter wäre. Ich weiß nicht, ob ich eine richtige Frau bin. Ich weiß nicht, ob ich später einsam bin. Ich habe Angst, Angst zu haben. Und ich hasse Ally McBeal.«[93]

DAS S-WORT

Warum war das weibliche Publikum so angetan von Bradshaw, Jones und McBeal? Weshalb konnten sich zunächst so viele mit diesen Single-Frauen identifizieren, insbesondere in meiner Altersgruppe, den damaligen Umdiedreißigjährigen?

»Es ist ein schönes Gefühl, zu wissen, dass ich auch nächsten Monat die Miete noch bezahlen kann«, sagte die Ally-Darstellerin Calista Flockhart 1999 in einem Interview und dürfte damit das Lebensgefühl vieler ihrer Anhängerinnen auf den Punkt gebracht haben: die Freude der jungen berufstätigen Frau über ihre zwar wackelige, aber eben *eigene* wirtschaftliche Kraft. Das noch etwas ungläubige Staunen über die (vermeintliche) Vielfalt der Möglichkeiten. Die Aussicht auf ein selbstbestimmtes, bis auf Weiteres erst einmal ungebundenes Leben.

Parallel zur Single-Frauen-Welle im Fernsehen stieg hierzulande der erste richtig große Schwung gut und besser ausgebildeter junger Frauen ins Berufsleben ein. Oder war bereits dabei, sachte »durchzustarten«, vielleicht gar mit einer klitzekleinen »Karriere«. Schon seit den 1980ern belegten es die bundesrepublikanischen Statistiken: Mädchen hatten die Jungs überholt. Sie schrieben nicht nur bessere Noten, schlossen verlässlicher ihre Ausbildungen ab, machten eher ihr Abitur, sie stellen seither auch die Mehrheit unter den Erstsemestern an den Hochschulen.

Die deutsche Ally McBeal hieß Elfie Eschke. Nein, sie hieß Gabi Neuhammer und wurde gespielt von einer Schauspielerin, die diesen sehr viel glamouröseren Namen trägt: Elfie Eschke.

Elfie Eschke, also Gabi Neuhammer, war eine der Hauptfiguren in der Serie »Büro, Büro«, die von 1981 bis 1992 im Vorabendprogramm der ARD lief und bis heute ihre Fans hat, die Staffeln sind mittlerweile als *DVD-Gesamtedition* erhältlich. Zwischen zehn und etwa sechzehn war ich süchtig nach »Büro, Büro«. Es handelt sich um eine reizende Satire auf den bundesdeutschen Angestelltenalltag der damaligen Zeit, auch Iris Berben spielte mit. Im Mittelpunkt steht ein fiktives mittelständisches Unternehmen in einer mittelgroßen deutschen Stadt, die *Lurzer KG*, die Fitnessgeräte produziert. (Damals sagte man *Trimmgeräte* dazu.) Elfie Eschke, also Gabi Neuhammer, ist als Schreibkraft bei der *Lurzer KG* beschäftigt und quasi Dauer-Single. »In der Männerwelt ist sie sehr begehrt, lässt jedoch nur wenige Männer an sich heran«, ist heute bei Wikipedia über sie zu lesen.

Was mir erst jetzt auffiel, als ich bei Youtube noch einmal in ein paar Folgen hineinklickte: Tatsächlich besteht fast die gesamte weibliche »Büro, Büro«-Belegschaft aus Frauen ohne (feste) Begleitung. Da ist etwa die *Grande Dame* des Büros, Helma Schneider, Vorzimmerdame der drei – selbstverständlich männlichen – Chefs: Nach langer Ehe hat sie sich von ihrem Mann getrennt, lebt nunmehr allein, lässt sich auf eine Affäre mit einem angeblich »unglücklich verheirateten« Kollegen ein und verliebt sich dann in einen Azubi, was erwartungsgemäß noch viel weniger gut ausgeht.

Da ist Roswitha Koch aus der Buchhaltung, alleinstehend, tüchtig, die ebenfalls eine Affäre mit einem Kollegen beginnt, mit dem Hobbygärtner Herrn Lehmann. Es stößt Birgit Brögel dazu, die neue Büroleiterin, ebenfalls ledig. Sie wird die nächste Geliebte des Herrn Lehmann. Als dieser ihr einen Heiratsantrag macht, kann sie sich aber nicht zu diesem Schritt entschließen – lieber bleibt sie ungebunden.

Da ist Katharina Wespe aus der EDV, Betriebsrätin, die sich für eine begnadete Kartenlegerin hält, auch wenn sich all ihre

Prognosen als falsch erweisen. Sie ist mit einem mürrischen Langzeitarbeitslosen verheiratet, den sie eines Tages verlässt, um fortan in einer anderen Wohnung, die zwar sehr viel kleiner, aber immerhin allein die ihrige ist, ein neues Leben als Single zu beginnen.

Und schließlich betritt Vera Kraft die Szene: ein ganz junges, tipptopp ausgebildetes Computertalent, Single, mit befristetem Projektvertrag, was ihr aber nichts ausmacht. Vera Kraft hat Bindungsängste in jedweder Hinsicht – und genießt es. Sie fühlt sich wohl mit den Flüchtigkeiten, Abwechslungen und kleinen Abenteuern, die das Leben ihr bietet und von denen ihre Mutter aller Wahrscheinlichkeit nach nur träumen konnte.

MÄDCHEN 82

1982 brachte es eine breit angelegte wissenschaftliche Studie mit dem Titel »Mädchen 82«[94] erstmals ans Licht – und in die Schlagzeilen: Bundesweit waren mehr als tausend junge Frauen zwischen fünfzehn und neunzehn zu ihren Zukunftsplänen befragt worden – und gut zwei Drittel von ihnen gaben an, dass ihre beruflichen Wünsche für sie an erster Stelle standen, weit vor der Gründung einer eigenen Familie.

Das schlug sich rasch in den Bevölkerungsstatistiken nieder und wirkt bis heute. In der Bundesrepublik des Jahres 1970, meinem Geburtsjahr, war eine Frau bei ihrer ersten Eheschließung im Schnitt vierundzwanzig. Zu Beginn der 2020er Jahre war sie fast zehn Jahre älter, ihren Dreiunddreißigsten hatte sie hinter sich. Von den Frauen, die heute um die vierzig sind, haben gut zwanzig Prozent keine eigenen Kinder, doppelt so viele wie Anfang der 1980er Jahre.[95]

Die Unlust aufs Heiraten und Kinderkriegen grassierte keineswegs nur unter *höheren Töchtern* mit Klavierunterricht, deren Eltern *Schöner Wohnen* abonniert hatten.

»Ich gehörte irgendwie so nirgends hin ... Arbeitertöchter an der Hochschule«[96] heißt eine Untersuchung der Sozialwissenschaftlerin Hannelore Bublitz, die 1980 erschien. Bublitz ließ junge Frauen aus der Klasse zu Wort kommen, die der Mittel- und Oberschicht für gewöhnlich massive Erleichterungen beim *Schöner Wohnen* verschafft, als *Haushaltshilfe*, *Nanny* oder, klassischerweise, *Putzfrauen*. In Bublitz' Buch erzählten die Töchter jener Klasse von ihren beruflichen Zielen und davon, wie schwierig und ernüchternd es für sie war, wenn sie es, allen Hindernissen zum Trotz, an eine Hochschule geschafft hatten: Von »oben«, von den Ärzte- und Professorenkindern in den Seminaren, wurden sie belächelt oder missachtet, weil sie gelegentlich *falsche* Wörter benutzten, sich *falsch* anzogen, im *falschen* Viertel wohnten. Von »unten«, aus ihrem nichtakademischen, oft besonders traditionell denkenden Umfeld, wurden sie als Verräterinnen verdächtigt, die sich womöglich einbildeten, *etwas Besseres* zu sein. Auch in den »Bottroper Protokollen« der Journalistin Erika Runge waren ein paar Jahre zuvor schon ambitionierte Frauen aus proletarischen Kreisen zu Wort gekommen. Eine achtzehnjährige Verena D. erzählt von ihren Plänen fürs Erwachsensein. An einer Ehe und an Nachwuchs ist sie nicht sonderlich interessiert, sie brennt für etwas anderes:

> »Ich wollte unbedingt Zeichenlehrerin werden [...]. Meine Eltern, die würden das nich verstehen, die sagen: ›Du hast doch dein Beruf, und sei doch froh, du verdienst doch gut, was willstn da noch lange lernen.‹ [...] Eine Möglichkeit gäbs vielleicht schon noch, daß ich vielleicht Abendschulen besuche oder so. [...] Ich möchte jetzt erstmal etwas Geld verdienen, daß ich selbst mal was in die Finger bekomme.«

Im »Ally«-Buch sprach ich von den »Töchtern der Emanzipation« und meinte damit auch mich, die irgendwo zwischen den höheren Töchtern und den Arbeitermädchen aufgewachsen war, in der unteren mittleren Mitte der Mittelschicht. Mein Vater war siebzehn und meine Mutter vierzehn, praktisch noch ein Kind, als sie zusammenkamen. Meine Mutter stammt aus Verhältnissen, die man heute *einfach* nennen würde, *gehobenes Arbeiterinnenmilieu*, und hatte sich beeilt, ihre Geschicke schnellstmöglich selbst in die eigenen Hände zu nehmen. In der Schule strengte sie sich mächtig an, nach der mittleren Reife ließ sie sich zur *Rechtsanwaltsgehilfin* ausbilden. Mit neunzehn wurde sie dann schwanger. Es war exakt so von ihr gewünscht. Damals galt man vor dem Gesetz erst mit einundzwanzig als volljährig. Sie brauchte also die Einwilligung ihrer Erziehungsberechtigten, um meinen Vater heiraten zu können. Da ihre Eltern sich erst kurz zuvor hatten scheiden lassen, war völlig klar, dass sie die Hochzeit abnicken würden. Andernfalls wäre meine Mutter eine Minderjährige mit unehelichem *Balg* gewesen, und das hätte in dem katholischen Umfeld ihrer Mutter, meiner Oma Lilo, der ja gerade erst *der Kerl weggelaufen* war, einen weiteren kleinen Skandal ergeben. Schlimm genug, dass meine Mutter womöglich schon einen *Bauch* vor sich hertrüge, wenn sie vor den Altar trat. Sie war dann im vierten Monat, als sie meinem Vater das Ja-Wort gab. Auf den Fotos hält sie ihren Brautstrauß geschickt vor die kleine Kugel, in der ich schwamm.

Mit ihrer Schwangerschaft hatte meine Mutter Fakten geschaffen. Mit einem Kind und einem Ehemann wäre sie unwiderruflich *erwachsen*. Fortan würde man sie als *Frau Kullmann* ansprechen, nicht mehr als *Fräulein Glaser* belächeln, niemand, außer meinem Vater, von dem sie nichts befürchtete, würde ihr mehr in irgendetwas hineinreden dürfen, und zusammen würden sie endlich eine *richtige Wohnung* mieten können[97]. Ihren

Beruf gab sie auf, wie die Mehrheit der westdeutschen Mütter in jener Zeit. Es existierten kaum Teilzeitmodelle, keine Kleinkinderbetreuung. Als Versicherungsvertreter verdiente der junge Mann, der mein Vater war, in jenen Tagen genug, um seine Frau und sein erstes Kind durchzubringen, und meine Mutter griff ihm gelegentlich am Küchentisch als Bürohilfe unter die Arme.

Erst sehr spät, mit Anfang dreißig, fiel mir diese paradoxe Parallele auf: Meine Mutter und ich hatten unsere jeweiligen Elternhäuser im gleichen Alter verlassen, beide waren wir noch keine zwanzig. Für meine Mutter war es ironischerweise der Babybauch, der ihr die Selbstbestimmung bescherte, nach der sie sich damals sehnte. Für mich waren es die Zeugnisse, Praktika und Jobs.

Etwas Vernünftiges lernen, auf eigenen Beinen stehen: Das war die Aufforderung, die meine Eltern an ihre Erstgeborene richteten. Sie glaubten an das große Versprechen, das die soziale Marktwirtschaft der alten Bundesrepublik ihnen und fünfundsechzig Millionen anderen machte: Wer sich reinkniete, der oder die konnte *aufsteigen*, konnte an Orte gelangen, die ursprünglich gar nicht für ihn oder sie vorgesehen waren – und das war genau das, was ich wollte, also war ich eine sehr gute Schülerin.

Doch nicht nur meine fleißigen Kleineleuteeltern spornten mich an. Als Siebzigerjahrekind hatte ich es, wie Millionen Mädchen, mit einer neuen Generation von Kindergärtnerinnen und Grundschullehrerinnen zu tun – und ein Großteil jener Frauen war *ledig*. In Bayern waren weibliche Lehrkräfte bis 1977 sogar mehr oder minder dazu verpflichtet. Sie sollten zölibatär wie katholische Priester leben. »Denn sie sollten entweder voll und ganz für die Erziehung fremder Kinder zur Verfügung stehen. Oder alle Zeit der Welt haben, um den eigenen Nachwuchs zu hegen.«[98]

Sobald eine Pädagogin schwanger wurde oder heiratete, gab sie ihre Tätigkeit in der Regel auf, es mussten ständig neue Frauen *ohne Anhang* her. Und womöglich hatten diejenigen, die in den 1970er Jahren gerade erst frisch von den Instituten und Akademien kamen, sich dort am akut aufwallenden Feminismus angesteckt (damals sagten die meisten noch *Frauenbewegung* dazu). Vielleicht hatte die eine oder andere an einer *Frauengruppe* teilgenommen oder das amerikanische Wort *Role Model* schon aufgeschnappt. Oder sie las die *Emma*, deren erste Ausgabe[99] 1977, ein Jahr nach meiner Einschulung, erschien. Die Parole *Das Private ist politisch*[100] war längst schon zum vielzitierten Merksatz unter frauenbewegten Frauen geworden, zu einer Formel, die ein kleines Mädchen in jenen Tagen theoretisch *mit der Muttermilch* einsaugen konnte.

Heute sehe – und begreife – ich, dass die Frau ohne Begleitung schon in meiner Kindheit ständig um mich herum war, in verschiedensten Kostümen und Zusammenhängen. Etliche Frauen, die rund um das Jahr 2000 als Zielgruppe von Ally McBeal, Bridget Jones und Carrie Bradshaw angesprochen wurden, hatten zwanzig Jahre zuvor vielleicht für »Ronja Räubertochter«, »Die rote Zora« oder »Luzie, der Schrecken der Straße« geschwärmt. Von diesen Kinder-TV-Figuren erzählt etwa die Journalistin Nicole Zepter, die ebenfalls in den 1970er und 1980er Jahren in einer westdeutschen Kleinstadt groß wurde und sich als eine »starke Anführerin [...], ein auf sich gestelltes, aber freies mutiges Kind« in Erinnerung hat[101]. Auch Zepter lebt heute ohne (festen) Partner, als Alleinerziehende. Ich war ein Fan von Ratz und Rübe aus der »Rappelkiste«, die sonntagnachmittags im ZDF lief. Ratz und Rübe waren ein Mädchen und ein Junge, dargestellt durch Puppen, wie Ernie und Bert in der »Sesamstraße«. Das Besondere an Ratz und Rübe: Sie wurden nicht von ordentlich verheirateten Elternpaaren großgezogen, sondern wuchsen als Kinder zweier Alleinerziehender auf.

So wie meine Freundin Katja mich mit Gundel Gaukeley bekannt gemacht hatte, so las ich ihr manchmal aus »Die Kinder aus dem Kinderkeller« vor, meinem Lieblingsbuch, geschrieben von der Österreicherin Christine Nöstlinger. Eine ältere alleinstehende Frau war die Hauptfigur:

> »Die dicke, alte Frau oben auf dem Bild, das bin ich. Pia Maria Tiralla, 63 Jahre alt, ledig, Pensionistin. Bis vor einem Jahr hatte ich nur zwei Leidenschaften: Schaumrollen essen und aus dem Fenster schauen. Schaumrollen sind teuer. Fensterschauen ist billig.«[102]

Vor allem schwärmten Katja und ich aber für Frau Krabbe: die klügste Frau der Welt. Nicht nur Klassenlehrerin der 3b, sondern die Direktorin der gesamten Schule. Außerdem: sehr alt. Davon erfuhren wir, als einmal zu Unterrichtsbeginn ein Blumenstrauß auf Frau Krabbes Lehrerinnentisch stand und die Kunst- und die Sportlehrerin ihr gratulierten. Sie wurde schon fünfunddreißig, hörten wir. Das tat ihrem Glanz jedoch keinen Abbruch. Frau Krabbe hatte halblanges Haar, dunkel wie Katjas und meines, duftete nach Parfum, Kaffee und Zigaretten und trug ihre seidigen Halstücher auf eine Art, wie wir sie von anderen Frauen nicht kannten. Angeblich war Frau Krabbe *geschieden*, behauptete die andere Katja eines Tages. Ich war mir nicht sicher, was das bedeutete, gehört hatte ich das Wort schon mal irgendwo, aber es schien sonst keine *geschiedenen* Frauen am Ort zu geben, und so fragte ich meine Eltern, ob das Gerücht stimmte. Ja, sagten sie, Frau Krabbe sei *geschieden*, das hieß: *ohne Mann*. Ich solle es nicht groß rumerzählen, Frau Krabbe sei *trotzdem* eine gute Lehrerin. Selbstverständlich war sie das! Manchmal hatten die Erwachsenen wirklich keine Ahnung. So wie sie es aussprachen, klang es sehr gefährlich: *geschieden*. So ähnlich wie *Scheide*.

Womöglich hatte es mit Schweinkram zu tun, überlegten die andere Katja und ich. Wenn es allerdings dazu führte, dass eine Frau so klug, so außergewöhnlich, so *französisch*[103] wurde wie Frau Krabbe, konnte es so verkehrt auch wieder nicht sein.

> »Wir sind den geschichtlichen Umständen ebenso unterworfen wie unsere Eltern; es wäre wohl inakzeptabel gewesen, hätten sie uns im […] ausgehenden zwanzigsten Jahrhundert erklärt, wir bräuchten uns in Mathe nicht anzustrengen, weil es wichtiger sei, einen netten Ehemann und Versorger zu finden«[104],

heißt es bei Rachel Cusk, 1967 geboren, also nur drei Jahre älter ich. Ebenfalls 1967 kam die US-Autorin Elizabeth Wurtzel zur Welt. 1998, zur Hochphase von »Ally McBeal«, beschrieb sie die gesellschaftlichen Erwartungen, die mehr oder minder direkt an eine junge Frau herangetragen wurden, wie folgt:

»Frauen, die im Berufsleben ihren Weg machen, sind nicht zwangsläufig jenen moralisch überlegen, die das nicht tun, aber sie sind wichtiger und bedeutender und sie werden von der Gesellschaft mehr geschätzt. So ist es nun mal: Frauen, die sich den lieben langen Tag die Nägel maniküren lassen, sind weniger wichtig als Frauen, die juristische Schriftsätze aufsetzen.«[105]

MÜTTER- & GROSSMÜTTERLICHERSEITS

Wie die geschiedene, gelehrte, elegante Frau Krabbe lebten auch meine Mutter und meine Großmütter mir vor, was *Frausein* bedeutet – wie unterschiedlich man es auslegen und mit Leben füllen konnte.

Meine so junge Mutter erschien mir tatsächlich weniger *alt*, weniger müde als die Mütter anderer Kinder. Andere Mütter rollten, walzten, watschelten durch die Gegend – meine Mutter flitzte. Das fand ich schön. Allerdings hatte es auch Nachteile. Ihre ehrgeizige Ungeduld hatte sich auch nach der Hochzeit nicht gelegt, sie meinte es nie böse, machte uns mitunter aber ganz kirre damit, meinen Vater, mich und später auch meinen Bruder. Stets wollte sie *auf der Stelle* alles *ganz genau richtig* machen. Klappte etwas nicht so, wie sie es sich vorstellte, kippte gar eine Vase um, funkelten ihre Augen wie bei einem Tier, das gleich zusticht oder -beißt, man wusste dann nie, was sie als Nächstes tun würde. Es kam vor, dass mein Vater in solchen Situationen für ein paar Stunden aus der Wohnung verschwand. Ich wusste nicht, ob sie *viel* oder *wenig* stritten, ich hatte ja keine Ahnung, wie es bei anderen Eltern lief. Mal hielt ich eher zu meiner Mutter, mal eher zu meinem Vater. Oft kam es mir bei ihren Zänkereien so vor, als ob sie die Kinder gewesen wären und ich die einzige Person mit Durchblick weit und breit.

Waren im Fernsehen Wiederholungen des »Beatclub« zu sehen, einer Musiksendung aus ihrer Schulzeit, stellte mein Vater den Apparat laut, er war Fan der Rattles aus Hamburg. Meine Mutter liebte Soulmusik. Wenn im Radio Aretha Franklin lief – *R-E-S-P-E-C-T, find out what it means to me*[106] –, kam es vor, dass sie den Mopp, den Lappen, den Schwamm kurz zur Seite legte, ihr Kinn vor und zurück schuckelte, mit ihren Hüften wackelte und leicht verschämt lachte. Mit meinem Vater schaute ich sonntagvormittags den »Internationalen Frühschoppen«[107] mit Werner Höfer und ließ mir von ihm Erwachsenenwörter erklären, *Ölkrise, Notstandsgesetze, Schleierfahndung*. Manchmal trat im Fernsehen eine Frau auf, die ich für eine Terroristin hielt. Sie trug eine große Brille und eine Wuschelfrisur, hieß *Emma*, soweit ich das mitbekommen hatte, und wollte den Frauen das

Putzen und Kochen verbieten. Stritt *Emma* sich wieder einmal mit Fernsehmännern, warfen meine Eltern sich Blicke zu oder machten Witze, die mir so unverständlich waren wie ihre Streits, oder sie schalteten um, oder mein Vater schaute wieder in die Zeitung, und meine Mutter lief zu meinem schreienden Bruder, oder mein Vater schenkte sich einen *Calvados* ein, und meine Mutter stieg in den Keller und hängte die Wäsche ab, oder mein Vater begann, sich die Nägel zu schneiden, und meine Mutter ging in die Küche und bereitete schon mal das Abendbrot für uns alle vor.

Gelegentlich drohte sie mir mit Ohrfeigen, die eine oder andere habe ich mir auch *gefangen*. Meist war das sehr ungerecht von ihr. Aber ich versuchte, Verständnis zu haben für dieses zierliche Wesen, durch das von früh bis spät ein elektrischer Strom zu fließen schien. Letztlich waren meine Eltern leicht zu durchschauen. Je weniger ich *falsch* machte, desto weniger saßen sie mir im Nacken, desto unbeobachteter konnte ich kommen und gehen, tun und lassen, was ich wollte – so in etwa funktionierte mein Geschäftsmodell. Vielleicht war meine Mutter manchmal so streng, weil sie sich selbst so fürchterlich anstrengte, vielleicht, um erfahreneren oder reicheren Müttern etwas zu beweisen. So habe ich es oft überlegt, als Kind.

»[Meine Mutter] wäre eine ganz andere Frau gewesen, wenn mein Vater und ich sie gelassen hätten«, las ich unlängst in einer Kurzgeschichte[108] der irischen Schriftstellerin Nicole Flattery, zwanzig Jahre jünger als ich.

Ich überlegte, ob das auch auf meine Mutter zutraf, und kam zu dem Schluss, dass es nicht ganz hinhaute. Wir, die Familie, waren ihre Firma. Wenn manche Frauen damals sagten, *Mein Haushalt ist mein Reich*, traf das in tausendfacher Potenz auf meine Mutter zu. Nie ließ sie jemanden an *ihre Küche* heran, und wer es doch wagte, machte zwangsläufig alles falsch. Auf meine Familie bezogen müsste das Zitat von Nicole Flattery so lauten: »Meine Mutter wäre eine ganz andere Frau gewesen, wenn es meinen Vater und meinen Bruder und mich nie gegeben hätte.«

Denn wäre sie eine Solistin gewesen, hätte sie mit ihrem Ehrgeiz und ihrem praktischen Talent ein mittelständisches Unternehmen mit mindestens sechzig Beschäftigten gegründet. Und irgendwann hätte sie sich ein kleines Ferienapartment in Spanien gekauft, in dritter Reihe zum Strand, aber immerhin. Meine Mutter liebte Spanien. Nach ihrem fünfzigsten Geburtstag fuhr sie gelegentlich für eine Woche hin, ohne meinen Vater. Sie hatte begonnen, halbtags wieder zu arbeiten, und sah sich alles ganz in Ruhe an, allein, von ihrem Geld, immer eine andere Stadt, Madrid, Barcelona, Sevilla, Malaga, Valencia. Hätten wir uns nicht als Mutter und Tochter kennengelernt, sondern wären uns als Frauen ohne Begleitung begegnet, hätten wir uns womöglich angefreundet, was machen zwanzig Jahre schon für einen Unterschied?

> »Ich liebte meine Mutter sehr, aber die Wahrheit […] war, dass sie mir nie ein Vorbild war. […] Ich hatte schon früh gewusst, dass ich das Leben meiner Mutter nicht wollte. […] Das muss auch sie gewusst haben, aber wenn es ihr weh tat, ließ sie es sich nicht anmerken. Nie hat sie mir ein schlechtes Gewissen deswegen gemacht. […] Sie sorgte dafür, dass das, was sie mir nicht als Vorbild vorleben konnte – Furchtlosigkeit, Abenteuerlust, Ehrgeiz –, in Hülle und Fülle an Geschichten zu mir kam«,

schrieb die US-Autorin Glynnis MacNicol, Langzeit-Single, kein Kind, ein paar Jahre jünger als ich, über ihre Mutter.[109]

Es gab Situationen, da funkelte es auf, da schien es aus ihr heraus, da war meine Mutter die netteste, lustigste und auch die *schönste Frau der Welt*. Am liebsten hatte ich sie, wenn wir Ausflüge in die Tiefkühlhalle von Bad Nauheim unternahmen, zum Eislaufen, nur wir zwei. Wie sicher sie über die weiße Fläche glitt. Unfallfrei bekam sie sogar kleine Pirouetten hin. Und wenn in der Vorweihnachtszeit, in der jedes Jahr dieselben alten Filme im Fernsehen liefen, der Tag kam, an dem meine Mutter zu mir sagte: »Komm, gucken wir Miss Marple?« Dann setzten wir uns zusammen aufs Sofa, keine meckerte über die andere, und mein Vater und mein Bruder waren ausnahmsweise mal für zwei Stunden abgemeldet, und sie kraulte meine Füße, und wir lachten zusammen über die verwirrten Herren Kommissare und die dummen Diebe und bewunderten Miss Marple, die Schwarzweißoma, zu der es keinen Opa gab, die immer ganz allein zu ihren Ermittlungen unterwegs war, dafür, wie treffsicher sie ihre Handtasche kreisen ließ, wie frech ihre Witze waren und dass niemand sie je von ihrer Spur abbringen konnte.

Meine Großmütter waren sehr verschieden. Die Mutter meiner Mutter, Oma Lilo, hatte, nachdem ihr Gatte verschwunden war, zunächst selbst für ihren Lebensunterhalt aufkommen müssen und es gehasst, was eventuell auch daran lag, dass sie außer *Putzengehen* nicht allzu viele Möglichkeiten hatte.

Mit Mitte vierzig gelang ihr aber doch noch der Sprung in das Leben einer wohlversorgten Hausfrau mit hübschem Heim. Über eine Kontaktanzeige hatte sie einen ebenfalls geschiedenen Finanzbeamten kennengelernt, einen soliden, sehr freundlichen Mann, den sie schließlich heiratete und den ich fortan Opa Hermann nannte.

Oma Irmgard, die Mutter meines Vaters, war Witwe. Als ihr Mann, mein Opa Erwin, an Krebs starb, war sie gerade mal neunundvierzig, ich war eins. Ich kenne meine Oma Irmgard also nicht als Ehefrau und habe sie als Kind nicht als Mutter wahrgenommen, ihr Sohn, mein Vater, war ja *schon groß*. Ich verband auch nicht in erster Linie das Wort *Witwe* mit ihr. Eine Frau wie meine Oma Irmgard nannte man eine *alleinstehende Frau*.

Öfter brachten meine Eltern mich für ein paar Tage bei ihr unter, während sie nach Holland ans Meer fuhren oder zu einem Konzert von einer alten Beat-Band irgendwo. Manchmal wollten sie wohl auch einfach ihre Ruhe vor mir haben. Sie brächten mich *zur Oma*, damit diese nicht *so einsam* sei, sagten sie. Meine Oma Irmgard erschien mir aber überhaupt nicht einsam, im Gegenteil. Sie wohnte in der nächstgrößeren Stadt und *ging arbeiten*, im Kaufhaus *Hertie*. Sie musste Geld verdienen, weil der Opa nicht mehr da war, erklärte sie mir. Gingen wir in der Fußgängerzone spazieren, hielten uns oft Menschen an, um ein Schwätzchen mit ihr zu halten, oder es winkte ihr jemand zu und rief: »Ach, die Frau Kullmann! Na, wie geht's?« Meine Oma Irmgard kannte viel mehr Leute als meine Mutter, so kam es mir vor, und alle mochten sie.

Mit drei, vier Freundinnen, ebenfalls *alleinstehend*, traf sie sich zum Kartenspielen. *Rommé* hieß das Game. Sie naschten Nüsse und Rosinen und tranken Eierlikör dazu, und wer verlor, musste Münzen in ein Einmachglas werfen. Ich war ein paarmal dabei, ich kann es bezeugen. War das Münzglas voll, machten sie einen Ausflug mit dem Geld, zum Beispiel an den Rhein. Sie fuhren dann mit einem Schiff, auf dem eine Kapelle spielte, erzählte mir meine Oma, und kamen erst wieder nach Hause, wenn es *stockdunkel* war. Sie hatte ein schönes Leben, fand ich. Schöner als das meiner Mutter und das der anderen Mütter, die ich kannte.

Meine Oma Irmgard wohnte in einem Hochhaus, an einer Bus-Endhaltestelle. Ich muss vier oder fünf gewesen sein, noch nicht in der Schule, als ich sie dazu überredete, mich einmal allein mit dem Bus fahren zu lassen – *ohne Begleitung*. »Ohne Begleitung?«, fragte meine Oma und lachte. Für eine Weile wurde es eine Art Codewort unter uns. »Hast du denn keine Angst?«, fragte sie. »Nein«, sagte ich. Hand in Hand gingen wir zur Haltestelle, und sie fragte den Fahrer, ob er mich auf seine Tour mitnehmen könnte. Der Fahrer war sehr nett, meine Oma gab ihm das Fahrgeld, und so war ich unterwegs, bis zur Endstation auf der gegenüberliegenden Seite der Stadt. Dort stieg der Fahrer aus und aß ein Fleischwurstbrötchen. Ob ich einen Bissen abhaben wollte? »Nein, ich passe so lange auf den Bus auf«, sagte ich. »Jawohl, Chefin«, sagte der Fahrer. Als wir nach anderthalb Stunden zurückkamen, stand meine Oma wieder an der Haltestelle, und ich durfte ihr alles erzählen. Das haben wir dann noch oft so gemacht, auch mit anderen Fahrern. Als ich später ferne Länder bereiste, schaute sie, die nur sehr selten in Urlaub fuhr, sich geduldig die Fotos an und ließ mich von meinen Erlebnissen berichten. »Was du alles machst …«, sagte sie manchmal, und oft: »Du bist eine Gute.«

Bei einer unserer späten Begegnungen, sie war weit über achtzig, ich knapp vierzig, fragte ich sie, ob sie sich in all den Jahren nach dem Tod ihres Mannes nie mehr verliebt, ob ihr das Leben »ohne Mann« nie etwas ausgemacht hätte. »Nein«, sagte sie. Gelegentlich habe mal einer *nett rübergeschaut* – aber: »Ach, ich wollt' keinen mehr.«

Wie es mir mit dem Alleinsein ginge, wollte sie wissen. Ich erklärte ihr, dass es bei mir im Prinzip das Gleiche war: auch lange nicht mehr verliebt.

»Im Grunde lebe ich wie du«, sagte ich.

Da lachte sie ihr Generation-1922-Lachen, mit der Hand vor dem Mund, und schüttelte ihren Kopf, und ich sagte: »Doch! Meine Arbeit … viele Bekannte … meine kleine Balkonwohnung … ab und zu ein Ausflug … wie bei dir.«

Irmgard, meine geliebte Oma, nickte und sagte: »Ich wünsch dir so sehr, dass doch noch mal ein netter Mann für dich kommt. Wenn's aber nicht der Richtige ist, dann lieber keinen. Da hast du völlig recht. Das brauchen die Frauen heute nicht mehr.«

KEINE WILL EIN KÜKEN SEIN

Berufsjugendliche war ein (Schimpf-)Wort, das aus der DDR stammte, sich seit den späten 1990er Jahren aber auch im Westen großer Beliebtheit erfreute, als spöttische Bezeichnung für Erwachsene, die sich nicht altersgemäß zu verhalten schienen. Als Marker für den Grad von Erwachsensein wurde dabei meist der Familienstand herangezogen. Singles galten als die Prototypen des oder der *Berufsjugendlichen*. In den USA wurden sie statt *adults* manchmal *kidults* genannt.

Was Männer anging, machte das *Peter-Pan-Syndrom* die Runde. Der US-Therapeut Dan Kiley hatte sich jenen Begriff 1984 ausgedacht, zur Blütezeit der erzkonservativen Reagan-Ära, und die Medien waren auch hierzulande mindestens noch bis zu Beginn der 2000er Jahre voll mit Berichten über eine angebliche ganze Generation bindungsunwilliger »Männer, die nie erwachsen werden«[110].

1991 legte Kiley mit einem *Unreife*-Begriff für weibliche Singles nach: Er brachte das *Wendy-Dilemma* ins Spiel. Das *Wendy-Dilemma* ähnelte dem *Cinderella-Komplex*, den sich die New Yorker Psychologin Colette Dowling schon vorher ausgedacht hatte. Ihre These: Statt dass Single-Frauen ihr Leben beherzt anpackten, hofften sie auf einen *Prinzen*, der ihre Hand ergriff. Wie feministisch Colette Dowling es auch gemeint haben mag – es war wohl als Ansporn zu mehr weiblichem Selbstvertrauen gedacht –, in den Schlagzeilen und Kneipengesprächen blieb die Vorstellung von der Single-Frau als naiv vor sich hin träumendem Huschi hängen, deren Zeit unbarmherzig abläuft. *Ticktack.*

Die Single-Industrie beförderte des Image der ungebundenen Frau als *Berufsjugendliche* gewaltig. Etwa mit der sogenannten *Chick Lit,* einer »populäre[n] Unterhaltungsliteratur[, die sich] zielgerichtet an junge selbstbewusste Frauen [wendet], die in Großstädten wohnen und ihr Leben mehr oder weniger zufrieden meistern«[111], wie die Journalistin Karin Hahn es einmal umriss. »Der Name ist Programm: Das englische Wort Chick steht für Küken.« 1990 hatte die US-Autorin Elizabeth Dunkel den Roman »Fisch ohne Fahrrad«[112] veröffentlicht, mit einer Single-Frau als Hauptfigur: Kate, dreiunddreißig, Werbetexterin, die »rund 700 sexlose Nächte hinter sich« hat. Jener Roman gilt heute als Auftakt und Musterbeispiel für die *Chick Lit,* zu der schließlich auch die »Bridget Jones«-Bücher der Britin Helen Fielding und der »Sex and the City«-Roman der Amerikanerin Candace Bushnell gezählt wurden.

Es ist eine markante historische Schleife: Zu Beginn des 20. Jahrhunderts brandete die erste Welle der Frauenbewegung auf, der Geschlechterkampf brach los – zum Ende des 20. Jahrhunderts traten Bradshaw, Jones und McBeal als hübsch anzuschauender und vollkommen harmloser Friedenstrupp auf.

Bis zu einem gewissen Punkt hatten die drei fiktiven Single-Frauen es sozusagen geschafft, sie hatten bewiesen, dass sie es sehr wohl konnten: ein ungebundenes, unterhaltsames, in vielerlei Hinsicht beglückendes Leben zu führen. Doch früher oder später holte ihr *Frausein* sie ein, fühlten sie sich *leer,* wurden sie unruhig, mitunter sogar ganz schön unglücklich und quengelten herum (Eiscreme-Exzesse, Heulkrämpfe). Alle drei Geschichten endeten damit, dass die Single-Frau – alias Ally alias Carrie alias Bridget – ihre *Pubertät* hinter sich ließ und doch noch mit einem Mann zusammenkam beziehungsweise Mutter wurde.

Endlich gab sie Ruhe.

Die US-Journalistin Betsy Israel bezeichnet diesen Blick auf die ungebundene Frau als *Single-Pathos*. 2003, als Bradshaw, Jones und McBeal sich bis auf Weiteres wieder von den Bildschirmen verzogen, schrieb sie:

> »Ich begann Belege des Single-Pathos zu sammeln. An einer großen Pinnwand in meiner Küche trug ich eine lose Serie von Werbeanzeigen zusammen, in der berufstätige Frauen zu sehen waren, die alle die gleichen Achtzigerjahre-Hosenanzüge trugen, jede stand in einem großen, unpersönlichen Büro, jede hielt sich, schmerzverzerrt, eine Hand auf ihren Unterleib, ihren Rücken, ihren Kopf. […] Der Unterton war klar: Diese attraktiven, erfolgreichen Frauen leiden alle an derselben Krankheit: der Krankheit des falsch gewählten Lebenswegs.«[113]

Die *einsame Akademikerin* geriet ins Schussfeld. Zehn Jahre bevor hierzulande von *Neuen Rechten* die Rede war, traten in den 2000ern sogenannte *Neue Bürgerliche* auf den Plan, manchmal wurden sie auch *Neokonservative* genannt. Sie machten die ungebundene Frau nicht nur mitverantwortlich für das prekäre Rentensystem, sondern auch für einen angeblichen Verfall von *Traditionen* und das Fehlen einer *übergeordneten Moral*[114]. 2004 unkte der damalige Feuilletonchef der *FAZ*, Frank Schirrmacher, von einer schwelenden »Unruhe zwischen Kinderlosen und Eltern«, zwischen der »Fraktion der Ernährer« und der »Fraktion der Egoisten«, kurz darauf warnte er vor der Auflösung der Familie als »Keimzelle der Gesellschaft«[115]. Ein Jahr darauf wandte sich der FDP-Politiker und spätere Kurzzeitgesundheitsminister Daniel Bahr – ein Mann, an den sich kaum noch jemand erinnert, er ist inzwischen bei der Allianz-Versicherung – direkt an die Frau mit Hochschulabschluss, aber ohne Kind und Begleitung. Vierzig Prozent aller Akademikerinnen hatten keinen Nachwuchs gezeugt, und in einem Interview sagte Bahr dazu den Satz, der weitaus bekannter wurde als er selbst: »In Deutschland kriegen die Falschen die Kinder.«[116] Von da an dauerte es nicht mehr lang, bis der Männergroll sich auf eine andere *Problemgruppe* ausweitete, auf *Ausländerinnen* und *Ausländer*. Sie standen ab den 2010er Jahren oftmals auf denselben »Todeslisten« rechtsextremer Attentäter wie die bindungs- und fortpflanzungsunwillige Frau.[117]

Sogar in Single-Ratgeberbüchern wurde die ungebundene Frau für ihren Lebenswandel sachte getadelt, sogar dort hagelte es nun Appelle an ihre *natürlichen Bedürfnisse.* Etwa in einem 2007 erschienenen Band mit dem vielversprechend klingenden Titel »Think Single. Gebrauchsanweisung für ein glückliches Leben allein«. Im Vorwort heißt es streng: »Doch propagiert dieser Ratgeber keineswegs das Single-Dasein als Idealzustand. Das hätte nicht nur für unsere Rente katastrophale Auswirkungen, sondern würde auch das natürliche Bedürfnis der Menschen nach Liebe und Zuwendung verleugnen.«[118]

Die Single-Frau nach TV-Serien-Zuschnitt hatte ein Verfallsdatum. Sie war nur die *Transitversion* einer Frau. Deshalb nahm niemand sie für ganz voll. »Das Singlesein wird oft als Übergangsphase zwischen romantischen Beziehungen betrachtet. Es wird als eine Lebens-*Periode* gesehen, nicht als eine Lebens-*Form*«[119], heißt es auch in der schon erwähnten »She's single, so what?«-Studie aus Chemnitz. Vor allem aus diesem Grund erfahre eine vierzigjährige Single-Frau sehr viel mehr »Stigmatisierung« als eine fünfundzwanzigjährige. Bedauert oder beargwöhnt wird diejenige, die ihre Schäfchen nicht rechtzeitig ins

Trockene gebracht hat. *Restefrau* wird sie in China von manchen genannt, oder, auf ihre früher oder später einsetzende Unfruchtbarkeit anspielend, *toter Ast*. Amerikanerinnen kommentieren es hübsch lakonisch so: »You don't want to be one of those women, the ones who stay after it stops being fun.«[120]

Zunächst hatte ich angenommen, meine Abneigung gegen den Single-Begriff läge bloß an meinem persönlichen Ally-McBeal-Trauma. Je mehr Gespräche ich mit Frauen ohne Begleitung führte, desto deutlicher zeigte sich aber: Auch andere tun sich schwer mit dem Single-Begriff. »Was ist das Problem mit dem Singlesein?«[121], heißt ein Forschungsprojekt, das die Soziologin Jan Macvarish an der Universität im britischen Kent veranstaltet hat. Dutzende Frauen aus verschiedenen Altersgruppen, alle schon länger ohne Begleitung, befragte Macvarish nach deren Selbstdefinition. Sie wollte wissen, welche Begriffe die Frauen nutzten, um ihren Beziehungsstatus zu benennen. Die meisten fanden, dass das Wort *alleinstehend* (*living alone*) zu *alt*, *einsam* und *bemitleidenswert* klänge, als dass sie damit in Verbindung gebracht werden wollten. Viele bevorzugten den Single-Begriff, weil er offenlasse, »wie lange das Alleinsein schon dauert«, so Macvarish. Das S-Wort werde als »neutral und auch zweideutig« aufgefasst, als eine Möglichkeit, die tatsächliche Lebenssituation zu »verschleiern«.

Allerdings: Viele Teilnehmerinnen über fünfunddreißig fühlten sich auch mit dem S-Wort nicht wohl, denn es weckte Assoziationen an »dominante kulturelle Porträts wie ›Sex and the City‹ oder ›Bridget Jones‹«, in denen »in einem mädchenhaften Single-Leben – Shopping, Schuhe, Selbstverwöhnung, ›Mädels-Abende‹ – geschwelgt wird«, schreibt die Soziologin. Schwierig werde es mit dem S-Wort spätestens, »wenn Frauen ihre Vierziger erreichen« und sich nach der Anerkennung als vollwertige

Erwachsene sehnten. Eine der Befragten, Mitte vierzig, erklärte, dass sie sich lieber als *geschieden* denn als *Single* bezeichne, auch wenn ihre Ehe schon zwei Jahrzehnte zurücklag und nur ein paar Monate gedauert hätte. *Geschieden* klinge wenigstens nach einer ernst zu nehmenden »Geschichte«, fand die Frau.[122]

Mir fiel eine Empfehlung ein, die das High Potential mir noch mitgegeben hatte, bevor es sich auf Steuerzahlerinnenkosten in die Elternzeit verdrückte: Laurie Penny sollte ich einmal lesen, die britische *feminist celebrity*, an der seit einer Weile nicht mehr vorbeizukommen war, sechzehn Jahre jünger als ich. »Sie plädiert voll fürs Singlesein«, hatte die junge Kollegin gesagt.

Und so las ich bei Laurie Penny:

> »Single zu sein [war] im Hinblick auf meine Karriere, meine Hingabe an meine Arbeit und den Aktivismus sowie die Erfahrung, für mich selbst und andere Menschen zu sorgen, wahrscheinlich die beste Entscheidung meines Lebens.«[123]

Und ich las auch, wen Laurie Penny dabei zuvorderst im Sinn hatte: »Ich glaube, dass es für Frauen normalerweise besser ist, Single zu sein. Insbesondere für junge Frauen.«

Prompt legte ich mich – was wirklich selten geschah – mit einer jungen Kollegin an, und zwar mit der L., Ende zwanzig, die ein paar Vertretungsaufgaben vom High Potential übernommen hatte. In einem ihrer Zeitungstexte hatte die L. den Beyoncé-Song »All the Single Ladies« als »Meilenstein des Pop-Feminismus« bezeichnet.

»Das ist leider völliger Quatsch«, sagte ich, als wir rauchend zusammenstanden. (Immerhin, die L. ist eine der ganz wenigen unter dreißig, die es noch tun.)

»Hä, was meinst du?«, sagte die L., und: »Ich dachte, du kennst dich ein bisschen aus mit Musik. Und mit Feminismus.«

»Eben drum!«, sagte ich.

2008 hatte Beyoncé »All the Single Ladies« herausgebracht, seither wurde das Lied immer wieder als Musik gewordenes Selbstbewusstsein der autarken Frau von heute gelobt. Hatte überhaupt irgendwer irgendwann schon einmal in den Song hineingehört, oder kannten alle nur den Titel? Ich erklärte es der L.: Beyoncé, verheiratet, drei Kinder, sang keineswegs von weiblicher Autonomie, sondern vom Gegenteil. Im Refrain von »All the Single Ladies« heißt es: »If you liked it then you shoulda put a ring on it.« Die Zeile richtet sich also an einen Ex-Freund, der nicht rechtzeitig *den Ring* gezückt hatte, um die Sache mit seinem Girl dingfest zu machen. Im Weiteren wird der Ex darüber informiert, dass es einen *Neuen* gibt und wie toll der ist: »Another brother noticed me / Here's a man that makes me then takes me / And delivers me to a destiny, to infinity and beyond.« Pech gehabt, andere Mütter haben auch schöne Söhne: So lautet, verkürzt gesagt, die Botschaft von »All the Single Ladies«.

»Eindeutig ist eine Frau zu hören, die ihrem Verflossenen eine passiv-aggressive Nachricht hinterherschickt«, sagte ich zur L., »eine dieser zänkischen Post-Schlussmach-SMSen, von denen man sich geschworen hatte, sie niemals abzusenden, und dann tut man es doch und bereut es, noch bevor der letzte Buchstabe seinen Weg ins Gerät des anderen gefunden hat, und dann hasst man sich selbst ein paar Tage dafür.«

Die L. verzog ihr Gesicht zu einer ablehnenden Grimasse.

»Na ja. Vielleicht ist die Interpretation ja auch eine Altersfrage …«, meinte sie reichlich schnippisch.

Worauf ich, die Führungskraft, dachte: *Wenn hier eine die Erlaubnis hat, schnippisch zu sein, dann ich, du kleine Giftspritze, du unbegabte.* Sie war scharf darauf, dem mutterwerdenden High Potential den Job abzuluchsen, jetzt witterte ich es plötzlich ganz genau – und das würde nicht passieren, nicht, bis ich in ungefähr achtzehn Jahren in Rente ginge und das High Potential zum zweiten Mal Großmutter würde.

Als ich kurz darauf erfuhr, dass 2022 eine Fortsetzung von »Sex and the City« beim US-Sender HBO starten sollte, mit einer gealterten Sarah Jessica Parker als gealterter Carrie Bradshaw, verfinsterte sich meine Laune für ein paar Tage in dunkelstes *Smokey-Eye*-Grau. Die ersten Schlagzeilen[124], die in deutschen Medien zum Revival zu lesen waren, machten das ganze Elend dieser Figur, dieser spätkapitalistischen Single-Frauen-Fantasie, dieser Karikatur einer Frau ohne Begleitung, klar: »Diese Schuhe von Sarah Jessica Parker kennen ›Sex and the City‹-Fans noch!« – »Sarah Jessica Parker trägt wieder die legendäre Pailletten-Bag von Fendi« – »Selbst Carrie Bradshaw ›recycelt‹ ihre Garderobe«.

Bitte nicht schon wieder diese rich Bitch mit ihren Lacktüten!, dachte ich. Nicht schon wieder dieser Großstadtkitsch »vom Ficken ohne Schuldgefühle bis hin zur unschuldigen Hoppelei einmal quer durchs Einkaufszentrum«, wie Nina Power einmal so trefflich lästerte.[125]

Es ist heute noch so: Nur wegen Carrie Bradshaw fühle ich mich jedes Mal persönlich angesprochen, wenn ich in meinem Viertel an diesem einen Graffito vorbeikomme: *Yuppies raus!*

SOZUSAGEN NEW YORK

»Ich bin in Berlin. Seit ein paar Tagen. Mit einer Nachtfahrt und noch neunzig Mark übrig. [...] Berlin senkte sich auf mich wie eine Steppdecke mit feurigen Blumen [...]. Um mich war ein Gefunkel. [...] Sehr viel glänzende schwarze Haare und Nachtaugen so tief im Kopf. Aufregend. [...] Es gibt eine Untergrundbahn, die ist wie ein beleuchteter Sarg auf Schienen – unter der Erde und muffig, und man wird gequetscht. Damit fahre ich. Es ist sehr interessant und geht schnell«[126],

sagt Doris, achtzehn. *Das kunstseidene Mädchen* im gleichnamigen Roman von Irmgard Keun aus dem Jahr 1932. Doris stammt aus dem Rheinland und ist nach Berlin gekommen, um *ein Glanz* zu werden, in der Hoffnung, mitzuwirken, teilzuhaben am Großstadtglitzer, der ihr so verführerisch erscheint.

Mit mehr als vier Millionen Einwohnerinnen und Einwohnern war Berlin in den 1920er Jahren nach New York und London die drittgrößte Stadt der Welt. Alle Metropolen verzeichneten seit dem späten 19. Jahrhundert einen starken Zustrom dringend gebrauchter neuer Arbeitskräfte, darunter Hunderttausende, weltweit Millionen Frauen ohne Anhang. Ja, die »tanzwütige, modisch gekleidete und emotional ungebundene junge Frau«, wie sie im Jahr 1909 von der amerikanischen Journalistin Helen Rowland beschrieben wurde[127], war damals die berühmteste Bewohnerin der Großstadt als solcher.

Vor allem männliche Beobachter zeigten sich fasziniert von den »hurtigen, straffen Großstadtmädchen mit den unersättlich offenen Mündern«, wie etwa der Berliner Feuilletonist Franz Hessel in den 1920er Jahren schrieb[128]. Von jungen Frauen, die

»wie Kometen« durch die Städte schweiften, berichtete der Soziologe und Journalist Siegfried Kracauer[129]. Und US-Medien staunten über einen neuartigen »Schwarm der Singularität« – über Abertausende junge Frauen, die plötzlich ohne Begleitung durch die Citys spazierten.

Die *Single-Frau,* wie man sie sich heute gemeinhin vorstellt oder im Alltag erlebt, autark, mit einer mehr oder minder individuell eingerichteten Wohnung, ist in der Tat eine Großstadtgeburt. Erst hier, im Gewimmel, konnte sie, historisch gesehen, zu sich selbst, vielmehr aus sich herauskommen – sich erfinden und entwickeln.

Und umgekehrt: Erst die Frau ohne Begleitung hat die große Stadt, egal welche, zu dem gemacht, was sie heute ist.

»Es ist wundervoll, durch die Straßen zu schlendern, singend«. Mit diesen Worten zitierte eine amerikanische Zeitung 1907 ein sogenanntes *Bachelor Girl,* das vielleicht als Verkäuferin oder Krankenschwester arbeitete und eine Freiheit auskostete, die seiner Mutter und seiner Großmutter verschlossen war. Cliquen, Kreise, Zirkel erkunden, sich ihnen anschließen oder nicht, Orte auftun, an denen man Bekannte und Fremde treffen kann, Leute, die ähnliche Interessen und Fragen haben: Die *singulären Kometinnen* aus dem frühen 20. Jahrhundert haben es als Pionierinnen vorgemacht. Das, was heute Nachtleben, Sozialleben, Freizeit- oder Ausgehkultur genannt wird, würde ohne sie so vermutlich nicht existieren. Erst als die bindungsscheue junge Frau zu Hunderttausenden in die Städte *schwärmte,* ging die Party richtig los.

Meist war sie gerade so im heiratsfähigen Alter, zwischen sechzehn und Anfang zwanzig, und zunächst vollends beschäftigt mit ihrer »Selbst-Organisation in einer unübersichtlichen Lebensphase und Umwelt«. So formuliert es die Erziehungswissenschaftlerin Barbara Stauber[130]. Ausgestattet mit kleinem Geld, genossen die *singulären Kometinnen* es, (noch) nicht an Heim und Herd gebunden zu sein, sondern in der aufregenden Fremde »neue Formen der Selbstrepräsentation auszuprobieren«.[131] *Wie geht Frausein? Wie könnte ich mir mein Leben organisieren?* Für ein paar rare Jahre gehörte sie ganz sich selbst, und vielleicht sagte sie irgendwann später tatsächlich: *Es war die beste Zeit meines Lebens.*

ASPHALTLIEBE

»Räume sind nicht neutral. Räume sind ein feministisches Thema«, schreibt die in New York geborene und in Paris lebende Essayistin Lauren Elkin in ihrem Buch »Flâneuse: Frauen erobern die Stadt«[132]. Die Urbanität nennt sie einen »Raum für die Freiheit der Frauen«.

Ähnlich formuliert es die US-Historikerin Christine Stansell: Sie bezeichnet die großstädtischen Viertel, in denen sich vor über hundert Jahren besonders viele Frauen ohne Begleitung ansammelten, etwa Montmartre in Paris oder Greenwich Village in New York, als »Wiege des befreiten Menschen«[133].

Wenn heute von *Single-Metropolen* die Rede ist, ist die Geschichte meist nur halb erzählt. Tatsächlich handelt es sich fast immer um Single-*Frauen*-Metropolen.

In New York City, der Welthauptstadt der Alleinstehenden, machen ledige, nie verheiratete Frauen seit den 2010er Jahren mehr als vierzig Prozent der Gesamtbevölkerung aus; Witwen und Geschiedene kommen noch hinzu. Es leben heute rund einhundertfünfzigtausend mehr Frauen ohne Begleitung in der Stadt als Männer insgesamt[134]. Als »Extra Women« wurden sie in den USA einst bezeichnet[135] – als »überschüssige« oder »zusätzliche« Frauen, *Frauen on top*.

In Berlin sieht es ähnlich aus. Das Magazin *The Exberliner*, das sich an Zugezogene aus aller Welt richtet – oder an solche, die noch erwägen, ihren Wohnsitz nach Berlin zu verlegen –, warnte Frauen, die eventuell (noch) einen Partner suchen, in den 2010er Jahren sogar moderat davor, in die Stadt zu kommen: »Jede ungebundene, heterosexuelle Frau in Berlin – Deutschlands Single-Hauptstadt – kämpft von Anfang an einen harten Kampf. Es gibt hier 596 900 Frauen, die sich als ›alleinstehend‹ identifizieren, 7900 mehr als die Männer. Insgesamt gibt es in dieser Stadt fast 60 000 mehr Frauen als Männer, und in der entscheidenden Altersgruppe von 25 bis 40 Jahren, in der die meisten Frauen beginnen, über das Sesshaftwerden nachzudenken, sind sie den Männern um mindestens 4600 in der Überzahl.«[136]

Andererseits sei das Leben ohne Begleitung nirgendwo sonst so einfach und angenehm: »Wenn man über 35 ist, niemanden in seinem Leben hat und in einer WG lebt, fühlt man sich an den meisten Orten wie ein Verlierer. [...] Nicht in Berlin. Hier fügen Sie sich perfekt ein!«[137]

In der großen Stadt herrscht wenig soziale Kontrolle, das Abtauchen, die Isolation fällt leicht. Einerseits birgt das die Gefahr schmerzlicher Vereinsamung. Andererseits birgt es die Chance auf ein gepflegtes Einzelgängerinnentum, wie es das *Akward Black Girl* Issa Rae in New York so schätzte und wie es auch mir gefällt. Sehnt man sich doch nach Gesellschaft, bietet die große Stadt unzählige Möglichkeiten, anderen zu begegnen, neue Bündnisse aufzutun, ein »interpersonelles Verbundenheitsgefühl und damit eine neue sozial statt räumlich orientierte Form von Heimat« zu genießen, wie die Magdeburger Urbanismusforscherin Sandra Maria Geschke es formuliert[138].

Von einem mitunter sogar amourösen Verhältnis zwischen der alleinlebenden Frau und »ihrer« Stadt spricht die Feministin Rebecca Traister. Kurze Wege, Busse, U-Bahnen, ein dichtes Netz von Versorgungs-, Kontakt- und Unterhaltungsangeboten: »Diese Dynamik erlaubt es Frauen, in der Welt zu funktionieren, wie es früher nicht möglich war, mit der Stadt als Ehepartner, manchmal auch als wahre Liebe.«[139]

Liebeserklärungen an das Wesen der Stadt sind in vielen Texten zu finden, die über die Frau ohne Begleitung schon geschrieben wurden oder die sie selbst über sich verfasst hat. Fast schon erotisch mutet es in dem großartigen Roman »Illusionen« von 1959 an, einer meiner Lieblingsentdeckungen bei den Recherchen für dieses Buch. Die Schriftstellerin Ruth Rehmann – ledig, keine Kinder, zeitlebens viel reisend – lässt darin eine ihrer Heldinnen in einer namenlosen deutschen Großstadt (wahrscheinlich München) höchst lustvoll in die Masse aus Passantinnen und Passanten eintauchen. Jene Frauenfigur, Gertrud Schramm, alleinstehend, ist »dreiundsechzig Jahre alt, Chefsekretärin und Vertrauensperson, graues Haar, graues Kostüm, weiße Bluse, drahtig, aufrecht, kompetent und heiter [...], unauffällig, tüchtig, zuverlässig bis hinab in die schwarzen Gesundheitsschuhe mit halbhohen Absätzen«, und sie liebte es, wenn

> »[...] der Strom der Einkaufenden sie aufnahm und schützend mit dem Innenraum gemeinsamer Bewegung umhüllte, mit der Wärme und Geborgenheit von Menschenatem, Menschenhaut, Menschenstimmen: Menschen, die eine Woche lang gearbeitet hatten wie sie, die sich wie sie für das Wochenende versorgten, [...] deren Wünsche nach Entspannung und Zerstreuung sich nur geringfügig, entsprechend den Altersklassen, unterschieden. [...] Das Bewußtsein der Verein-

zelung erlosch, sie genoß […] ein köstliches Dazugehören, ein schicksalsloses namenloses Untertauchen im Meer der vielen Gleichen, in einem tiefen, heißen, beglückenden, alle Grenzen überspülenden Rausch, der unpersönlich war und doch wie Liebe, wie Vereinigung.«[140]

Gertrud Schramm nutzt die »Geborgenheit« im »Meer der Gleichen« als Ausgleich für die Einsamkeit, die sie manchmal verspürt, etwa wenn sie ein Wochenende allein in ihrer Wohnung verbringt. Nicht immer ist es leicht. Doch auf dem Dorf, in der Kleinstadt, wo *jeder jeden* kennt und sich ab dem Samstagnachmittag kaum noch etwas öffentlich rührt, wäre es deutlich schlimmer.

Auch der umgekehrte Fall ist möglich: Eine Frau entdeckt erst im Großstadtgewusel ihre Neigung und ihr Talent zu selbstgewählter Einsamkeit. Eine hübsche kleine Geschichte dazu war 2019 in der *FAZ* zu lesen, unter der Überschrift: »Wie es sich als ›Teilzeit-Single‹ in Frankfurt lebt«[141]. Es geht um eine Frau, die aus ihrer Ehe in der hessischen Provinz gewissermaßen geflohen ist. In dem Artikel wird sie Petra Richter genannt, sie ist zweiundfünfzig, Mutter zweier erwachsener Kinder, hat ihr Leben mit ihrem Ehemann satt, scheut jedoch vor einer Scheidung zurück. So hat sie ein zweites Leben begonnen, eine Parallelexistenz: Fünf von sieben Tagen in der Woche verbringt sie in einer kleinen Wohnung als So-gut-wie-Single in Mainhattan, nur am Wochenende kehrt sie an den Heimatort zurück, um ein wenig nach dem Rechten zu sehen:

»›Es ist paradox. Ich bin in das große Frankfurt gezogen, um allein zu sein.‹ Ihre Wohnung nennt sie oft ihre ›Höhle‹. Es ist ihr Rückzugsort, ihre kleine, überschaubare Welt, in der niemand Ansprüche an sie stellt. Die Wohnung ist auch ihr Luxus. Denn die Miete und alles, was sie in Frankfurt zum

Leben braucht, zahlt sie von ihrem eigenen Gehalt. Dass ihr kleiner Verdienst kaum genügt, akzeptiert sie. Das sei eben der Preis ihrer neuen Freiheit. [...] In der Wohnung gibt es wenig Deko, wenig Schnickschnack – und doch ist sie gemütlich. ›Um sich selbst zu reparieren, ist das hier wunderbar‹, sagt sie. Petra Richter hat sich die Stadt förmlich erarbeitet, mit dem Fahrrad und der Kamera.«

DAS KUNSTSEIDENE FISCHMÄDCHEN UND DIE NIGELNAGELNEUE FRAU

Wie genau fing das an? Wo kamen all die ungebundenen Frauen so plötzlich her? Zuerst kamen die Arbeiterinnen. In den USA strebten rund um die Jahrhundertwende junge Frauen aus verarmten ländlichen Regionen in die prosperierenden Städte des Nordens, außerdem viele Einwanderinnen aus Europa[142]. Auch innerhalb Deutschlands fand eine rege Arbeiterinnenmigration statt, und das keineswegs nur nach Berlin, wo »sich der Wettkampf der aus der Provinz unentwegt zuströmenden jungen Mädchen um Beruf, Karriere und soziale Sicherheit« konzentrierte, wie der Kulturhistoriker Erhard Schütz schreibt.[143] Zwischen den Weltkriegen hatte etwa die Fischindustrie in den Küstenstädten hohen Bedarf an billigen Arbeitskräften. »Die schmutzige, nasse und kalte Arbeit, die einen auch in der Freizeit nach Fisch stinken ließ«, war nicht gerade beliebt, heißt es in einer Textsammlung über die »Frau am Fließband«[144]. So fanden sich vor allem »ältere Arbeiterinnen und Frauen mit schlechtem Ruf, d.h. ungebundene Frauen«, die dringend ein Auskommen brauchten, dafür. In Sammeltransporten wurden sie beispielsweise aus dem Ruhrgebiet nach Cuxhaven gebracht, mitunter von den Arbeitsämtern dazu gezwungen.

Es meldeten sich aber auch viele Freiwillige, »in der Hauptsache Mädchen, denen die Tätigkeit im Haushalt zu wenig abwechslungsreich ist und die Freude an dieser Art des Wanderlebens haben. Daher sind unter diesen Arbeiterinnen [viele] zu finden, die durch eine abenteuerlustige und etwas leichtsinnige Einstellung dem Leben gegenüber gekennzeichnet sind«[145], stellte eine damalige Beobachterin nicht ohne Besorgnis fest. Da den »auswärtigen Arbeiterinnen jeder Rückhalt, jede Beaufsichtigung durch die Familie« fehle, würden sie »von niemandem abgehalten, ihre Abende in den Tanzlokalen zu verbringen«[146] und sich dort mit Matrosen und Hafenarbeitern zu vergnügen. Trotz ihrer kargen Löhne sahen viele der »abenteuerlustigen Mädchen« sich noch ganz gut weggekommen. Sie schätzten die »Atmosphäre von Freiheit und Selbstständigkeit«, die ihr entwurzeltes Leben mit sich brachte. Vor allem im Vergleich zu sogenannten Hausmädchen, die in bürgerlichen Familien zwar eine etwas sauberere Arbeit verrichteten und ein minimal höheres Ansehen genossen, ihren *Herrschaften* aber rund um die Uhr zur Verfügung stehen mussten und »abends nicht frei hatten«[147].

Vergnügungsparks wie Coney Island vor den Toren New Yorks oder das Amüsierviertel Rixdorf vor den Toren Berlins hatten junge Erwachsene im Visier, die nach ihren langen Schichten in dunklen Werkshallen oder trüben Registraturstuben »einen Hunger nach hellen, belebten Räumen« verspürten, heißt es bei der US-amerikanische Sozialwissenschaftlerin Rachel F. Moran.[148] So entwickelte sich in den Industriezentren und großen Städten laut Moran zunächst eine »Jugendkultur der Arbeiterklasse«, und diese neuartige Kultur stellte eine direkte Bedrohung für die bürgerlichen Werte dar – insbesondere für die tradierte Rolle der Frauen.

Ob in Cuxhaven oder auf Coney Island: Der *Flirt* wurde zur neuen Umgangsform zwischen Frauen und Männern. Vorstellungen von weiblicher Autonomie und weiblicher Lust verschmolzen mit neuen, ungezwungenen Möglichkeiten zu heterosexuellen Begegnungen. Eine erste Phase von sexueller Befreiung brach an, die für junge, ungebundene Frauen vielfältige Möglichkeiten des Sichausprobierens bot.

Nach den Arbeiterinnen, die die eigentlichen urbanen Pionierinnen waren, wagten sich vermehrt auch Mittelschichtlerinnen in die wachsenden Zentren, wo tüchtige Hände dringend gesucht wurden. Das Gesundheits- und das Erziehungswesen waren die ersten (halb)akademischen Sparten, die Frauen uneingeschränkt offenstanden. »Es wurde gesellschaftlich akzeptabel, sogar als edel angesehen, eine altruistische Laufbahn einzuschlagen, statt dem traditionellen Pfad von Ehe und eigenen Kindern zu folgen. Das Stigma der Altejungfernschaft wurde aufgehoben oder zumindest geschwächt bei den Frauen, die eine solche Laufbahn ›geheiratet‹ hatten statt einen Mann«, konstatiert die Historikerin Christine Sofge.[149] Die britische Krankenschwester Florence Nightingale diente vielen als Vorbild.

Oft kreuzten sich die beruflichen Wege ungebundener Mittelschichtlerinnen mit den Nöten ungebundener Proletarierinnen. Als Sozialarbeiterinnen kümmerten unverheiratete bürgerliche Frauen sich um Eingewanderte, Obdach- oder Arbeitslose, in Frankreich etwa in den *Maisons Sociales*, in Deutschland etwa im *Hamburger Volksheim*, und viele waren auch in christlich ausgerichteten Unterkünften für ledige Fabrikarbeiterinnen tätig.[150] *Sexualhygiene* lautete das Stichwort: Neumodische Vergnügungsexzesse sollten eingedämmt und junge Frauen *vor dem Fall bewahrt*[151] werden, vor ungewollten Schwangerschaften und (Gelegenheits-)Prostitution. Leicht zu lesende *Sittenromane* erzielten rund um die Jahrhundertwende hohe Auflagen. Bürgersgattinnen bereiteten sie wohligen Grusel, unverheiratete junge Frauen sollten sie vor den Existenznöten warnen, die auf sie zukämen, würden sie zu *ledigen Müttern.* Eines der erfolgreichsten Bücher aus jenem Genre hieß »Tagebuch einer Verlorenen«[152]. Es erschien 1905 und war geschrieben von der damals alleinlebenden und alleinerziehenden Autorin Margarethe Böhme.

Das frühe weibliche Single-Leben war durchaus riskant – und wurde auch von außen als risikoreich und gefährlich betrachtet. Zumindest wenn die Single-Frau nicht aus wohlhabendem Hause stammte. Einige junge Proletarierinnen ohne Begleitung sahen sich tatsächlich gezwungen, ihren kargen Lohn mit Sexarbeit aufzubessern, erst recht wenn sie arbeitslos wurden. Berlin hatte im frühen 20. Jahrhundert bis weit in die Weimarer Republik hinein nicht nur die niedrigste Geburtenrate im Land, sondern auch die höchste Zahl an illegalen Abtreibungen. »Wer selbst kein Geld hat, um es nachts für den Amüsierbetrieb auszugeben, der findet – bei entsprechender Gegenleistung – vielleicht einen spendablen Kavalier. Attraktive, aber leider nicht zahlungskräftige junge Männer und Frauen können sich trotzdem mitvergnügen, wenn sie bereit sind, sich dafür zu verkaufen: Insbesondere exquisite Lokale haben Hinterzimmer eingerichtet, für die verdeckte Prostitution mit den hübschen jungen Stammgästen«, schreibt die Autorin Nathalie Boegel über »Die dunkle Seite der Goldenen Zwanziger«[153]. Auch Doris, das von Irmgard Keun erfundene *kunstseidene Mädchen,* bewegt sich in jenem *halbseidenen* Milieu, um an den Errungenschaften der modernen Welt wenigstens ein bisschen teilzuhaben. Jene frühe Zeit des weiblichen Singletums hat unter anderem den *Schlampen*-Verdacht genährt, der einer Frau ohne Begleitung mitunter heute noch entgegenschlägt: *Sie hurt herum.*

Zu den schillerndsten weiblichen Großstadtwesen jener Tage zählte die, der, das *Flapper*. Erstmals tauchte jenes Wort in den 1910er Jahren in Großbritannien auf. *To flap* bedeutet flattern. Der Name erinnert also an das Flügelschlagen eines Vögelchens, das gerade dabei ist, sein Nest zu verlassen, und diente als Bezeichnung für eine junge Frau, die leicht rebellisch und vergnügt mit *weiblichen* Konventionen brach. Sie rauchte und trank in der Öffentlichkeit, saß womöglich gar am Steuer eines Automobils, war erotischen Experimenten und Flüchtigkeiten gegenüber nicht abgeneigt – manche Quellen behaupten, die relativ gefahrlose Sexvariante des Petting sei ihre liebste Spielart gewesen, alles, nur kein Koitus – und hatte nagelneue Slangwörter und Tänze schneller drauf als alle anderen, den Charleston, den Shimmy, den Bunny Hug.

Eine Flapper stammte eher aus der Mittel- oder Oberschicht, denn ihr Lebensstil konnte schnell ins Geld gehen. Heute würde sie vielleicht als *Hipsterin* bezeichnet werden. Leicht war sie an ihrem auffälligen Look zu erkennen. Ihr Haar hatte sie auf Kinnlänge oder kürzer gestutzt, zum *Pagenkopf*, *Bubikopf* oder *Bob*, was ihr eine gewisse androgyne Ausstrahlung verlieh, weshalb sie in Deutschland hie und da als *Knabentyp* kategorisiert wurde. Gleichzeitig griff sie aber so tief in die Schminktöpfe, wie es zu ihrer Zeit nur Prostituierte oder Theaterschauspielerinnen taten. Gern puderte oder malte sie sich das Gesicht weiß, die Lippen grellrot und umrandete ihre Augen mit schwarzen Balken. Die figurbetonte, einengende Kleidung ihrer Müttergeneration hatte sie abgelegt. Das Korsett tauschte sie gegen bequemere Unterwäsche oder gegen neuartige Büstenhalter, die ihre Brust flach drückten, statt sie hervorzuheben. Ihre Kleider endeten kurz unterhalb ihrer Knie, waren schlicht, kastig, gerade geschnitten, mit der Gürtellinie auf Hüfthöhe, hingen locker und lose am Körper und ließen die Arme meist unbedeckt. »Die Ästhetik der Geschlechtslosigkeit macht glauben, Frauen und Männer bewegten sich in einer gemeinsamen Realität«, merkte die Berliner Schriftstellerin Gisela von Wysocki dazu einmal an.[154]

Mit ihrem aufmüpfigen Wesen, ihrer eigenwilligen, hochmodernen Theatralik fand die Flapper-Frau sich schnell in Kultur- und Unterhaltungserzeugnissen gespiegelt; in Romanen, etwa bei F. Scott Fitzgerald; in Filmen, verkörpert etwa von Louise Brooks; in der Werbung, zum Beispiel für Damenbinden der US-Marke Kotex.

Ein anderer, gängigerer Oberbegriff für eine junge ungebundene Frau im Berlin der frühen 1920er Jahre war das *Girl*.

Ein typisches *Girl* gab sich weniger verrucht als der *Flapper*-Typ, meist ebenfalls mit kinnlangem Haar, aber weniger grell geschminkt, deutlich disziplinierter und zielstrebiger, sehr schlank, sehr sportlich und ebenfalls modisch gekleidet – *im amerikanischen Stil*, wie es damals hieß.

Die Original-*Girls* gehörten Tanzgruppen aus den USA und aus Großbritannien an, die oft monatelang in Berliner Revuetheatern gastierten: die *Hoffmann Girls* oder die *Tiller Girls*. Neuartig an ihren Shows waren die fast schon maschinell wirkenden Gruppenchoreografien: Die *Girls* tanzten in knapper Kleidung in großen Formationen, oft in langen Reihen, führten alle im selben Moment dieselben Bewegungen aus, mit »tausend süßen Beinchen«[155]. Manche, wie der aus Wien stammende Feuilletonist Alfred Polgar, fanden die fast schon militärisch anmutende Präzision der *Girl*-Shows »ein wenig unheimlich«[156]. Der Großteil des Publikums und der Kritik war indes fasziniert, »daß sie eine solch frappante Begabung für Uniformität besaßen. Daß sie ihre Individualität hinter dem Gemeinsamen verbargen«, wie 1925 der Psychologe Fritz Giese anmerkte[157], der wenig später ein Fördermitglied der Hitlerjugend wurde.

Für die Original-*Girls* aus den britischen und amerikanischen Gruppen bestand ein striktes Heiratsverbot. Sobald sie sich verlobten, wurde ihr Vertrag hinfällig. Viele junge Berlinerinnen eiferten ihnen nicht nur im Styling nach, sie entdeckten auch den Arbeitsmarkt der Unterhaltungsindustrie. »Auch bei uns wimmelt es bereits voll Girls«, schrieb der Nazi im Werden, Fritz Giese. Allerdings konnte er bei den hiesigen Nachahmerinnen nur »jammervolle Imitationen« und »Fleischschaurevuen« erkennen: »In Deutschland erinnerte das alles irgendwie an landwirtschaftliche Ausstellungen.«[158]

> »[Überall] die Stars der Theater und der Varietés auf den Programmen an den Litfaßsäulen, [man] begegnet selbstgewissen Immobilienspekulanten und modisch hübschen Girlies, kleinen Angestellten und Beamten in Schlips und Kragen, die zur Arbeit hasten. Und [man] kann die Braunhemden nicht übersehen, die breitbeinig auf den Bürgersteigen herumstehen, als warteten sie auf ihren Marschbefehl oder den Nächsten, den sie zusammenschlagen können.«

So beschreibt die Schriftstellerin Unda Hörner eine typische Straßenszene in Berlin in ihrem 2020 erschienenen Buch »1929. Frauen im Jahr Babylon«[159]. Sehr bald sorgten die Nazis dafür, dass Schluss war mit weiblicher Selbstbestimmung und Lebenslust. Als Arbeitskräfte wurden Frauen im Nationalsozialismus durchaus weiterhin benötigt – vor allem aber als *deutsche Mutter*, die möglichst viel kampftaugliches Material ausbrütete, lauter süße kleine Wehrmachtsoldaten. Weibliche sexuelle Selbstbestimmung geißelten die Nazis als *Sexualbolschewismus*, der Begriff der »Frauenemanzipation« sei eine »vom jüdischen Intellekt« erfundene Idee. NS-Frauenorganisationen gingen gegen geschminkte Lippen, lackierte Fingernägel und hohe Absätze in ihren Reihen vor, und in Restaurants wurden

Plakate mit der Ermahnung »Die deutsche Frau raucht nicht« angebracht.[160]

Wenige Jahre nach der Machtergreifung der Nazis tauchte erstmals die *einsame Akademikerin* als mitleidsvoll betrachtete Kreatur in der Öffentlichkeit auf. Für allzu gebildete Frauen hatten die Nazis kaum Verwendung, erst recht nicht, wenn jene Frauen kein Interesse hegten, sich an einen *deutschen Mann* zu binden und sich von ihm befruchten zu lassen. Der Philosoph und Nazi-Gegner Ernst Bloch schrieb 1937 voller Empathie für die zunehmend in die Isolation getriebene »akademische Junggesellin«:

> »Es gibt nicht leicht so viel einsames Elend auf einem Fleck wie bei der akademischen Junggesellin. Dienstmädchen und Hausfrau sind dem Nazi die Pole der Weiblichkeit, die einzig wahren. Und das ist die Erfüllung der […] Lebensträume: Schlangestehen, Strümpfestopfen, Stumpfsinn und zuletzt der Krieg.«[161]

Eine war jedoch dabei, die selbst die Nazi-Diktatur in den ersten Jahren noch ganz gut überstand – auch, weil sie dringend als Arbeitskraft benötigt wurde. Meist ebenfalls ungebunden, alleinstehend, Single, gab sie sich etwas erwachsener als die *Flapper* und die *Girls*, sie war gewissermaßen deren große Schwester: die *Neue Frau*.

Als *New Woman* wurde in Großbritannien schon im ausgehenden 19. Jahrhundert eine Frau bezeichnet, die berufstätig war, nicht heiratete oder die Ehe aufschob und sich auch sonst über gängige Geschlechterrollengrenzen hinwegsetzte, etwa indem sie Fahrrad fuhr. In Deutschland wurde der Begriff *Neue Frau* ab 1918 populär. Während des Ersten Weltkriegs hatten Frauen in verstärktem Maß Männerarbeitsplätze eingenommen, waren auf den Geschmack des selbst verdienten Geldes gekommen und blieben auch nach Kriegsende dabei.

Je mehr Güter die Industrie wieder produzierte und je mehr die Städte wuchsen, desto mehr wuchs der Bedarf an Dienstleistungen und damit auch der Arbeitsmarkt für Frauen. All die Waren mussten vertrieben, verwaltet, verkauft werden, neue Jobs in Büros entstanden: eine neue *Angestelltenkultur*, wie Siegfried Kracauer es nannte. Unter die *Sorte Frau*, die von jeher *auf der Straße* zu sehen gewesen war, etwa Marktfrauen, Prostituierte, Hausangestellte beim Besorgungenmachen, mischten sich nach und nach *Tippmamsells*, Stenotypistinnen, Telefonistinnen – »die Schreibmaschinenfräuleins, die jeden Morgen ins Büro ausschwärmen und abends die große Liebe in ihrer Einzimmerwohnung herbeisehnen«, wie Unda Hörner schreibt.

Gut ein Drittel der rund drei Komma fünf Millionen neuen Angestellten in der Weimarer Republik waren weiblich. Sie verdienten – qua Tarifverträgen – zehn bis zwanzig Prozent weniger als ihre männlichen Kollegen.[162] Viele von ihnen arbeiteten an gänzlich neuen Geräten, an Rechen-, Buchungs-, Frankier-, Hollerith-Maschinen und Lochkartenlesern, frühen Vorläufern des Computers. Vor allem aber eben an hochmodernen Schreibmaschinen. Die Erfinderin der jungen *kunstseidenen* Doris, Irmgard Keun, hat auch dem Bürofräulein – und damit der *Neuen Frau* – ein literarisches Denkmal gesetzt »Gilgi, eine von uns«[163] heißt der Roman:

> »Die Stenotypistin Gilgi schreibt den neunten Brief für die Firma Reuter & Weber, Strumpfwaren und Trikotagen en gros. Sie schreibt schnell, sauber und fehlerfrei. Ihre braunen, kleinen Hände mit den braven, kurznäglig getippten Zeigefingern gehören zu der Maschine, und die Maschine gehört zu ihnen.«

Die *Neue Frau* faszinierte die Medien und war selbst eine eifrige Medienkonsumentin. Ab 1921 erschien alle vierzehn Tage *Die Dame*, ein Magazin, das sowohl über Mode berichtete als auch über Kultur und gesellschaftliche Themen. Kurt Tucholsky, Bertolt Brecht, Marie Luise Kaschnitz und Vicki Baum veröffentlichten Texte darin. Ein zweites Magazin, zu dem die *Neue Frau* gern griff, hieß *die neue linie*.

Eine *neue Linie* stellte auch ihre Kleidung dar. Die Berliner Malerin Jeanne Mammen, eine unverheiratete *Neue Frau* mit eigenem Atelier, hielt den aufregenden Look in Bildern fest. Vom Hosenrock über das Reform-, das Wickel- bis zum *Popover*-Kleid entwarfen vor allem weibliche Designerinnen neuartige Modelle. Günstige Konfektionsware für den Massenverbrauch wurde aufgelegt. Die Bauhaus-Künstlerin und Modeschöpferin Meta Erna Niemeyer alias Ré Soupault erfand 1924 das *Transformationskleid*, das dank Reißverschlüssen leicht und schnell einen anderen Look annehmen konnte:

> »Ich ging immer von einer konkreten Idee aus: eine Sekretärin, eine Verkäuferin, usw., die abends nach der Arbeit ausgehen möchte, aber nicht vorher nach Hause gehen kann, verwandelt ihr Kleid, das sie tagsüber mit einem kleinen Kragen oder einer bescheidenen Brosche getragen hat, in ein Abendkleid. […] Dazu eine Kette, Ohrringe und fertig ist sie für einen Theaterbesuch.«[164]

Die *Neue Frau* war sexuell unter Umständen sehr selbstbewusst, scheute indes allzu feste Bindungen, galt als vernunftbetont, kein bisschen sentimental, für romantische Sperenzchen und Herzschmerzdramen schwer zu haben. Mit ihrem Auftritt und Wesen verkörperte sie eine *Neue Sachlichkeit*[165]. Sogenannte Sexologen behaupteten deshalb, sie sei *frigide*: »Es gibt einfach Frauen, die sich weigern, glücklich gemacht zu werden.«[166] Tatsächlich ist sie aber wohl eher als wählerisch zu bezeichnen –

zu clever, um sich allzu eng mit jemandem einzulassen, der sie letztlich doch wieder nur unterbuttern will. Ja, die *Neue Frau* ist die Erste, die den *Gender Trouble* im heutigen Sinne vor rund einhundert Jahren schon einmal durchgespielt hat.

Die Feministin Elsa Herrmann, im sächsischen Plauen geboren, als Tochter einer jüdischen Kleinkaufleutefamilie, war zur Hochphase der *Neuen Frau* selbst im besten *Neue-Frauen*-Alter, souveräne Mitte dreißig, und trug ihr Haar zum modischen Pagenkopf frisiert. 1929 veröffentlichte sie ihr Buch »So ist die neue Frau«. Darin schreibt sie:

»Die Frau von heute heiratet in den meisten Fällen tatsächlich nicht. Nicht aber deshalb, weil sie kein Geld hat, arbeiten muß, kurz weil sie die Voraussetzungen nicht erfüllt [...], sondern weil das Mädchen von heute dem Manne von heute, der allein für sie als Lebenskamerad in Betracht kommt, nicht oder nur in Ausnahmefällen begegnet. [Sie ist] auf Anerkennung der Vollwertigkeit ihres Geschlechts bedacht. [...] Deshalb ist im Interesse einer gedeihlichen Entwicklung eine baldige Neuorientierung des Mannes dem neuentstandenen Frauentypus gegenüber dringend erforderlich.«[167]

Daraus wurde dann bekanntlich leider nichts.

HAUPTSACHE, ERST MAL UNTER

Bürofräuleins, Ladenmädchen, Krankenschwestern, Lehrerinnen, Tänzerinnen, Telefonistinnen – in Europa wie in den USA stellte sich zu Beginn des 20. Jahrhunderts die Frage: Wohin mit den vielen Solistinnen, die »für kleine Löhne arbeiten und deren Familien nicht in der Stadt leben«? Auf eine wachsende Zahl von Einpersonenhaushalten waren die Städte nicht ausgerichtet, ohnehin hätten wohl nur wenige Näherinnen oder Verkäuferinnen die Kosten für eine ganze Wohnung tragen können. So schufen die ersten jungen urbanen Single-Frauen eine Marktlücke: *weiblichen Wohnraum*.

Die private Zimmervermietung war weit verbreitet, barg indes einige Gefahren oder zumindest Unannehmlichkeiten für die Frau ohne Begleitung: sexuelle Belästigung durch männliche Vermieter, Einmischung von Vermieterinnen, Besuchsverbot, so gut wie keine Privatsphäre. Konnte die ungebundene Frau ein ganzes Zimmer nicht bezahlen, musste sie das Bett mit den Kindern der Vermieterfamilie teilen. *Schlafgängerin* wurde eine Frau genannt, die mehr schlecht als recht in Privatwohnungen zur Untermiete untergekommen war.

Etwas entspannter, weil einen Hauch anonymer, gestaltete sich das Leben in Langzeitpensionen, von denen einige sich bald ganz auf die neue weibliche Klientel konzentrierten. Auch Kopfarbeiterinnen und Künstlerinnen schätzten das halbkollektive Leben in den Frauenpensionen, in denen Solistinnen sich gut untereinander vernetzen konnten. Mitunter entwickelten sich regelrechte Bohème-Nester in den weiblich dominierten *furnished room districts*, etwa im Londoner Bloomsbury-Viertel[168], wo auch die britische Schriftstellerin Jean Rhys als Ledige eine Zeit lang wohnte, »in einer billigen Pension, wo ›Haare in der Suppe‹ schwammen und es ›zugig, schmutzig und verrufen‹ war, aber nichtsdestoweniger ›behaglich, warm, lustig‹«[169]. Pensionen erhielten in der Regel städtische Zuschüsse, um die Zimmerpreise niedrig zu halten und unverheirateten Frauen in Notlagen damit zu helfen.

Mit der Zeit sehnten sich viele Frauen ohne Begleitung aber doch nach einem etwas komfortableren Lebensstandard, und daraus formierte sich an der Ostküste der USA die von Frauen getragene Women's Hotel Company. 1903 eröffnete sie das *Martha Washington Hotel* in Manhattan mit vierhundert Zimmern auf zwölf Etagen. Das Haus bot seinen Bewohnerinnen quasi eine kleine Stadt innerhalb der großen, eine Bibliothek, eine Dachterrasse, eine Drogerie, eine Schneiderei, einen Zeitungsstand und neben abgeschlossenen Speisesälen auch ein öffentlich zugängliches Restaurant. Lehrerinnen, Buchhalterinnen, Stenografinnen, Künstlerinnen, Schriftstellerinnen, Ärztinnen mieteten sich im *Martha Washington Hotel* ein, das zeitweise auch als Treffpunkt für Suffragetten diente, die für das Frauenwahlrecht kämpften.

Anderen war eher an Amüsement und persönlichem Fortkommen gelegen. 1906 eröffnete in Greenwich Village: das *Trowmart Inn*, ein weiterer Brutkasten des modernen weiblichen Singletums. Es lag nahe dem Shopping District, in dem Tausende *Ladenmädchen* arbeiteten – *the girl behind the counter* wurde eine Verkäuferin in den USA oft genannt –, und nicht weit entfernt von den Fabriken an der West Side von Manhattan. Das *Trowmart Inn* warb um »sich selbst finanzierende junge Frauen, die ihrer geschmacklosen Untermietszimmer überdrüssig sind«[170]. Die Bewohnerinnen durften nicht älter als fünfunddreißig sein und nicht mehr als fünfzehn Dollar in der Woche verdienen. Ein Bett in einem Schlafsaal war für fünfzig Cent pro Woche zu haben, das Wohnen mit nur zwei bis vier Zimmergenossinnen kostete drei, im Einzelzimmer vier Dollar, Frühstück und Abendessen waren inbegriffen. Das Haus war so *state-of-the-art* eingerichtet, dass sich die Presse überaus beeindruckt zeigte. Das *Times Magazine* erging sich in huldvollen Beschreibungen des »Mammut-Speisesaals« mit sechzehn großen Fenstern, eleganten Musselinvorhängen, antiken Holzmöbeln, edler Farbgebung in Ecru[171]. Schnell wurde das Haus zu einem *hip place to be*. Dreimal wöchentlich fanden öffentliche Tanzabende statt, ein Pendant zu heutigen *Club Nights*, bei denen männliche Junggesellen nach *marriage material* stöbern konnten.

Bis in die 1940er Jahre hinein waren Langzeithotels in den großen US-Städten ein beliebtes Wohnmodell für alleinlebende Frauen, bald auch für solche aus der gehobenen Mittelschicht. Im New Yorker *Barbizon*, einer Club-Residenz für berufstätige Frauen, lebte zeitweise die Schriftstellerin Sylvia Plath; auch die Schauspielerinnen Grace Kelly und Joan Crawford starteten als *Barbizon Girls* in ihr Erwachsenenleben.

Das Entertainment-Angebot für die etwas besser verdienende Frau ohne Begleitung war auch hierzulande vielfältig. In Großstädten, vor allem natürlich in Berlin, konnte eine Frau auch alleine ausgehen, ohne allzu schräg dafür angeschaut zu werden. Tanzlokale, die etwas auf sich hielten, beschäftigten sogenannte Eintänzer[172] für die weiblichen Gäste: Männer, die für zwei, drei Foxtrotts zu mieten waren, gegen einen diskret ausgehändigten Obulus. *Amüsierherren* wurden sie auch genannt. Keine Frage, dass Männer die Idee mit den Miet-Boys nicht so super fanden. Die Schriftstellerin Olga Wohlbrück ließ 1930 in ihrem Roman »Frau ohne Mann«[173] einen eifersüchtigen Ehemann herummotzen, dem es zwar keinerlei Bauchschmerzen bereitete, seine Gattin zu betrügen, dem es aber gar nicht gefiel, wenn seine heimliche Geliebte, die titelgebende »Frau ohne Mann«, beim Ausgehen ohne ihn auf die Dienste eines Eintänzers zurückgriff: »Und überhaupt – er verstünde diese Schamlosigkeit der Frauen nicht! Eben könnten sie sich ja einen Geliebten für die Nacht aussuchen und bezahlen!«

Auch für experimentellere Wohnformen – oft aus der Not geboren – bargen die urbanen Räume Möglichkeiten, und Frauen erwiesen sich hierbei oft als kreativer als Männer. *Einsame Akademikerinnen* waren es, die etwa die ersten Wohngemeinschaften modernen Stils gründeten. Bei den frühen Studentinnen handelte es sich überwiegend um *höhere Töchter*, die schon qua familiären Reichtums nicht unbedingt auf eine Ehe als Versorgungseinrichtung angewiesen waren. Dank ihrer Ausbildung hatten sie zudem ein zwar bescheidenes, aber sicheres Auskommen in Aussicht, zunächst meist als Lehrerin. Schon ab den 1850er Jahren gründeten sie in den akademischen Zentren an der US-Ostküste erste kleine WGs: Zwei teilten sich die Lebenshaltungskosten und leisteten sich Gesellschaft. Als *Bostoner Ehe* wurde diese Wohnform auch in Europa noch bis weit ins 20. Jahrhundert bezeichnet. In den 1920er Jahren wohnte in Wien Anna Freud, die Tochter des berühmten Sigmund, mit ihrer Kollegin und Vertrauten, der alleinerziehenden Mutter Dorothy Tiffany Burlingham, zusammen. Gemeinsam arbeiteten sie an psychologischen Konzepten für Waisenheime und betreuten Dorothys vier Kinder. Heute lebt etwa die Berliner Autorin Anne Waak mit ihrer besten Freundin, einer alleinerziehenden Mutter, in einer solchen Zwei-Frauen-WG, sie erzählte 2020 in ihrem Buch »Wir nennen es Familie. Neue Ideen für ein Leben mit Kindern«[174] davon.

So fasziniert war die Gesellschaft anfangs von dieser Lebensweise, dass der US-Schriftsteller Henry James ihr 1886 einen ganzen Roman widmete: »Die Damen aus Boston«, die der *Bostoner Ehe* den Namen gaben. James deutete sehr deutlich ein erotisches Knistern zwischen seinen beiden weiblichen Protagonistinnen an und prägte damit eine allgemeine Vorstellung von *Lesben-Haushalten*. Es ist durchaus wahrscheinlich, dass sich schon im 19. Jahrhundert weibliche Liebespaare auf jene Art zusammentaten. Später wurde die *Bostoner Ehe* in der queeren Welt zu einem Synonym für das Zusammenleben von homosexuellen Paaren. Allerdings bestand oder besteht keineswegs in jeder *Bostoner Ehe* ein amouröses oder erotisches Band. In erster Linie ging es um Freundinnenschaft und Pragmatismus.

Die *höheren Töchter* zeigten, wie das Leben ohne Mann und

dennoch in Gemeinschaft – gegebenenfalls auch mit Kindern – aussehen konnte, und schon bald kursierte in den USA ein eigener Modebegriff, eine frühe Lifestyle-Vokabel dafür: Junge Mittelschichtsfrauen schwärmten über alle Landstriche verteilt von der *Single Blessedness,* der neuartigen »Single-Seligkeit«, die einzelne Frauen aus dem mehr oder minder elitären Milieu vorführten.

Keineswegs *anonym* oder *einsam* musste das Leben einer ungebundenen Großstadtpionierin also sein. In Paris wohnte die Schriftstellerin Anaïs Nin in ihren Single-Phasen zeitweise auf einem Hausboot auf der Seine, vollautonom, häufig mit Gästerunden, die sich bis spät in die Nacht zogen. In einem Eckhaus in der Münchner Kaulbachstraße hatte die Bohème-Frau Franziska zu Reventlow sich zur Jahrhundertwende eingerichtet, als alleinerziehende Mutter, in einer Wohngemeinschaft mit ihrem kleinen Sohn und zwei befreundeten Männern und darüber hinaus mit vielen Besuchen und Übernachtungen von Gleichgesinnten. Als »Skandalgräfin von Schwabing«, die ihr Kind in »gschlamperten Verhältnissen«[175] aufwachsen ließ, war diese Frau ohne feste Begleitung verschrien. Reventlow selbst schwärmte von ihrem »Leben in Gemeinschaft mit den Freunden« – »Ich bin nur glücklich, wenn jeden Abend ein Fest ist.«[176]

Für eine leuchtende Phase von gut zwanzig Jahren galt die Solistin als veritables *Role Model,* und sie trat sehr selbstbewusst auf. Schon 1907 hieß es in einem Leserinnenbrief in der französischen Zeitschrift *Petit Écho de la mode*:

»Meine Gedanken sind der Ehe nicht wohlgesinnt. Ich bin 25 Jahre alt, ich bin kein Kind mehr, ich weiß, was ich will und was ich tue. Ich habe mich im Vollbesitz meiner geistigen Kräfte für meinen Weg entschieden. Und ich bedauere es nicht im Geringsten.«[177]

Ob als Einzelne in einem Untermietzimmer, ob in einem der Frauenhotels oder einer kleinen Pension, in einer akademischen Streberinnen- oder in einer Alleinerziehenden-WG, oder in einem Arbeiterinnenheim: Wie auch immer ungebundene Frauen sich zu Beginn des 20. Jahrhunderts in den großen Städten einzurichten begannen, für die Historikerin Christine Stansell sind sie »Heldinnen, die von den Ambitionen ihrer Generation erleuchtet waren und antraten, sich in der Welt zu beweisen – die romantische Liebe ablehnend, ganz darauf aus, neue Geschichten für sich selbst zu finden, jenseits der Ehe«[178].

Ironie der Geschichte 1: 1998, als die erste Folge von »Sex and the City« im US-Fernsehen läuft, wird das *Martha Washington Hotel,* in dem das weibliche Single-Leben in der *City* einst erst so richtig begann, nach fünfundneunzig Jahren vom Frauenhotel zum *normalen* Hotel. *Redbury New York* heißt es seither, eine Nacht im Doppelzimmer kostet, je nach Saison, zwischen zwei- und fünfhundert Dollar.

Ironie der Geschichte 2: In den Mauern des *Trowmart Inn,* das eine so strenge Höchsteinkommensgrenze für seine Single-Bewohnerinnen gezogen hatte, was auch Niedriglöhnerinnen einen gewissen *Glanz* ermöglichte und den sozialen Aufstieg erleichterte, befinden sich seit 2012 Eigentumswohnungen für Millionärsfamilien, ab dreihundert Quadratmeter aufwärts. »Wo einst vierhundert junge berufstätige Frauen wohnten. gibt es jetzt zehn Luxusapartments, das kleinste mit dreihundert Quadratmetern, zu Preisen für bis zu zwanzig Millionen Dollar.«[179]

Nach diesem historischen Rundgang durch Manhattan und andere Agglomerationen nähern wir uns nun meinem Zuhause, der ersten Wohnung, bei der ich mir das exakte Einzugsdatum gemerkt habe. Es ist mein *Wedding Day*, denn so heißt der Bezirk, in dem ich seit nunmehr acht Jahren residiere, so lange wie noch an keinem Ort in meinem Erwachsenenleben: Wedding. (Die Siedlung drum herum wird Berlin genannt.) Einst galt der Wedding als Arbeiterinnenviertel, die Menschen waren in den damals dort ansässigen Fabriken beschäftigt, bei AEG, Osram, Schwartzkopff oder in der Brauerei Groterjan, und sie wohnten in *Mietskasernen*, oft mit gemeinsamer Toilette im Hof. Ab den 1960er Jahren zogen sogenannte Gastarbeiterinnen in die Gegend. Heute verfügt das Viertel über eine Menge Ein-Euro-Shops und Dreiundzwanzigstundencasinos mit abgeklebten Scheiben. Fast jeden Abend flackert Blaulicht durch die Straßen. Auch deshalb ist meine Nachbarschaft im kommunalen Mietspiegel als *einfache Lage* gelistet, und nur deshalb kann ich mir hier sechzig Altbauquadratmeter mit Holzdielenboden und knallechten Stuckresten leisten, und einen kleinen Schattenbalkon noch dazu.

> »Frau Vogel kam aus der westdeutschen Provinz nach Berlin. […] Aufgrund ihres mittelmäßigen sozioökonomischen Status bekam Frau Vogel nur eine Zusage für eine Wohnung in Wedding«,

schrieb die Autorin Nadire Y. Biskin, »gebürtige Weddingerin« und »Enkeltochter türkischer Gastarbeiter*innen«, 2020 in einem zornigen Prosatext[180] über das Viertel, das sie von klein auf kennt und das auch ich mittlerweile *meine Hood* nenne. Biskin schilderte eine Szene aus der U6, die den Wedding mit dem Rest der Stadt verbindet: »Die beiden Frauen bemitleiden, laut genug, so dass alle es hören können, all die armen Lehrerinnen, die im Wedding wohnen müssen.«[181]

Die Sache mit den »armen Lehrerinnen« im Wedding hat Nadire Y. Biskin sehr gut beobachtet, wie ich finde, denn die Solistinnen-Dichte scheint mir hier exorbitant hoch zu sein. Nehme ich nur das Mietshaus, in dem ich wohne, so sind inklusive meiner Person vier alleinstehende Frauen sowie eine alleinerziehende Mutter mit ihrer Tochter hier zu Hause. Fünf Solistinnen zwischen dreißig und siebzig in einem Zwölfparteienhaus: Das entspricht einundvierzig Prozent der Gesamtpopulation auf diesem Grundstück. Zähle ich die alleinlebenden Männer noch dazu, den älteren Herrn Schmidt und den Umdiefünfzigjährigen aus dem vierten Stock, steht es sieben zu fünf.

Einmal besuchte mich eine Bekannte, eine *freie Kulturvermittlerin*, die mit ihrem Mann und ihrem Kind in einer Einhundertvierzigquadratmeterflucht am anderen Ende der Stadt lebte. »Ich dachte, du wohnst wie Susan Sontag!«, entfuhr es ihr, als ich ihr eine Palastführung gab, vom Flur ein Blick in die Küche, ein Blick ins Duschbad, ein Blick ins Schlafzimmer, ein Schritt ins Wohnzimmer – Ende. Einerseits war es ein pompöses Kompliment, dass sie mich mit Susi Sontag, dieser berühmten Denkerin, so persönlich in Verbindung brachte. (Die Bekannte wusste nicht viel über meinen Angestelltenalltag.) Andererseits war es natürlich etwas beschämend für mich. Was immer sie sich unter einer Susan-Sontag-artigen Wohnung vorgestellt hatte, ihre Bestürzung über die Lage, Größe und Ausstattung meiner Bleibe konnte sie nicht verhehlen.

> »Das wird Sie überraschen, falls Sie zu jenen Frauen gehören, die sich eine eigene Wohnung gemietet haben, sich höchst romantisch als tapfere, selbstständige kleine Frau empfinden – und nun von allen anderen erwarten, Sie im gleichen Licht zu sehen«,

schrieb die US-Journalistin Marjorie Hillis 1936 in ihrem Ratgeberbüchlein »Live Alone and Like It. Benimmregeln für die vergnügte Singlefrau«[182]. Auch bei anderen alleinlebenden Frauen las ich immer wieder von irritierenden Momenten oder von der *Peinlichkeit,* die sie angesichts ihres vergleichsweise bescheidenen Lebensstils empfanden.

Als sie auf meinem Salonsofa saß, ließ die Bekannte kaum ein gutes Haar an meinem Zuhause. Die alten Fenster seien schön, doch das Bücherregal *erschlage* sie. »Stell das doch in den Flur«, sagte sie. »Aber da ist es ist zu eng«, sagte ich, »man käme nicht mehr durch.« Die Bekannte setzte eine betrübte Miene auf.

Eines muss festgehalten werden: Selbst ein Einpersonenapartment von, sagen wir, fünfunddreißig Quadratmetern bietet seiner Bewohnerin unter Umständen mehr Raum, als wenn sie mit jemandem zusammenlebte. Zu zweit müssten es siebzig sein, zu dritt, mit Kind, schon über hundert, damit sie vergleichbaren Auslauf hätte. Außerdem kommt es ja auch drauf an, was man daraus macht.

> »Im Allgemeinen war ich […] keine große Geldausgeberin. Meine Wohnung hatte Ähnlichkeit mit all den Orten, an denen ich als Studentin gewohnt hatte. Ich war noch immer nicht versucht, über meine Verhältnisse in einer besseren Wohnung zu leben, weil ich schuldenfrei sein wollte, frei vom Stress, der durch finanzielle Sorgen ausgelöst wurde. […] Einfach zu leben bedeutete nicht, ein Leben komplett frei von Luxus zu führen; es bedeutete ein Leben ohne Exzess«[183],

merkte die Schwarze US-amerikanische Literaturwissenschaftlerin bell hooks (sie schrieb ihren Künstlerinnennamen absichtlich klein) einmal zu ihrem Sololeben an. Auch die Grand Old Lady des Alleinstehens, Vivian Gornick, pflegt nach eigener Aussage einen übersichtlichen Lebensstil:

»Bei meinen Freunden bin ich bekannt dafür, dass mir Anschaffungen nichts bedeuten. [...] Mein Leben lang habe ich mehr oder weniger improvisiert, weil ›Zeug‹ mich nervös macht.«[184]

Selbstverständlich gebe ich mir Mühe, es halbwegs hübsch zu machen, indem ich meine Zufalls-, Gebraucht- und Mitnahmemarktmöbel so geschickt kombiniere, wie es mir irgend gelingt. Und eben frische Blumen in den Salon stelle, *always*. Clever gedimmtes Licht tut auch seine Wirkung. Schummrigkeit hilft.

»Jeder, der eine Wohnung einrichtet, jeder, der einen Garten anlegt, jeder, der morgens eine Garderobe auswählt, gibt einen kleinen Hinweis darauf, wie er sich die Welt wünscht. Ist das so?«, fragte die feministische Denkerin Silvia Bovenschen einmal sich und ihre Leserinnen.[185] Ich würde ihre Frage vorsichtig bejahen. Die Dinge, die sich, außer den nötigen Möbeln wie Bett, Tisch, Stuhl, in meiner Wohnung befinden, haben jedenfalls fast alle eine Bedeutung, eine Geschichte. Meine Wohnung ist nicht übervoll geräumt, und ist dennoch mein Archiv. Ein Archiv weniger aus den Wünschen, die ich noch hege, als vielmehr aus denen, die ich mir bislang erfüllen konnte.

»Interessante Gegend«, sagte die Bekannte, als ich sie später noch ein Stück zur U-Bahn begleitete und eine sieben- oder achtköpfige Familie uns mit zwei vollbepackten Einkaufswagen auf dem Bürgersteig entgegenschepperte.

Für sie wäre es nichts, sagte die Bekannte. »Hier wohnt ja niemand.«

Doch – Susan Sontag, eine Menge anderer Leute und ich, dachte ich.

Leider weiß ich genau: Ich kann mein Viertel noch so sehr mögen, kann es noch so sehr verteidigen – und bin dennoch seine *natürliche Feindin*. So steht es im Internet, so wird es im Radio besprochen.

Als »Wohnraumfresser« werden Singles verdammt, wie es etwa in einem Artikel in der *Zeit*[186] heißt. Weiter steht dort: »Kleine Wohnungen kosten mittlerweile kaum weniger als große.« Anders als oft angenommen sind Alleinlebende nicht automatisch wohlhabender als Gebundene oder Verheiratete. Ein Drittel der Einpersonenhaushalte in Deutschland verfügt nur über ein Einkommen an der Armutsgrenze oder darunter. Im *Zeit*-Artikel kommt auch ein Mann aus der Praxis zu Wort: »Der Verwalter Ulrich Lohlein erinnert daran, dass Alleinlebende nicht immer Yuppies sind, sondern oft auch gescheiterte Existenzen ohne Geld und ohne Freunde – Muss-Singles, wie er sie nennt.«

Kurz nachdem die bourgeoise Blockwartin mich besucht hatte, traf ich in meinem Stammkiosk eine Frau, die in den Ausläufern des Filmgeschäfts ihr Geld verdiente, Ende vierzig, solo, kein Kind, und soeben in meine Straße gezogen war, nur zwei Kreuzungen weiter. Unterhalb ihrer Wohnung befindet sich ein Gebrauchtwarenladen. »Auweia, wenn jetzt noch mehr von Ihrer Sorte kommen …«, hätte der Besitzer zu ihr gesagt, als sie den Möbelmännern beim Ausladen half. »Das fand ich echt hart zur Begrüßung«, sagte sie.

Über »weiße Frauen und privilegierte Frauen of Color«, die solo sind, schrieb bell hooks: »Wenn du unabhängig sein und nicht mit einem Mann zusammenleben willst, brauchst du einen eigenen Platz.« Sehr richtig. Das Problem: Die Frau ohne Mann muss gar nicht reich sein, sie »braucht keiner Fliege etwas zu Leide zu tun oder sie umsiedeln, trotzdem hat sie eine Wohnung in einem Viertel, das einmal Spanish Harlem war. Es war eine feministische Doktorin, die ich kannte und die eine städtische Pionierin in Brooklyn war. Und die selbst nie bemerkt hat, dass sie Teil dieses weißen Tornados war, der Frauen of Color und ihre Familien weggefegt hat.«[187]

Ich will niemanden »wegfegen«. Es gefällt mir in meinem Viertel, und ich gebe mein Geld in den Kiosken und Gemüseshops in meiner Ecke aus, im *Woolworth* fünf Blocks weiter, in den umliegenden Imbissen aus allen Kontinenten, bis auf Australien, und lasse mir meine Haare in einem der um die tausend Friseurshops in meiner Gegend schneiden. Ich lebe eben hier. Etwa so vielleicht, wie die Berliner Autorin Silvia Follmann als Single-Frau in welchem Viertel auch immer lebte, in »[dieser] Wohnung, die ich eigentlich so gerne mag, für die ich so dankbar war. Dankbar, sie mir allein leisten zu können auf dem beschissen umkämpften Berliner Wohnungsmarkt.« Oft genug fällt der Verdrängung eine alleinlebende Frau zum Opfer, eine der berühmten *verarmten Rentnerinnen*. Mit Psychoterror und dubiosen Geldangeboten vergrault man sie aus ihren Wohnungen, und auch dafür gibt es längst eine Alltagsvokabel: *Entmietung*. »Manche sind mit 2000 Euro Abfindung gegangen, direkt ins Altersheim. Die haben sich leicht einschüchtern lassen«, wie mir einmal ein von *Entmietung* betroffener Mensch erzählte.[188]

Nach längerer Zeit sah ich *sie* dann wieder. Dutzende, Hunderte Male war ich schon an ihr vorbeigeeilt und hatte im Eilen noch einmal den Kopf nach ihr umgewendet. Sie war kräftig gebaut, rotwangig, beinahe orange schimmerte ihr struppiges kurzes Haar. Sie mochte sechsunddreißig sein. Oder zweiundsechzig. Vermutlich war sie ungefähr in meinem Alter. Ihr *Hab und Gut* hatte sie meist um sich ausgebreitet, auf dem Bürgersteig, eine Hügellandschaft aus Woll-, Stepp- und Fleecedecken und fünf bis sieben Plastiktüten, vollgestopft mit Zeug. Nie war ein Hund bei ihr, nie stand eine Bier- oder Schnapsflasche vor ihr, nie ein Becher für Passantenkleingeld. Stets saß sie ganz alleine da, still ins Nirgendwo schauend, und egal welche Ecke sie sich ausgesucht hatte, fast immer saß sie den anderen im Weg. Das Viertel war ihr Revier, wie es auch meines war, sie war meine Nachbarin.

Die Filmfrau gab ein kleines Einzugsfest, ich hatte mich moderat aufgemotzt, mit einem schwarz-grün-rosa geblümten Jerseykleid aus den Siebzigern und *meinen ironischen Schuhen*, halbhohen Pumps aus rosafarbenem Schweinsleder, ein Fehlkauf aus den Nullerjahren, den ich manchmal als *originelles Detail* einsetze. Als Mitbringsel hatte ich eine Flasche Prosecco dabei, die einmal jemand zu einem Essen in meiner Wohnung mitgebracht hatte und die übrig geblieben war, niemand trinkt gern Prosecco, alle wissen es, so wandern die Flaschen immer weiter.

Diesmal saß die Nachbarin an eine Hauswand gelehnt, etwas erhöht, vielleicht auf einem Campinghocker, über ihre Schultern hatte sie ein großes geblümtes Stück Stoff gelegt, einen alten Vorhang oder einen Bettüberwurf, der bis zum Boden reichte, unten schauten ihre Zehen heraus. Ihr Umhang war ganz ähnlich gemustert wie mein Kleid, er hätte aus derselben *Kollektion* stammen können.

»Guten Abend«, sagte ich.

Sie reagierte nicht. Ihr Blick war nach irgendwo schräg über, hinter mir gerichtet. Ich versuchte ihn zu fangen, beugte mich etwas vor, »Guten Abend«, wiederholte ich, lauter, bestimmter. Langsam rollten ihre Augen in meine Richtung, stumm starrte sie mich an. Hinter der Kreuzung leuchtete der *Burger King*-Laden. »Haben Sie Hunger, auf einen Hamburger vielleicht? Ich hole mir gleich einen«, behauptete ich, »wenn Sie mögen, bringe ich Ihnen einen mit ...?«

Wieder begannen ihre Augen zu rollen, diesmal in der Senkrechten. Von oben bis unten musterte sie die Person, die da vor ihr stand, eine Frau in rosa Trippelschühchen mit einer Flasche Champagner in der Hand. Als ihr Blick wieder in meinem Gesicht angekommen war, schienen ihre Augen fast aus ihren Höhlen zu fallen, und plötzlich wedelte sie mit beiden Armen, so heftig, dass der Umhang von ihren Schultern rutschte. *Kssscchhh, Kssscchhh!*, machte sie, als ob sie einen vermilbten Spatz, einen verlausten Köter, eine Asphaltratte verscheuchen wollte. So trollte ich mich, stolperte davon, raus aus ihrer Privatsphäre, in die sie mich nicht gebeten hatte.

DER GEISTESBLITZ

Na, wo ist dein Glücklicher?

Ach, du bist solo?

Immer noch?

Aber wieso denn?

Oh, das hätte ich gar nicht von dir gedacht.

Tja, man kann nicht alles haben.

Vielleicht bist du zu wählerisch?

Nur wer sich selbst liebt, wird von anderen geliebt.

Je länger du alleine lebst, desto schwerer wird es dir fallen, dich auf jemanden einzulassen, ehrlich, das ist gefährlich.

Wer zu angestrengt sucht, der findet gerade deshalb nicht.

Also ich finde das nicht so schlimm, man kann bestimmt auch so irgendwie glücklich sein, heutzutage gibt es da doch sicher viele Möglichkeiten. Was würdest du denn empfehlen, ich meine: Was MACHST du so den ganzen Tag?

Soll ich dir mal einen meiner Kollegen vorstellen, er ist neu in der Stadt und mag Reggae, glaube ich, Jazz auch, hat er mal erwähnt.

Also ich könnte so nicht leben.

Ulrich Beck wusste es ja schon vor dreißig Jahren: Individualistisch geht die Welt zugrunde, hehe. Oder – warte: War das Frank Schirrmacher?

Hast du mal dein Beuteschema überprüft?

Darfst halt nicht so zickig sein. Heeeyyyy – nur ein Scheeerz!

Ich gebe dir die Nummer von meinem Life Coach.

Ich will dir ja nicht zu nahe treten, aber ich kenne es von meiner Cousine: Du darfst dich nicht verkrampfen.

Hast du's mal im Internet probiert?

Vorübergehend fuhr ich mein Sozialleben wieder einmal ein paar Stufen hoch. Um auf keinen Fall zu *vernerden.* Die Anmerkung von Gitta, meiner Kino-Bekanntschaft, hatte mich an einem Punkt getroffen, den ich übersehen haben musste. Fast jede Geselligkeitseinladung, die sich mir bot, nahm ich nun an. Wozu lebte ich in einer Großstadt? Ohnehin ist das der Vorteil der Journalistin: Sie kann *Nummern* und *Kontakte* sammeln ohne Ende und zig Gründe vorschieben, um sich gegebenenfalls selbst auf eine *Gästeliste* zu schmuggeln. Es ist der ideale Beruf für eine alleinlebende Person, in dieser Hinsicht kann ich ihn wirklich nur empfehlen. Das Allerbeste ist, dass man nachher immer sagen kann: *War alles nur Recherche.*

Für Mittwochabend hatte ein Bekannter ein Dutzend Leute in eine Bar geladen. Fast zehn Jahre war er solo gewesen, nun, kurz vor seinem Fünfzigsten, hatte er sich aber doch wieder mit jemandem zusammengetan, mit einer zwanzig Jahre jüngeren Frau, einer seiner Sprachschülerinnen aus einem aufstrebenden Schwellenland, die ihn nun zu einem *späten Vater* machte. Zur Feier dieses Umstands gab er einen aus. Alle waren da, nur die junge Frau nicht. Aufgrund hormonell bedingter Übelkeit sei sie kurzfristig verhindert, sagte der Musikfreund. Zum Beweis ihrer Existenz zeigte er Fotos auf seinem Phone herum. »Ich wollte nie ein *eingefahrener Single* sein«, meinte er, als er sich kurz von den anderen weg- und mir zuneigte, beseelt sein Glas an meines tickte und vertraulich seine Stimme senkte: »Man darf halt nicht mit sich selbst versauern, in einem selbstgegrabenen Loch.« Dann packte er seinen rechten Arm auf meine Schulter und sagte: »Locker bleiben, klappt schon noch!«

Donnerstagabend fand eine Mischung aus Vernissage und Lesung statt, an einem der Orte, von denen aktuell *alle redeten*. Ich war mit einer früheren Kollegin verabredet, die jedoch nicht auftauchte und nicht zu erreichen war, und kannte niemanden so richtig. Irgendwann sprach mich ein Mann an, der dringend etwas kommentieren wollte, was gerade in der Zeitung gestanden hatte, für die ich tätig war. Wir plauderten maximal drei Minuten, sehr sachlich, da trat seine Lebensabschnittsgefährtin, die ich vom Hallosagen kannte, von hinten an ihn heran. Sie schlang ihren rechten Arm um seine Hüfte, fixierte dabei aber mich mit ihrem Gewitterblick und zschirpte: »Na, worüber amüsiert ihr beiden Schätzchen euch denn so?« Das Gesicht des Mannes fror ein, er gab ihr stotternd Rapport: »Nichts Besonderes, es ging nur um …« Während er sprach, sprang ihr Blick flackernd zwischen ihm und mir hin und her. Es war die deutlichste Reviermarkierung, die ich seit Langem in freier Wildbahn erlebt hatte. »Ich muss eh mal aufs Klo«, sagte ich und entwand mich dieser fürchterlichen Situation. Wie diese Frau den Mann ab- und im selben Moment aufwertete, als ob er ein Kleinkind und zugleich ein Sensationsfund gewesen wäre, den es zu bewachen galt, obschon da doch bloß ein Mensch mit leichter Plauze und mäßig originellen Ansichten stand. Wie klein sie auch sich selbst in jenem Augenblick machte. Und wie sie mich, die *Frau ohne Mann*, offenbar verdächtigte, ich könnte mich an ihren Mausebär heranmachen. Unwürdiges Mikrodrama.

Freitagabend schaute ich auf dem Laptop im Bett drei Folgen »Goodbye Deutschland – die Auswanderer« hintereinander. Das war sehr schön.

Samstagabend stieg eine Geburtstagsparty, bei einem Freund von Freunden von entfernten Bekannten der M. Die M. war eine meiner näheren Vertrauten in der Stadt, seit sechs, sieben Jahren. Ich war ihr +1 bei diesem Fest. Kaum waren wir angekommen, entdeckte sie jemanden, an dem sie schon seit Längerem interessiert war. Über eine Stunde standen sie schon in der Partyküche zusammen, und wenn ich alle fünfzehn Minuten mal hineinlugte, schienen sie sich ausgezeichnet zu unterhalten. Vielleicht würde es diesmal etwas werden, die M. wünschte es sich allgemein und grundsätzlich sehr, keinesfalls wollte ich stören. Für eine halbe Stunde setzte ich mich still in eine Ecke, beobachtete die Leute und erwog, mich diskret abzuseilen. Dann ermahnte ich mich, mich nicht *hängen zu lassen*, stand wieder auf, stand herum. Ein Mann stellte sich vor mich, ein in die Jahre gekommener Jan Böhmermann, und sagte: »Sorry, aber jetzt muss ich es dich einfach mal fragen.«

»Aha. Was denn?«

»Sorry – also – aber: Kann es sein, dass du deine Freundin versteckst?«

»Meine Freundin? Nein, sie ist in der Küche, wieso?«

»Ich meine die andere, mit der du öfter bei diesen Shing-a-ling-Abenden bist. Man hat nie irgendwas gesehen bei euch. Ich meine nur: Ist doch nichts dabei! Sorry, sorry, sorry, wollte nichts Falsches sagen. Irgendwann kommt man eben ins Grübeln: *Nie taucht diese Frau mit einem Typ auf*. Bist du bi? Kann ja auch sein! Ich bin da ziemlich offen«, sagte er, »also jedenfalls: was Frauen angeht, hehe …«

War ich dünnhäutiger geworden oder hellhöriger oder beides? Mit diesen Fragen verbrachte ich dann meinen Sonntag.

Mittwochs wurde ich kumpelhaft aufgemuntert.

Donnerstags wurde ich der Promiskuität verdächtigt.

Samstags ereilte mich der Ilse-Aigner-Effekt.

Hatte ich mir jemals freiwillig *Romantic Comedies* angesehen, *RomComs*, wie die Fans dieses Genres sagen? Es ist die Szene, die sich meist gegen Ende des ersten Drittels abspielt: Die Heldin ohne Mann bekommt eine *peinliche Frage* gestellt, von einem unverschämten Trottel, einer garstigen Nuss, einem *schleimigen Onkel*: »Warum bist du eigentlich nicht verheiratet?« Wenn die Filmfrau nicht vor Schreck ihre Bluse mit Mousse au Chocolat bekleckert, kontert sie in der Regel mit einer *kecken* Antwort, die mindestens für Gelächter, wenn nicht für Schenkelklopfer sorgt. Bei Elizabeth Wurtzel liest es sich so: »Wieso bist du nicht verheiratet? Meine Lieblingsantwort darauf ist: Wieso bist du nicht schlank?«[189]

In der *Brigitte* war von der *bescheuertsten Single-Frage aller Zeiten* die Rede, und dort klang sie so: »Wieso ist denn so eine tolle Frau wie du (noch) allein?«[190] Die Schwarze Single-Aktivistin Eleanor Wells sprach schlicht von *The Question*[191]. In anderen Quellen und Foren las ich vom »blödesten Anmachspruch der Welt«.

Monsterfrage wäre ebenfalls ein passender Begriff, und es handelte sich keineswegs ein junges Phänomen. »Why are you Single?«, hieß das älteste Buch zu diesem Thema, das ich entdeckte. Es erschien 1949 in New York, herausgegeben von der Redakteurin Hilda Holland. Der Band enthält ein Dutzend sozialwissenschaftlicher Aufsätze, die das Alleinstehen als eine Form *sozialer Delinquenz* untersuchten, als bedenkliche Abweichung von der Norm.

1969 veröffentlichte eine bis dahin unbekannte US-Journalistin namens Rebecca E. Greer, sechsunddreißig, ledig, ihr erstes Buch. Rebecca E. Greer war nicht verwandt mit der berühmten australischen Feministin Germaine Greer (»Der weibliche Eunuch«, 1970), dachte aber über ähnliche Themen nach. Der Titel ihres Werks bestand aus nichts anderem als der Monsterfrage: »Why Isn't a Nice Girl Like You Married?« Es schoss sofort in die Beststellerlisten, so groß war der heiratsunlustige Leserinnenkreis jener Tage.

»Das ist das Ärgste an der taktlosen Frage. [Man] hat nur so aus Neugierde, aus Dummheit und Langeweile gefragt. So viel inneres Engagement, Fräulein Doris' Geschichte tatsächlich kennenzulernen, über diese Geschichte auch noch nachdenken zu müssen und dann vielleicht gar zum Verständnis ihrer Lage zu kommen – nein, das ging viel zu weit«[192],

schimpfte 1960 eine deutsche Publizistin namens Regina Bohne in ihrem Buch »Das Geschick der zwei Millionen«. Die zwei Millionen, das waren die in Westdeutschland statistisch erfassten *ledigen Frauen* im mittleren Alter. Bohne schrieb über die Existenznöte und die Erniedrigungen, die eine Frau ohne Mann in *Wirtschaftswunderdeutschland* über sich ergehen lassen musste, und sie ließ viele zu Wort kommen, die sich gegen jene Angriffe zur Wehr setzten und ihre je eigenen Alltagsprovisorien und Überlebensstrategien entwickelten.

1974, als die Scheidungskurven dies- und jenseits des Ozeans in ungeahnte Höhen schossen, rief eine weitere Amerikanerin, Marie Barbara Edwards, zu einem »Single Pride Movement« auf und formulierte ein »Manifest für Singles«. Auch darin tauchte die Monsterfrage auf. Die Frau, die sie gestellt bekomme, sei aufgefordert: »Beweisen Sie, dass Sie kein Freak sind.«[193]

Es war erleichternd, festzustellen, dass ich mir die Monsterfragen und -kommentare nicht einbildete, dass Solistinnen sich schon seit Jahrzehnten damit herumschlugen, wenngleich unter ganz anderen gesellschaftlichen Bedingungen. Gerade davon war ich dann aber auch entsetzt: Hatte sich über all die Zeit tatsächlich so wenig geändert?

Wie könnte die Frau ohne Begleitung antworten, wenn sie aufrichtig auf die Monsterfrage eingehen wollte? Wie erklärt sie ihre Existenz – die ihr selbst womöglich gar nicht ungewöhnlich vorkommt, es ist halt ihr Leben – in dreißig Sekunden, zwischen zwei Käsecrackern und einem Bommerlunder? Ohne damit sogleich detaillierte Nachfragen zu provozieren? Abgesehen davon, dass es das Gegenüber nicht unbedingt etwas angeht: Würde er oder sie die ganze Geschichte denn überhaupt hören wollen? Wo fängt man an? Bei der ersten enttäuschenden Sandkastenliebe? Wie viel Zeit haben wir denn? Darf's ein Stündchen mehr sein?

Und wie wäre es, die Monsterfrage einmal andersherum zu stellen? Eine Frau ohne Begleitung plaudert belanglos mit einem Party-Paar. Irgendwann sagt sie: »Was mich die ganze Zeit schon interessiert, ich hoffe, ich trete Ihnen nicht zu nah, aber: Sind Sie etwa *fest zusammen*? Ehrlich? Wie kommt *das* denn? Das passt gar nicht zu Ihnen. Was glauben Sie denn, woran es liegt?« Man wird ja wohl noch fragen dürfen, *wer wird denn gleich einschnappen?*

Die demografische Entwicklung müsste allgemein bekannt sein, überlegte ich, schon aus den Alarmmeldungen im Internet und aus den Talkshows: *Jeder vierte Deutsche ist allein – Brauchen wir ein Einsamkeitsministerium?* Im Schnitt ist ein Single-Mensch im Alter von achtzehn bis fünfundsechzig, gleich ob Frau, Mann oder X, zwischen fünf und sechs Jahre ohne Partner oder Partnerin, sagen gängige Erhebungen.[194] Die Wahrscheinlichkeit, mehreren *solcher Leute* schon begegnet zu sein, ist hoch. Zudem ist es, alle Statistiken zusammengenommen, überaus wahrscheinlich, dass der oder die Fragende selbst Zeiten kennt, in denen er oder sie alleine war, nach einer schmerzhaften Trennung zum Beispiel.

Was sollen also die großen Augen?

Die ungläubig gelüpften Brauen?

Interessanterweise fand ich nirgends Berichte von Männern ohne Begleitung, die über die Monsterfrage klagten. Auch eine Schnellumfrage unter den männlichen Alleinstehenden in meinem engeren und weiteren Kreis, Heteros wie Homos, brachte keine entsprechenden Ergebnisse. Wahrscheinlich wird die Monsterfrage Männern nicht gestellt, zumindest nicht in dieser Häufigkeit und Aufdringlichkeit, nicht so, dass sie sich ihnen eingefräst hat und sie seit mindestens einem halben Jahrhundert Texte darüber schreiben.

ACHTUNG: THEORIE

Die Frau ohne Begleitung reagiert nicht *überempfindlich* oder *verkrampft*, wenn sie sich genervt davon zeigt, dass man sie bestaunt wie ein seltenes Tier. Nein, sie hat einen gesunden soziologischen Instinkt. So bewerten es inzwischen jedenfalls einige feministische Theoretikerinnen, etwa die anfangs in diesem Buch schon erwähnte *Single-at-heart*-Psychologin Bella DePaulo. Eine gesellschaftliche Mikroaggression schwinge bei der Monsterfrage mit, sagt DePaulo, und die Aggression steckt vor allem in dem Erstaunen, ob gespielt oder nicht, mit dem die Monsterfrage vorgebracht wird. Der Begriff Mikroaggression stammt aus der Rassismustheorie. Der Schwarze Psychologe Chester Pierce hat ihn 1970 eingeführt, »um winzige, als übergriffig wahrgenommene Äußerungen in der alltäglichen Kommunikation zu beschreiben [...], die an die andere Person abwertende Botschaften senden«[195].

Bella DePaulo geht so weit, von *Singlismus* zu sprechen, von einer spezifischen Form von »Stereotypisierung und Diskriminierung«[196], die Menschen ohne Partner oder Partnerin treffe, besonders hart die Frauen unter ihnen. Die Mechanismen des Singlismus ähnelten denen des Rassismus, glaubt DePaulo – ohne dass sie aber lebensgefährlich seien: »Wir wissen, dass andere Ismen zu blutigem Ernst werden können, dass Menschen totgeschlagen werden, nur weil sie schwul oder schwarz sind. Niemand wird in kalter Wut ermordet oder von einem ausgerasteten Mob gelyncht, nur weil er oder sie Single ist.«[197] Dennoch – oder gerade deshalb – sei der Singlismus wirksam und halte sich hartnäckig: »Diejenigen, die niemanden haben, werden bemitleidet. Diejenigen, die niemanden wollen, werden als Bedrohung gesehen.«[198] Sie prägte den Begiff *Single Shaming* für diese Dynamik.

Nicht wenige Frauen reagieren mittlerweile mit einer gewissen Gegenaggression. Etwa die US-Bloggerinnen Christina Campbell und Lisa A., die *onely.org* betreiben, eine kleine, häufig zitierte Webseite, die sich mit der »Dekonstruktion von Stereotypen über Single-Menschen« beschäftigt. In ihrer Selbstbeschreibung heißt es: »Wenn diejenigen, die sich in einer heterosexuellen, monogamen Beziehung befinden, von der Gesellschaft wertgeschätzt werden auf Kosten derjenigen, die sich nicht in einer heterosexuellen Beziehung (oder überhaupt in einer Beziehung) befinden, dann halten wir das für falsch. Wir sind definitiv dagegen.«[199] Als Konter auf die Frage »Warum bist du nicht verheiratet?« schlagen sie vor: »Warum bist du nicht tot?«

Die Politologinnen Anne Byrne (Irland) und Deborah Carr (USA) haben sich ebenfalls mit der Monster-Mechanik beschäftigt und schlagen sogar vor, das Forschungsfeld *Single-Studien* an Hochschulen einzurichten, nach dem Prinzip der Gender Studies. Sie schreiben: »Wir denken, dass Singles in einer kulturellen Phasenverschiebung gefangen sind zwischen einerseits makrosozialen Veränderungen, die das Singlesein ermöglichen und als erstrebenswerte Lebensoption fördern, und andererseits hartnäckigen, sich nur sehr langsam ändernden kulturellen Vorstellungen, die die Ehe immer noch als Idealzustand erhöhen.«[200]

Ich war überrascht, wie politisiert die Sache war. Und schreckte zunächst davor zurück. Musste das wirklich sein, mit dem Singlismus? Noch ein Fremdwort, noch ein Ismus, noch eine *Opferkategorie*? War das nicht übertrieben?

Bis ich verstand, dass DePaulo und ihre Mitstreiterinnen den Singlismus nicht nur auf persönliche Befindlichkeiten anwenden, sondern auch auf objektiv messbare strukturelle Ungerechtigkeiten, auf eine Marginalisierung, die überdies nicht nur Frauen trifft, sondern alle Geschlechter und Nichtgeschlechter. Teurere Versicherungen, höhere Steuern, härtere Auflagen bei Arbeitslosigkeit[201], Nachteile in der medizinischen Versorgung[202]: All dies muss eine Person ohne (feste) Begleitung für ihre Art zu leben in Kauf nehmen. Es fängt beim Einzelzimmerzuschlag an, sofern sie sich ein Hotelzimmer leisten kann, und hört beim Toastbrot nicht auf. Das Magazin *Wirtschaftswoche*[203] rechnete es einmal hübsch alltagsnah nach: »Wenn 500 Gramm Toast 1,29 Euro kosten, macht das einen Grundpreis von 26 Cent je 100 Gramm. Die 250-Gramm-Packung für 99 Cent kommt auf einen Grundpreis von 40 Cent.« So bringt die Einpersonenpackung dem Handel ein Plus von über fünfzig Prozent. Prinzipiell zahlen Solistinnen und Solisten mehr und sind dennoch, statistisch gesehen, schlechter abgesichert als Verheiratete. Institutionalisierte Amatonormativität. Die Gesetzgebung will es so – Stichwort *Ehegattensplitting*[204] –, auch wenn bekanntlich jede zweite bis dritte Ehe früher oder später zerbröselt, auch wenn in der Liebe oder Nichtliebe, die den Staat ohnehin nichts angehen sollte, längst alles kreuz und quer geht und die Lebensrealität eines wachsenden Teils der Bevölkerung sich unwiderruflich gewandelt hat. Unverschämte Sprüche gibt's zum Höchststeuersatz gratis obendrauf.

Ich bin mir noch nicht sicher, ob der Singlismus dauerhaft in meinen persönlichen Wortschatz eingehen wird.

Aber ganz gleich ob mir das Wort gefällt oder nicht, es gibt keinen Grund, sich über die Idee lustig zu machen. Der Singlismus ist eine Denkfigur, ein politisches, auch feministisches Angebot, das die Frau ohne Begleitung selbst geschaffen hat. Es ist ein Beispiel für ihren Erfindungsreichtum. Ihre Wachheit. Ihr Mit- und Nachvornedenken. Einer ihrer fortwährenden Versuche, die Gesellschaft zu durchlüften, sie für alle, nicht nur für sich selbst, fairer zu machen. Mit der Begriffsschöpfung *Singlismus* ist sie – wieder einmal – eine Avantgarde.

»Wie erklärt eine alleinlebende Frau, wie sie die wurde, die sie ist?«[205] An dieser Frage knabbert die britische Diskurstheoretikerin Jill Reynolds herum. Sie erforscht, in ihren Worten, die »Identitäts-Arbeit«, die eine Frau ohne Begleitung fortwährend leisten müsse, für sich selbst und für andere. Reynolds' Einschätzung zufolge gibt es vier Arten, wie eine Frau ihr Leben ohne Begleitung heute begreifen kann.

Die traurige Variante 1: Die Frau nimmt es als persönliches Versagen.

Die wütende Variante 2: Sie empfindet es als gesellschaftliche Benachteiligung, konzertiertes Ausgeschlossenwerden, brutales Andenrandgedrängtsein.

Die gefasste Variante 3: Sie versteht es als Ergebnis selbst forcierter Unabhängigkeit und der daraus folgenden Konsequenzen, im Guten wie im Schlechten.

Die jubilierende Variante 4: Sie feiert es als Beleg für vollends geglückte Selbstverwirklichung und / oder feministische Brillanz und gesellschaftlichen Aufstieg.

Mich würde ich Variante 3 zuordnen. Ich gehöre nicht zu den Traurigen, nicht zu den Wütenden, nicht zu den Jubilierenden jedenfalls.

Wie reagiere ich für gewöhnlich auf den Singlismus, wenn er mir etwa bei einer Party gegenübersteht und eine Monsterantwort von mir erwartet? Nicht sonderlich avantgardistisch, sondern reichlich konventionell, im Grunde wie die *schlagfertigen Frauen* in den RomComs: niemals so, dass meine *Attraktivität* (was immer ich gerade dafür halte) leidet. Ich mache keinen Ärger. Weil ich meinen *Marktwert* lieber doch nicht nachhaltig schädigen will, nehme ich an.

»Du bist Single? Wie kommt *das* denn?«

Folgendes Vierpunkteprogramm läuft in einer solchen Situation bei mir ab: Ich kann, erstens, nicht davon ausgehen, dass der fragende Mensch sich schon all die Gedanken gemacht hat, mit denen ich mich gelegentlich in den Schlaf wälze. Ich möchte mich nicht verschließen, sondern auch mit denen im Gespräch bleiben, die gröber geschnitzt sind oder sich ungeschickter ausdrücken als ich, das Herz aber vielleicht trotzdem *auf dem rechten Fleck* tragen. Ich will nicht immer automatisch gleich das Schlimmste denken und dem Gegenüber unterstellen. Feminismus hin, Sprachsensibilität her: Ich will *Toleranz* und *Offenheit* nicht nur behaupten, sondern auch praktizieren, auch wenn es manchmal weh tut, sonst wäre ich ja windbeuteliger als all die Windbeutel, denen ich es so gern vorwerfe.

Zweitens: Vermutlich ahne ich nicht einmal, wie oft und mit welchen Bemerkungen ich andere schon getroffen, verletzt, irritiert, beleidigt, überfahren, ausgeschlossen oder von oben herab behandelt habe, ohne dass es meine Absicht war.

Drittens: Außerdem stelle ich mir die Frage auch selbst hin und wieder, beim Abschminken vor dem Badezimmerspiegel, wenn das verschmierte Kajal mich aussehen lässt wie eine erschöpfte Clownin: *Wie kann es sein, dass eine Frau wie ich …?* In gewissen Momenten ist es mir ja selbst unbegreiflich.

Will ich also einsteigen in die Empörungsspirale? Wo es mir doch, alles in allem, prächtig geht, verglichen mit sehr vielen anderen Menschen? Will ich mich aufregen, will ich *recht haben*? Oder schlägt mein Selbsterhaltungstrieb mir etwas anderes vor?

> »Es gibt schlicht […] keine gute Antwort auf die Frage, wie man als Frau zu sein hat. Vielleicht liegt die Kunst eher in der Art, wie wir die Frage zurückweisen«,

meint die US-amerikanische Essayistin Rebecca Solnit[206], ebenso unverheiratet wie ich.

So versuche ich, viertens, die verklemmte Monsterfragensituation in unangreifbarer Oberflächlichkeit aufzulösen. Ich pfeife auf den neumodischen Befehl zur Authentizität in jeder Lebenslage, beschützte lieber meine privateste Privatheit und schwitze eine Antwort aus, die alles und nichts bedeuten kann und niemanden befriedigt, aber lustig klingt.

BINDUNGSANGST, DIE BESONDERS ANSTECKENDE FORM

Für diesen Spruch habe ich schon mehrfach anerkennende Lacher geerntet. Hiermit gebe ich ihn zur lizenzfreien T-Shirt- und Tassenbedruckung frei. Möge jemand bei *Etsy* oder einem anderen Do-it-yourself-Portal ruhig ein paar Euro damit machen. Nur – bitte: ohne meinen Namen. Und auf keinen Fall in Pink. Vielen Dank.

Da waren auf der einen Seite also die stolzen Promi-Single-Frauen, von Emma Watson über Regina Halmich bis Natalie Imbruglia, und die sehr jungen Instagram-Frauen und Twitter-Feministinnen mit ihren Jubel- und Werbe-#Hashtags: #youaremadeforlovingyou.

Und auf der anderen Seite die *Diskriminierungs*-Kritikerinnen und Aktivistinnen, von Bella DePaulo über die Bloggerinnen und Politologinnen bis zur Philosophin Elizabeth Brake. Sie konterten mit dem #Hashtag #singleshaming und brachten dann und wann eine *Streitschrift* heraus.

Der solide Mittelbau schien zu fehlen. Die relative Unaufgeregtheit, die ich an Frauen wie Gitta festzustellen glaubte, oder an der Backshopverkäuferin, die ihre Single-Brote einfror; an meiner Oma Irmgard, Christiane Rösinger, der alten *Neuen Frau*, Vivian Gornick.

In der Präambel des »Manifests für Singles« von 1974 hatte ich mir einen Paragraphen angestrichen, er lautet:

> »[Wir sind] angetreten, um die Mythen zu begraben. [Wir werden] alle vier Kategorien des Singleseins gleichermaßen schätzen – geschieden, getrennt, verwitwet, nie verheiratet – und anerkennen, dass wir […] viel mehr gemeinsam haben, als uns trennt.«[207]

Es bräuchte zuerst einmal eine Bezeichnung, mit der alle Frauen ohne Begleitung sich anfreunden könnten, überlegte ich. Einen Namen, der das Trennende überdeckt und das Gemeinsame hervorhebt.

Das S-Wort ist und bleibt eng gekoppelt an die *Single-Industrie*, vor allem an die Verpartnerungsbranche. *Singles* sind die Kundschaft von *Single-Events*, potenziell *Suchende*. Daran ist nichts verwerflich. Es entspricht nur eben nicht der Lebensrealität aller Frauen ohne Begleitung. Ich bin keine *Single-in* – denn ich bin bis auf Weiteres *nicht zu haben*. *Single-Frauen* sind lediglich eine Untergruppe der Solistinnen.

Der Begriff der *Alleinstehenden* gefällt mir so weit recht gut. Allerdings weiß ich, dass viele Frauen ohne Begleitung sich schwer damit tun. Die Journalistin Anja Rützel erklärte 2018 in ihrem Buch »Lieber allein als gar keine Freunde« warum: »Alleinstehend klang mir immer nach ältlicher Tante, Kontaktanzeige und tristem Tanztee.«[208] Vielen erscheint das Wort zu altmodisch, zu leblos und schwer. Es gehört zum offiziellen Vokabular des Statistischen Bundesamts, und so hört es sich auch an. Manche stören sich vor allem am »allein«, weil sie sich nicht »allein« vorkommen, sondern gut eingebunden in ihr jeweiliges Sozialleben. Andere stören sich am »stehen«, weil es ihnen zu endgültig, zu statisch klingt, nach *letztem Lebensabschnitt*, wie *Stehenbleiben*. Insgesamt mutet das *Alleinstehen*, zugegeben, etwas hölzern an. Dass auch ich nicht ganz entspannt mit diesem Wort umgehe, zeigt sich daran, dass ich zwanghaft denselben Witz wiederhole: *alleinstehend, -sitzend, -liegend*.

Die *Alte Jungfer* erlebt seit einer Weile einige Revitalisierungsversuche, meist mit ironischem Augenzwinkern, versteht sich. Das englische Pendant dazu heißt *Spinster*, es leitet sich vom Wollespinnen ab. Im Europa des 13. Jahrhunderts versuchten die zurückgebliebenen Ehefrauen von Kreuzzüglern mit dieser Tätigkeit ihren Lebensunterhalt zu bestreiten. Seit dem 16. Jahrhundert wurde die Spinnerin, die *Spinster*, zum Synonym für Frauen, die sich als Heimarbeiterinnen durchschlagen mussten, weil niemand sie heiraten wollte. Im Märchen »Die drei Spinnerinnen« beschreiben die Gebrüder Grimm jenen Typus Frau wie folgt: »[D]ie erste [hatte] einen breiten Platschfuß, die zweite hatte eine so große Unterlippe, daß sie über das Kinn herunterhing, und die dritte hatte einen breiten Daumen.«[209] Je länger eine Frau alleine vor ihrem Spinnrad saß, desto eher zerknitterte sie zur *Old Maid*, zum *Alten Mädchen*.

1997 nahm die britische Yvonne Roberts den *Spinster*-Begriff wieder in die Hand. In ihrem Roman »The Trouble with Single Women« lässt sie eine fiktive weibliche Protestbewegung mit der Forderung »Save our Spinsters – S.O.S.!« auftreten. Eleanore Wells veröffentlichte 2012 ein Buch über »The Spinsterlicious Life«, Kate Bolicks »Spinster«-Buch folgte 2015. Seit 2018 erscheint auch in Deutschland die Jugendbuchreihe »Spinster Girls« der britischen Autorin Holly Bourne.

Bitterernst fällt der Tonfall bei der schwedischen Autorin Malin Lindroth aus, die nach eigenen Angaben »seit dreißig Jahren niemandes Freundin« mehr war. 2020 erschien ihr autobiografischer Essay »Ungebunden. Das Leben als Alte Jungfer« auf Deutsch. Lindroth schildert darin die emotionalen Schmerzen einer unfreiwilligen Solistin. »Eine alleinstehende Frau ist immer das Opfer«, sagt sie[210].

Ich wiederum sage: Die *Alte Jungfer* hat nie gezündet. Weder hat die Ironie je so richtig funktioniert, noch sind Malin Lindroths Erfahrungen, »immer das Opfer« zu sein, auf alle Frauen ohne Begleitung zu übertragen. So bilden die *Alten Jungfern* ebenfalls eine Untergruppe der Solistinnen.

Die *Solistin* allerdings, mit der ich mir bis hierhin ausgeholfen habe, klingt reichlich *cheesy*, nicht wahr? Als ob ein lüsterner Oberstudienrat im Vorruhestand einen Roman geschrieben hätte: »Die Solistin. Eine Ode an die Frauen«.

Die *Frau ohne Begleitung* ist so kompliziert, so holprig, dass es fast schon wieder gut ist. Im Internet würde sie jedoch schnell zur FOB werden. Das möchte ich ihr nicht antun.

Kommen wir zum Punkt: Ich habe die Lösung.

Sie kam bei einer weiteren Festivität über mich, zu fortgeschrittener Stunde, an einem Buffet aus vertrockneten Hirsesalaten und feuchten Weißbrotresten. Unter den Gästen: eine kleine Berühmtheit, die als *Feminist Speaker* auf Panels unterwegs und auch schon zwei Mal im Fernsehen war und in drei verschiedenen Presseorganen Kolumnen übers *Frausein* schrieb. Vor allem schrieb sie gern und oft über den *feministischen Mann*, mit dem sie zusammen war, und bei Instagram postete sie sehr niedliche Fotos von ihrer Tochter. Sie hatte also einen Mann und ein Kind und diesen tollen Job, sie war eine Profi im *Frausein*, ich denke, so sah sie es, so lasen sich jedenfalls ihre Kolumnen. Irgendwann kamen wir ins Gespräch und aufs Alleinstehen, -sitzen und -liegen (ich weiß nicht mehr, warum), und irgendetwas sagte ich dazu (ich weiß nicht mehr, was), was sie falsch fand – worauf sie mir folgenden Kurzvortrag hielt: »Tut mir leid, aber ich halte dieses Autonomie-Gehabe für völlig überholt, das ist so Neunziger, das ist so Neoliberalismus. Man kann sehr wohl mit jemandem zusammen und trotzdem Feministin sein, Elfriede Jelinek hat einen Ehemann, Charlotte Roche ebenfalls, Beyoncé sowieso, Sibylle Berg auch, Alice Schwarzer hat eine Ehefrau, Margarete Stokowski hat einen festen Freund, genau wie Laurie Penny und … Simone de Beauvoir … – hallo!?!«

Im Namen aller Fischarbeiterinnen, *Ladenmädchen*, Bostoner-WG-Bewohnerinnen, über die ich bis dahin schon gelesen hatte, im Namen der kosmischen Carla, meiner Nachbarin ohne Dach über dem Kopf, im Namen von Gundel Gaukeley, Françoise Giroud und mir konnte ich nicht anders, als ihr stante pede eins reinzuwürgen.

Es war ein Geistesblitz.

Ein Bluff.

»Du verstehst da was falsch – du hast es wohl noch nicht mitbekommen?«, sagte ich und setzte ein Lächeln auf, das großzügig wirken sollte. »Niemand redet mehr von *Singles,* das ist komplett durch, keine Ahnung, warum du dich da jetzt noch so echauffierst. Inzwischen läuft die Häsin doch ganz woanders«, sagte ich, »das Kätzchen pfeift es längst von allen Blechdächern, ganz New York spricht davon, also bestimmte Teile von Brooklyn, meine ich, der Teil von New York, den alle gut finden, da ist das jetzt *das Ding.*«

»Wovon redest du?«, fragte die Nicht-Single-in, die Nicht-Alleinstehende, die Nicht-Solistin.

»Von der *Singulären Frau*«, sagte ich.

»*Role Model* und so«, schob ich hinterher.

»Kennst du echt nicht?«, fragte ich in der Hoffnung, dass es möglichst vorwurfsvoll wirkte.

»Äh … nein«, sagte die Unwissende.

»Oh«, sagte ich.

Und: »Na ja.«

Und: »Man sieht sich …«

Berauscht von der Schlagkraft meines Geistes und der Eleganz meiner Garstigkeit taumelte ich alsbald nach Hause. Die *Singuläre Frau.* Es klang nicht schlecht, fand ich, während ich auf die U-Bahn wartete. Als ich drinsaß, schaute ich im Phone nach, von wem ich das geklaut hatte. Aber es gab keinen Link dazu, nirgends.

Bei den Amerikanerinnen und Engländerinnen hatte ich während meiner Grabungen gelegentlich die Wörter *singular* und *singularity* gelesen, fiel mir ein. Zum Beispiel beim »Schwarm der Singularität« in den Großstädten der Jahrhundertwende.

Die Wortbedeutung von *singulär* changiert zwischen *einmalig, einzigartig, unvergleichlich* – und *einzeln* oder *vereinzelt*. Beides trifft auf die Frau ohne Begleitung zu, überlegte ich weiter. Sie ist einmalig mit ihrer persönlichen Geschichte und all ihren Eigenarten. Und sie führt ihr Leben als Einzelne.

Im Wort *singulär* klingt zudem – das ist der billigste Teil des Tricks – das Wort *Single* mit. Es deutet sich also gleich an, in welche Richtung es geht.

Und schließlich kam die Soziologin in mir darauf – es dauerte nur drei, vier Haltestellen –, dass seit Kurzem die Theorie der »Singulären Gesellschaft«[211] in Umlauf war. Der Soziologe Andreas Reckwitz (einmal ist er in diesem Buch schon zitiert), hat sie 2017 erfunden. Das Streben nach dem Außergewöhnlichen, dem *Singulären*, wird nach und nach zum neuen *Normalfall* – so lässt sich Reckwitz' These brutalstmöglich verkürzen. Alle bauen sich, so sie es sich leisten können, ihre eigenen *singulären* Besonderheiten zusammen: eine möglichst einzigartige Wohnungseinrichtung, möglichst einzigartige Freizeitbeschäftigungen, einen möglichst einzigartigen Lebenslauf. Im Grunde und am Ende machen es also alle gleich. Oder bemühen sich darum, es gerade nicht so zu machen wie alle anderen – und sind damit erst recht wieder so wie alle anderen. Aus der Masse der Einzigartigkeiten entsteht die *Gesellschaft der Singularitäten*.

Angenommen, die *Singuläre Gesellschaft* existiert, so wäre die heutige Frau ohne Begleitung automatisch ein Mitglied – weil sie nun mal in der Gegenwart lebt. Das dachte ich, als ich an meiner Heimatstation die Treppen hinaufstieg.

Und sie ist auch sonst Teil einer Masse – der Masse von bald zehn Millionen Frauen ohne Begleitung. Ein Ozean von Einzelfällen. Die Einzigartigkeit der Vielen.

Singuläre Frau passt auf alle Arten des Alleinstehens, Alleinlebens, Alleinseins, auf die Witwe wie auf die nie Verheiratete, auf die datende Single-in wie auf die Geschiedene. Es klingt weder abschätzig noch überkandidelt, ist alters- und klassenunabhängig. Es hat eine sachliche Würde, fand ich, als ich in meine Straße einbog.

Und als ich meine Wohnungstür aufschloss, war mir die Sache klar: Die *Singuläre Frau* war, was die Welt jetzt brauchte.

Ich war ein Genie.

Ein Lonesome Cowboy.

Ein süßes Ding.

Eine Führungskraft.

Ich hatte eine große Klappe mit Uranuseffekt.

Meine Venus war verknotet.

Aber mein Wille sollte geschehen.

Wie im Himmel, so auf Erden.

DER SCHNITT

Ich mache nun also einen Schnitt und spreche im Weiteren von der *Singulären Frau*. Und vom Schlussmachen. Denn ich halte es nicht nur für eine äußerst taugliche Erfindung, sondern auch für eine Schlüsselerfahrung der Singulären.

CHARNELL NO.1

Die beeindruckendste Singuläre Frau, der ich bislang in der Realität begegnet bin, trägt einen schick schillernden Fashionnamen, leistet ein Arbeitspensum auf Topmanagerinnen-Niveau – eher achtzehn Stunden täglich als zehn, nicht sechs Tage die Woche, sondern sieben – und lebt in einer US-amerikanischen Großstadt, in Verhältnissen, die mit dem Attribut *filmreif* nur unzureichend beschrieben sind. Dennoch spielt sie in keiner Serie auch nur die kleinste Nebenrolle.

Vorhang auf für: Charnell.

Charnell haben ihre Eltern sie getauft, nach Coco Chanel, nur dass die Eltern nicht so genau wussten, wie man das schreibt. Das Mädchen mit dem eleganten Namen sollte es einmal besser haben, wünschten sich die Eltern, wie alle Eltern es sich immer für ihre Kinder wünschen, egal wo. Doch Charnell lebt auch als Erwachsene noch an dem Ort, an dem sie geboren wurde, zwischen leerstehenden, angekokelten Kleineleutehäuschen, rostenden Autowracks und hochgezüchteten Kampfhunden, die nachts auch mal unangeleint durch die kaum beleuchtete Gegend streunen. Letztlich sei es ein Glück, dass sie die Verwandtschaft noch in ihrer Nähe habe, sagte Charnell: »Ohne meine

Mutter und meine Schwestern würde ich es nicht schaffen, sie sehen nach den Kids, wenn ich arbeiten muss.«

Ich traf Charnell in Detroit, der einstigen Industriemetropole im Norden der USA. Eigentlich war ich dort, um zu allgemeinen sozialen Problemen zu recherchieren[212], zu Obdachlosigkeit, Gewalt, Rassismus und den zarten Versuchen, die heruntergewirtschaftete Stadt wieder etwas freundlicher zu machen. Der Lehman Crash, der jüngste Großeinbruch der Weltwirtschaft, lag gerade erst drei Jahre zurück, und es waren Fabrikstandorte wie Detroit, an denen die Arbeitslosigkeit noch einmal besonders krass explodiert war. In manchen Vierteln lag die Quote bei über sechzig Prozent. Eine lokale Hilfsorganisation hatte mir den Tipp gegeben: »Wenn Sie eine *typische Bewohnerin* treffen wollen, müssen Sie mit Charnell sprechen, dann wissen Sie auf einen Schlag ganz genau, was hier los ist.«

Befangen und nervös war ich, als ich, wie verabredet, morgens um neun an ihrer Haustür klingelte, verwöhnt und sehr *weltfremd* kam ich mir vor, seit wir das erste Mal telefoniert hatten. Ich war einundvierzig, hatte gerade erst zwei ungemütliche Hartz-IV-Jahre überstanden, war solide eingegroovt im Singlesein, wie ich es damals noch nannte, und endlich wieder einmal als die *rasende Reporterin* unterwegs, die ich immer hatte sein wollen. Charnell war fünfunddreißig, gerade zum zweiten Mal geschieden und jonglierte mit zwei bis drei Jobs auf einmal, um sich und ihre fünf Kinder irgendwie durchzubringen. Ich war die *weiße* Frau aus Europa, die mit ihrem Aufnahmegerät herumreiste und abends in einem Businesshotel in einem Boxspringbett der Kingsize-Größe zur Ruhe kam. Sie war die Schwarze Frau aus der angeblich *gefährlichsten Stadt der westlichen Hemisphäre*, die sich selbst und die Kleinen anfangs auf dünnen Campingmatratzen auf dem Fußboden gebettet hatte, weil kein Geld für Möbel vorhanden war. Das hatte die Hilfsorganisation mir erzählt. Zwischenzeitlich hatten sie ein paar Monate in einem Obdachlosenasyl verbracht, weil Charnell die Miete für die vorherige Wohnung nicht hatte zahlen können. Sie war sechs Jahre jünger als ich, hatte schon sehr viel mehr geackert und durchgestanden und trug noch dazu die Verantwortung für so viele weitere kleine Menschen, und nun platzte ich in ihren Alltag hinein, um ihre *O-Töne* abzugreifen und mich damit in meiner vergleichsweise heilen Welt wichtigzutun.

»Fünf Kinder, das beeindruckt mich sehr«, sagte ich, so begann unser Gespräch.

Charnells Antwort kam wie aus der sprichwörtlichen Pistole geschossen: »Ja, ich weiß, was die Leute denken. Aber so ist es nicht. Es sind alles eheliche Kinder. Drei mit dem ersten Ehemann, zwei mit dem zweiten. Das ist es, was man einer schwarzen Frau gern nachsagt: dass sie Gott weiß wie herummacht und Kinder in die Welt setzt, um Sozialhilfe zu kassieren. Aber das stimmt nicht, jedenfalls nicht bei mir.«

»So meinte ich das nicht, nein, nein!«, sagte ich.

»Schon gut«, sagte Charnell, wies auf das vanillefarbene Kunstledersofa, das die Hilfsorganisation ihr gespendet hatte, und bot mir ein Glas Diätcola an.

»Das gängige Stereotyp für eine alleinerziehende Mutter ist die ›Wohlfahrtskönigin‹, eine einkommensschwache Schwarze Frau, die uneheliche Kinder in die Welt setzt, um Schecks vom Sozialstaat zu kassieren«[213], schrieb Rachel F. Moran mit Blick auf die USA. Ich erinnere mich noch genau, wie mein Gehirn ratterte, in der ersten Viertel- oder halben Stunde in Charnells Wohnzimmer, wie blockiert ich war, weil ich noch über die Irritation zu Beginn unseres Gesprächs nachdachte, über ihre Realität und über meine. Ich überlegte, ob sie das Wort *Intersek-*

tionalität[214] kannte, das just zu jener Zeit, in den frühen 2010er Jahren, auch in Deutschland seine größeren Runden zu ziehen begann. Mit Intersektionalität ist, kurz gefasst, die Überschneidung von verschiedenen Diskriminierungsformen gemeint. Es geht um Vorurteile, Angriffe, Benachteiligungen auf mehreren Ebenen zugleich, etwa wegen des Geschlechts, der Hautfarbe, anderer körperlicher Merkmale oder Beeinträchtigungen und des Standorts in der sozialen Hackordnung – also um all das, was in Charnells spontaner Antwort steckte: »Ich weiß, was die Leute denken« – »schwarze Frau« – »wild herummachen« – »Sozialhilfe kassieren«.

Sie ging arbeiten, seit sie fünfzehn war, erzählte sie, und die Tätigkeiten, mit denen sie seither beharrlich an der Mindestlohngrenze entlangtänzelte, waren vielfältig: Computerservice, Parkhauskassendienst, Versicherungsvertrieb, *Call Center, Car Wash, McDonald's*. Von den Vätern der Kinder war wenig bis nichts zu erwarten, weder in finanzieller noch in anderer Hinsicht. Die Gründe für die Scheidungen deutete Charnell zunächst nur vage an, es klang nach Drogenproblemen, ein bisschen nach Knast und zwischen den Zeilen auch nach häuslicher Gewalt. Vielleicht täuschte ich mich da aber, möglicherweise hatte ich zu viel Reality-TV gesehen.

»Ich rechne von Woche zu Woche, weiter schaue ich nicht«, sagte Charnell, »so kommen wir irgendwie durch, die Kids und ich.« Vieles, was sie erzählte, kam mir im Prinzip bekannt vor, Ähnliches hatte auch die eine oder andere *Single Mom* in meinem Kreis durchblicken lassen. Amerikanerinnen sprechen und schreiben inzwischen von der immensen *mental load* oder der *logistics overload*, die eine ganze Frauengeneration längst in der Zange habe – von der ermüdenden, erschöpfenden logistischen Überlastung, die einsetzt, wenn der Alltag mit Kindern von einer einzelnen Person als Allrounderin zu bestreiten ist, ohne die Verantwortung mit irgendwem wenigstens ein bisschen teilen zu können.

Auch in Deutschland war – und ist – das Risiko, nach einer Trennung in Armut abzurutschen, für Alleinerziehende groß. Eins Komma sechs Millionen Erwachsene leben hierzulande allein mit ihren Kindern, als sogenannte Ein-Eltern-Familien, neun von zehn sind Frauen. Und rund zwei Drittel von ihnen, knapp eine Million alleinerziehender Mütter, verfügen laut Statistischem Bundesamt nicht über die finanziellen Mittel, »unerwartete Ausgaben von etwa tausend Euro zu bestreiten«, ob es sich um einen langersehnten Ponyhofurlaub fürs Kind handelt oder um einen dringend benötigten Zahnersatz für Mama. Jeder zweite Vater zahlt keinen Unterhalt, sei es, weil er nicht kann oder weil er nicht will.[215] Verena Wirwohl, die Sprecherin von *MIA*, der Mütterinitiative für Alleinerziehende, sagt: »Ich meine schon, dass sich weniger Frauen trennen, weil sie Angst vor dem finanziellen Abstieg haben.«[216]

Charnell hatte den Schnitt trotz aller düsterer Prognosen gewagt und sich von sich aus von ihren Männern getrennt, und dieses Element ihrer Geschichte war es, das unser Gespräch nach und nach vertraulicher werden ließ. Aus der geplanten Stunde wurde ein ganzer Vormittag. Wir stellten fest, dass wir beide enttäuscht waren von *den Männern*. Vor allem natürlich von denen, mit denen wir längere Zeit zusammen gewesen waren. Die meisten ihrer Freundinnen und weiblichen Verwandten, auch die ohne Kinder, seien mittlerweile solo, sagte Charnell. Das liege daran, dass die Männer in ihrer Umgebung nichts taugten. Einer nach dem anderen rutsche in krumme Geschäfte ab, sie stachelten sich gegenseitig dazu an und spielten ihre »bescheuerten Gang-Spielchen«, statt ihre Familien zu unterstützen und sich einen Job zu suchen; oder sich wenigstens ab und an um die Hausaufgaben der Kids zu kümmern, wie sie selbst es tue, neben ihren zwei bis vier Erwerbsverhältnissen. »Es ist eine Schande«, sagte sie.

Für das Phänomen, das Charnell hier beschrieb – gestrauchelte Männer –, war ebenfalls gerade erst ein neuer Begriff in Umlauf gekommen: *Mancession* oder auch *Hecession*. Gemeint ist damit »eine Rezession, durch die vor allem Männer arbeitslos werden«, wie die US-Journalistin Hanna Rosin es in ihrem Buch »Das Ende der Männer und der Aufstieg der Frauen«[217] definierte. 2009 waren in den USA zum ersten Mal in der amerikanischen Geschichte mehr Frauen als Männer erwerbstätig. Die US-Philosophin Nancy Fraser sagte in diesem Zusammenhang »eine wachsende Zahl alleinlebender und alleinerziehender Frauen«[218] voraus.

Auch in Deutschland nimmt die Zahl tradierter *männlicher* Arbeitsplätze, etwa in der Fertigung, kontinuierlich ab, während in Dienstleistungsberufen, in denen seit jeher mehrheitlich Frauen tätig sind, vermehrt neue Arbeitsplätze entstehen – wenngleich oft »schlechter bezahlte Teilzeitstellen oder Minijobs«, wie die Soziologinnen Cornelia Koppetsch und Sarah Speck in ihrer Studie »Wenn der Mann kein Ernährer mehr ist – Geschlechterkonflikte in Krisenzeiten«[219] schreiben. Dies- und jenseits des Ozeans brechen Familien unter dem zunehmenden ökonomischen Druck schneller auseinander, vor allem in nichtakademischen Milieus, in der »mäßig gebildeten Mitte«[220], der Arbeiterinnenklasse und der Unterschicht.

Beide Entwicklungen zusammen, die steigende Erwerbstätigkeit von Frauen und das zunehmende Abgehängtsein der Männer, führen zu einer »langsamen Erosion der Institution Ehe und sogar [zu] wachsendem Zynismus in Bezug auf die Liebe«[221], sagt Hanna Rosin.

»Die Männer haben nichts mehr zu tun, jetzt wissen sie nicht, wer sie sein sollen und wohin mit sich, also bauen sie Scheiße«. So klang es aus Charnells Mund. Viele versuchten ihr Glück mit Drogendeals, geisterten mit Crack-Schaum auf den Lippen durch die Fabrikruinen oder ballerten sich mit Hightech-Revolvern die Hirne aus den Schädeln. »Sie machen sich gegenseitig fertig – sie sind so dumm! Und den Jungs, auch meinen Söhnen, fehlen die Väter. Aber das interessiert die gar nicht.« Bevor sie sich wieder mit einem einlasse, bleibe sie lieber erst mal allein, sagte Charnell, »vielleicht auch für immer.«

Ob ich verheiratet sei oder Kinder hätte, wollte sie wissen.

»Nein, dazu ist es nicht gekommen«, sagte ich.

»Das ist schade. Wahrscheinlich haben die Typen ein Problem mit Ihrem Job …?«, mutmaßte Charnell.

»Kann sein«, sagte ich.

»Wie ist das bei Ihnen, erzählen Sie mal!«

Eigentlich tut man das nicht, bei einem Interview die Seiten wechseln. Aber sie hatte mir so viel von sich preisgegeben, dass es mir fair erschien.

»*Well, well*«, sagte ich wahrscheinlich, »mit meinen Reisen oder Vorträgen kamen sie nicht so gut klar. Und damit, dass ich mich manchmal konzentrieren muss – Tür zu, und so. Anfangs fanden sie es wohl alle irgendwie schick, eine Freundin zu haben, die ihnen nicht *auf der Tasche* lag. Aber auf Dauer ging es ein paar von ihnen wohl doch aufs Gemüt. Eine Weile war ich mal recht erfolgreich, während der Mann in einer beruflichen Krise steckte. In der Zeit wurde es sehr schwierig, er hat eine Sache mit einer anderen angefangen, na ja …«

»Bei Ihnen war es also auch so!«, rief Charnell. »Und? Haben Sie ihn stehenlassen?«

»Nein«, sagte ich, »ich versuchte, ihn zu verstehen, und dann waren wir noch mehrere Jahre zusammen.«

»Das muss aber eine große Liebe gewesen sein …«

»Vermutlich«, hörte ich mich sagen, und dann: »Früher oder später fingen sie alle an zu zu greinen und zu schimpfen, jeder auf seine Art, obwohl sie mich ja alle so kennengelernt hatten, mit meiner Arbeit und meinen Interessen. Irgendwann ging das Gemecker dann auch mir gehörig auf die Nerven. Also lebe ich bis auf Weiteres lieber allein.«

»Oh, ich glaube, ich weiß ganz genau, was Sie meinen«, sagte Charnell, »das ist Eifersucht. Männer ertragen es nicht, wenn sie das Gefühl haben, dass sie nicht die absolute Nummer eins im Leben einer Frau sind. Ein Mann kann eifersüchtig auf den Kassenautomaten sein, an dem Sie neun Stunden sitzen – ich schwöre es Ihnen!«

Beide mussten wir lachen. Dann fiel mir etwas ein – erstmals fiel es mir überhaupt so deutlich auf, es platzte aus mir heraus: »Heute sind meine Ex-Männer übrigens alle mit Frauen zusammen, manche verheiratet, andere nicht, die sich im Wesentlichen zu Hause aufhalten, alle höchstens in Teilzeitjobs. Sie führen nun ein Paarleben, das für mich nie in Frage gekommen wäre. Die Frauen kommen jedenfalls sehr viel weniger herum als die Männer mit ihren Dienstreisen, Konzerten, Kongressen. Zwei der Frauen sitzen sogar in Vollzeit zu Hause, und das Irre ist: Es gibt in beiden Fällen nicht mal Kinder. Da wird einfach nur *gewohnt*, das ist der Job dieser Frauen: die Gattinnen meiner Ex-Freunde zu sein. Und meine Ex-Freunde … Sie können es sich vorstellen: Sie lieben es!« Erneut hörte ich mich auflachen, diesmal klang es wie ein trockener Husten.

»*Nur Ehefrau* – wie können die sich das denn leisten?«, fragte Charnell, offenbar ehrlich überrascht.

»Tja …!«, sagte ich. »Eine postet bei Facebook Fotos von den Handtaschen, die der Mann ihr zum Geburtstag schenkt, und schreibt *Happy wife, happy life* dazu, kein Scherz.«

Charnell kicherte quiekend, fast klang sie wie ein kleines Mädchen.

Uralt kam ich mir hingegen selbst vor in diesem Moment. War das *Bitterkeit*, die da mit jahrelanger Verspätung und sechstausend Kilometer von meinem Zuhause entfernt aus mir herausbrach?

»Sie spionieren ihnen hinterher, das habe ich auch lange gemacht, das ist nicht gut«, sagte Charnell.

»Nein, das tue ich nicht. Ich meine … es ist nur …«

Charnell half mir aus und sagte: »Liebe funktioniert nicht mehr. Nirgends.«

Als es Zeit für sie wurde, das Mittagessen für die Kids vorzubereiten – »Der Schulbus bringt sie in einer halben Stunde« –, packte ich mein Aufnahmegerät und meinen Notizblock zusammen, und als wir an der Tür standen, sagte sie: »Ihr Job ist bestimmt spannend, aber wenn Sie jetzt zurück nach Europa kommen und Ihre Wohnung aufschließen und da ist niemand, der auf Sie wartet, fühlen Sie sich da nicht etwas einsam?«

Nie hätte ich das bis dahin zugegeben, nicht einmal vor bestimmten Freundinnen und Freunden. Zu Charnell, die mir ihre Geschichte anvertraut hatte, sagte ich: »Doch – schon. Ich habe einen ziemlich großen Bekanntenkreis, wissen Sie, aber … na ja …!«

Charnell nickte.

»Und Sie?«, fragte ich. »Wenn Sie nach einer Spätschicht nach Hause kommen, und da ist niemand, der Sie in den Arm nimmt? *Na, Schatz, wie war dein Tag?* Fühlen Sie sich dann manchmal einsam?«

»Klar!«, sagte Charnell. »Ich habe die Kids, das hilft natürlich ein bisschen. Aber … na ja …«

Sie lächelte mich an, sehr breit, sehr warm. Ich lächelte zurück. Ein *wissendes Frauenlächeln* lächelten wir. Dann gaben wir uns fest die Hand und wünschten einander alles Gute.

AUS UND VORBEI UND NEU

> »Ich muß mich selbst zu erziehen versuchen. Dabei kannst du mir nicht helfen. Ich muß mich allein damit befassen. Und darum verlaß ich dich jetzt. [...] Ich muß auf eigenen Füßen stehen, um mich selbst und das rechte Verhältnis zu meiner Umgebung zu finden. [...] Ich muß versuchen, Erfahrung zu sammeln. [...] Ich habe andere, ebenso heilige Pflichten. [...] Die Pflichten gegen mich selbst. Vor allem bin ich ein Mensch, glaube ich, ebenso wie du – oder wenigstens will ich versuchen, einer zu werden«,

sagt Nora Helmer, als sie ihren Ehemann und ihre Kinder verlässt, um fortan alleine zu leben. Nora Helmer ist die Hauptfigur im Theaterstück »Nora oder Ein Puppenheim«[222] und die wohl berühmteste Schlussmacherin in der Weltliteratur. Ein Mann hat sie erfunden, der norwegische Dramatiker Henrik Ibsen. Manche betrachten ihn heute als einen der ersten *männlichen Feministen*. Als »Nora oder Ein Puppenheim« 1879 im dänischen Kopenhagen uraufgeführt wurde, provozierte es europaweit Entrüstung[223]. Skandalös, schockierend, unerhört erschien es vielen, dass eine Frau derart selbstbewusst auf die Versorgungssicherheit der Ehe pfeift und sich für ein Leben ohne Begleitung entscheidet; dass sie die ihr zugedachte Rolle der ewigen Kümmerin ablehnt und sich lieber ganz auf sich selbst konzentriert. Der Augenblick, in dem Nora Helmer die Weltbühne betrat, war »die Geburt der Frau als Heldin der Moderne«[224], schrieb die US-amerikanische Autorin, Literaturprofessorin und Frauenrechtlerin Carolyn Heilbrun einmal[225].

Trennungsgeschichten haben den Liebesgeschichten schon immer Konkurrenz gemacht. Und in beiden Fällen, der Trennungs- wie der Liebesgeschichte, spielt, stark zugespitzt, nie die Gebundene die Hauptrolle, sondern stets die Singuläre. Die Liebesgeschichte erzählt von ihrem Verschwinden, die Trennungsgeschichte von ihrer Wiederauferstehung.

Die Liebesgeschichte handelt im Regelfall von einer Anbahnung, *Girl meets Boy*. Im Mittelpunkt steht eine Singuläre Frau, die zahlreiche Wirr- und Hindernisse hinter sich bringen muss, bis sie mit jemandem *zusammenkommt*. Ist es einmal so weit, wird die Singuläre Frau eingesogen, verschluckt – und damit endet für gewöhnlich die *RomCom*, das Grimm-Märchen, der Inga-Lindström-Film, das Meisterwerk der Weltliteratur. Die Frau verschwindet *unter der Haube*[226], und was von dort noch zu berichten wäre, der Beziehungsalltag, interessiert kaum jemanden, die Spannungskurve ist im Eimer, das Movie over.

Bei der Trennungsgeschichte verhält es sich umgekehrt: Die Frau, die sich irgendwann einmal an irgendwen gebunden hatte, krabbelt unter der Haube wieder hervor, *häutet*[227] sich, kehrt auf die Bildfläche zurück, ist plötzlich wieder erkennbar, gewinnt wieder an Profil. Auf einmal ist wieder etwas los bei ihr, sie erlebt etwas, muss etwas wagen. Ohne Begleitung wird sie wieder zur interessanten Figur – ein neues Kapitel beginnt: *Eine Frau geht ihren Weg*. Wie wird sie's wohl hinkriegen?

Mittlerweile, rund hundertfünfzig Jahre nach Ibsens Nora, haben Frauen reichlich Übung mit dem Schlussmachen. So sagen es zumindest alle Studien und Umfragen zum Thema, etwa eine repräsentative Erhebung der Vermittlungsagentur *Elite-Partner* aus dem Sommer 2021. Vierundvierzig Prozent der befragten Frauen gaben an, ihre letzte Beziehung selbst beendet zu haben. Bei den Männern waren es nur achtundzwanzig Prozent. Knapp jede dritte Verbindung war mehr oder minder *einvernehmlich* auseinandergegangen, wobei Männer die Trennung auffallend häufiger als *einvernehmlich* empfanden (siebenunddreißig Prozent) als Frauen (dreiundzwanzig Prozent). Oft klingt es heute noch so ähnlich wie bei Nora, wenn Frauen von dem Schnitt erzählen. Etwa bei Viv Albertine, Mitbegründerin der Frauenpunkband The Slits, die ihren Ehemann verließ, um als Alleinerziehende weiterzuleben:

»Wenn man die Wahl hat zwischen etwas Verkehrtem und nichts, muss man sich für das Nichts entscheiden, egal wie groß die Angst ist. Hat das nicht jeder schon mal gemacht? Kein Ehemann, kein Liebhaber, keine Band, kein Geld, kein Selbstvertrauen. Also auf ins Nichts.«

Kaum ist mir bei meiner Recherche unter heutigen singulären Schlussmacherinnen ein hämisches Nachtreten gegen den Ex untergekommen. Die Erzählungen über den Schnitt haben vielmehr oft eine sehr nachdenkliche, auch selbstkritische Qualität, wie etwa bei der deutschen Schriftstellerin Mely Kiyak, die 2020 in ihrem Essay »Frausein« schrieb:

»Wie verlässt man jemanden ohne vernünftigen Anlass? Darf man das überhaupt, so einen vagen Grund vorzutragen: Bis hierhin war es schön. Aber nun möchte ich ein anderes Frauenleben. Wenn ich jetzt bliebe, dann nur noch aus Versehen. Aus Bequemlichkeit.«[228]

Beeindruckend viele Singuläre Frauen berichten beeindruckend offen auch von ihrem *Sitzengelassenwerden*. Was beeindruckt, ist vor allem »die völlige Abwesenheit von Scham angesichts des eigenen Gefühls von Hilflosigkeit und Verlust – verbunden mit einer erschreckenden Wut«, schrieb Elisabeth Wurtzel[229].

»Ist sie pervers wie ich? Würde auch sie dir im Theater einen blasen? Drückt sie sich eloquent aus? Und wird sie dein Baby bekommen? Ich bin sicher, sie wird eine exzellente Mutter sein …«, ätzte 1995 zum Beispiel die Kanadierin Alanis Morrisette in ihrem Welthit »You Oughta Know«. Bis heute zieht dieser Grunge-Pop-Song, dieses rhythmische Bekenntnis zur Eifersucht, grimmige Ex-Freundinnen dies- und jenseits des Ozeans auf die Tanzflächen. Auch die französische Künstlerin Sophie Calle machte ihr Verlassenwerden schon mehrfach zu einem *piece of art*. »Ich entferne mich dadurch von der Sache. Es geht bei mir fast immer um Abwesenheit, Verlust und Mangel«[230], sagt sie. 1996 dokumentierte Calle in dem Film »No Sex Last Night« ihre vergeblichen Versuche, einen Mann für sich zu gewinnen, der eine andere liebte. 2007 brachte sie ihr *Sitzengelassenwerden* zur Biennale in Venedig. »Prenez soin de vous« heißt das Werk, auf Deutsch: »Passen Sie auf sich auf«. Mit jenem Satz hatte Calles fester Freund in einer E-Mail die Beziehung beendet. Calle gab die Schlussmachmail einhundertsieben Frauen zu lesen, darunter eine Schachspielerin, eine Polizistin, eine Rapperin, eine Psychiaterin und eine Ikebana-Künstlerin. Sie bat die Frauen, die Zeilen ihres Ex für sie zu interpretieren, und dokumentierte die Ergebnisse in einer Text-Bild-Video-Installation und zum Nachlesen in einem dicken, schweren Buch. Auch Calles Mutter nahm an dem Kunstprojekt teil. Sie antwortete der vierundfünfzigjährigen Tochter:

»Ich kann deine Enttäuschung nachvollziehen, aber lass es uns nicht überdramatisieren. Eure ›Liebe‹ hat nur drei oder vier Saisons gedauert, und ihr habt nicht zusammengelebt. Hättest du fünfundzwanzig Jahre mit einem Mann verbracht, der dich wegen irgendeines Mädchens sitzenlässt, nur weil er in der Midlife-Crisis ist, wäre es zwar das klassischere Szenario, aber es wäre auch unendlich viel schmerzhafter.«[231]

Das, was *immer nur den anderen* geschieht, hat sich inzwischen auch in meinem Kreis ein paarmal zugetragen: Nicht nur eine Andere, sondern eine deutlich jüngere Andere betritt plötzlich die Arena, ganz so, wie man es aus miesen Filmen voller mieser Geigen kennt. Männer nähmen »die Eroberung einer neuen Partnerin als Facelifting«[232], glaubt die Literaturwissenschaftlerin Hannelore Schlaffer. Zurück bleibe ein »unbeachtete[s] Heer aus sozial und emotional depossedierten Frauen«, die nicht einmal mehr »durch die Empörung ihrer Umwelt« getröstet würden. Es klingt fürchterlich einseitig, *zu einfach,* so als habe das 20. Jahrhundert nie aufgehört. »Der Galerist war eben der Galerist, der seine Frau betrog, und seine Frau war die Frau des Galeristen, von dem sie betrogen wurde. [...] Ich kannte Judiths Angst, ich hatte sie schon oft in den Augen anderer Frauen gesehen. Es war eine atemlose Angst, die mit den Flügeln gegen die Zeit schlug«[233], heißt es im Buch »Stillleben« der Schriftstellerin Antonia Baum, in dem sie aus ihrer noch jungen Mutter- und Partnerschaft berichtet. Ich glaube, auch ich erkannte sie schon mit Mitte zwanzig, die »gehetzte[n] Angstblicke« der Frau, die fürchtet, den *Mann an ihrer Seite* zu verlieren, das »aggressive Lächeln in Richtung der jüngeren, hübscheren Praktikantin«[234]. *Wie gut, dass ich in diesem Alter nicht mit einem Mann zusammen bin,* dachte ich schon oft. Es steckt kein Witz darin. Ich stelle es mir als Kränkung allererster Güte vor, doppelt verletzend. Auch deshalb begreife ich mich als eine Deserteurin.

Es ist das *Älterwerden der Frau,* das uralte Thema, das ihr mitunter die sogenannte Liebe zerstört. »Mit 50 Jahren bin ich nicht in der Lage, eine Frau mit 50 zu lieben«, sagte etwa ein französischer Autor namens Yann Moix 2019 in einem Interview mit dem Magazin *Marie Claire*[235]. »Ich bevorzuge die Körper junger Frauen, das ist alles«, erklärte der Mann aus der Altersklasse, in der sich für gewöhnlich die ersten Prostatabeschwerden und genitalen Durchhänger bemerkbar machen, in der die Bierbäuchlein schwellen und die Kopfhaut unter dem schütter gewordenen Haupthaar glänzt. Ein Bekannter, verheiratet, keine Kinder, vier Jahre älter als ich, der qua Jahrgang und Interessengebieten zu der Art Mann gehörte, aus der ich mir wahrscheinlich noch am ehesten einen Lebenspartner hätte ziehen können, hätte ich mich darum bemüht, ein Mann, der häufig von seiner Ehefrau erzählte, mailte mir einmal: »Aber mein Blick auf Frauen, auf der Straße, in den Läden, ist nach wie vor … tja, wie sage ich das? Ich sehe absolut das ›Objekt‹. Ich filtere aus.«

Das Ausgefilterwerden hat beispielsweise Kim Gordon erlebt, die Mitgründerin, Bassistin und Sängerin der elft- bis zwölftbesten Band der Welt, Sonic Youth. Fast dreißig Jahre lang war Kim Gordon mit ihrem Band-Kollegen Thurston Moore verheiratet, gemeinsam hatten sie ein Kind. Vielen galten sie als *Leuchtturm-Couple*, und auch ich ging davon aus, dass es bei ihnen daheim genauso *progressiv* zuging wie in ihrer Musik. Aber dann – war es eine SMS. Wie beim Boulevardpaar Dana und Til Schweiger: »Ich habe in Tils Handy die Nummer seines Bruders Nik gesucht. Dann bin ich zufällig über eindeutige Nachrichten von anderen Frauen gestolpert. Meine ganze Welt ist zusammengebrochen«[236], gab das Ex-Model der *Bild*-Zeitung zu Protokoll. In beiden Fällen, Gordon-Moore und Schweiger-Schweiger, hätte die Andere wohl beinahe die Tochter der Sitzengelassenen sein können. Die Schriftstellerin Ulrike Draesner erzählte 2018 in ihrem Essay »Eine Frau wird älter« bewundernswert offen von einem ähnlichen Vorgang:

> »Ich war 37 geworden, hatte geheiratet, ich war 40 geworden, wir hatten gefeiert, ich war 47, wir versorgten ein dreijähriges Kind, ich wurde 49 und machte kein Geheimnis daraus, ich arbeitete, es ging mir gut. Kaum sah ich mich um, wurde ich 50 [und] meine Familie [bestand] nur mehr aus mir und mei-

nem Kind. [...] Er hatte sich eine jüngere Frau gesucht. Oder sie sich ihn. ›Zurück auf Start‹ war die Option, für die er sich entschied. [...] Er brauchte einen anderen Spiegel, sagte meine Bekannte. Das stimmte. Aber ich brauchte diesen neuen Spiegel ebenfalls. Was war wirklich passiert? Wo befand ich mich – und wie wollte ich in Zukunft leben?«[237]

Einen interessanten Wandel habe ich festgestellt: In meiner Kindheit und frühen Jugend war ich mit Mädchen und Jungs gleichermaßen befreundet. Je älter ich wurde, etwa ab sechzehn, siebzehn, desto mehr männliche Freunde kamen hinzu. Zunächst ergab sich das wohl vor allem aus meinen Freizeitinteressen, dem Musikhören, Über-Musik-Bescheid-wissen-und-mitreden-Wollen. Aber ich glaube, es lag auch daran, dass viele junge Frauen, sobald sie eine feste Beziehung eingingen – wie ich es damals ja auch tat –, sich aus allem anderen zurückzogen. Nicht mehr »alleine«, also »nur« mit ihren Freundinnen unternahmen sie etwas, sondern bloß noch mit ihrem *festen Freund*.

Später fiel mir auf, wie sich Paare etwa bei einem Grillfest oder einer Geburtstagsparty splitteten. Sehr oft lief es darauf hinaus, dass die Männer sich im Laufe des Abends in der einen Ecke sammelten, die Frauen in der anderen. Meist saß ich am Männertisch. Nicht nur weil auch mein Partner dort saß, sondern weil sie über spannendere Dinge sprachen, wie ich fand. Es gab eine Zeit, mit Mitte dreißig, da fiel es mir sehr stark auf, und ich gab mir Mühe, mich gezielt zu den Frauen zu stellen. Es war allerdings ein ungünstiger Moment, ausgerechnet die Phase, in der viele Frauen meines Alters versuchten, eine *Work-Life-Balance* hinzubekommen, und oft kam ich mir wie ein Fremdkörper dabei vor, unbeholfen, fehl am Platz. Es waren immer die Frauen, die die Kuchen, Quiches und Salate zu Festen mitbrachten. Sie tauschten sich über Rezepte aus, redeten über Einrichtungsfragen, oft von ihren Kindern – nicht nur, aber doch sehr viel. Immer wieder musste ich einsehen, dass ich nichts beizutragen hatte und dass mich ihre Themen auch nicht vom sprichwörtlichen Hocker rissen. Oft war ich verwirrt – von mir selbst. Ich *wollte* Frauen interessant finden, ich war ja selber eine, aber es war in meinen Dreißigern wirklich schwierig für mich, einen Draht zu ihnen zu finden, erst recht, seitdem ich mich zur Singulären Frau gemacht hatte.

Die gute Nachricht ist: Je weiter mein Alter nun fortschreitet, auch äußerlich klar erkennbar, desto mehr entspannt sich die Lage. Seit vier, fünf Jahren wandelt sich der Geschlechterproporz in meinem Bekanntenkreis merklich. Die Frauen sind wieder da! Ich glaube, es liegt daran, dass älter werdende gebundene Frauen sich nach und nach anders in ihren Beziehungen positionieren. Dass sie sich sozusagen *emanzipieren* und beginnen, anders über sich selbst nachzudenken, etwa weil der Nachwuchs ihre Fürsorge nicht mehr so sehr braucht oder will. Weil ihnen klar wird, dass noch ein hoffentlich langes Leben vor ihnen liegt: das Leben der *Postmom*. Oder weil sie in ihrem Bekanntenkreis mitbekommen haben, wie andere Partnerschaften schon in die Brüche gegangen sind. Die französische Schriftstellerin Annie Ernaux hat die erste Hälfte ihres Erwachsenenlebens als Ehefrau und Mutter in einer Pariser Vorstadt verbracht. In ihren Lebenserinnerungen »Die Jahre«[238] schildert sie, wie sie mit zunehmender Aufmerksamkeit die Ungebundenheit der alleinstehenden Frauen in ihrem Bekanntenkreis beobachtete. In der dritten Person schreibt sie über sich: »Wenn sie Zeit mit ihrer Familie verbringt, *fühlt* sie bloß und denkt nicht. […] Sie beginnt, sich ein Leben jenseits der Ehe und ohne die Familie vorzustellen.« Mit über vierzig, als ihre Söhne aus dem Gröbsten heraus waren, ließ Annie Ernaux sich scheiden: »Und plötzlich hielt die Welt wieder die Abenteuer bereit, von denen Ehe und Mutterschaft sie jahrelang ferngehalten hatten. […] Als wäre die Ehe nur ein Zwischenspiel gewesen, hat sie das Gefühl, direkt an ihre Jugend anzuknüpfen.«

»In jeder Frau steckt eine Frau ohne Begleitung, ob sie will oder nicht«, schrieb ich am Anfang dieses Buches. Die »Alte Jungfer« Malin Lindroth spricht von der »Schrankjungfer«, die alle Frauen in sich trügen, und lehnt sich mit dieser Metapher an ein Sprachbild aus der queeren Welt an. *Coming out of the closet,* aus dem Schrank herauskommen, ist die längere Formel für das Coming-out, das eine LGBTQIA+-Person im Idealfall eher früh als spät erlebt beziehungsweise hinter sich bringt, um fortan befreit(er), wahrhaftiger zu leben.

Auch in einem Single-Ratgeber aus den Nullerjahren wird der Moment, in dem eine heterosexuelle Person sich als alleinstehend begreift, als eine Art queere Erfahrung beschrieben: »In den ersten dreißig Lebensjahren (und noch darüber hinaus) verpaßt man uns eine Art Gehirnwäsche, die uns sagt, wie das Leben normalerweise auszusehen hat. […] Erst nach einer gewissen Inkubationszeit, nach einer längeren Phase des Alleinseins gelangt man zu gewissen Erkenntnissen. Die Voraussetzung für ein solches Coming-out ist, daß man mit sich selbst im Reinen ist.«[239] In der Tat nutzen viele Frauen, die gerade erst frisch im singulären Leben angekommen sind, Formulierungen wie *endlich rauskommen* oder *aus sich selbst herauskommen, zu sich kommen, sich selbst entdecken, sich ganz neu spüren – endlich so sein können, wie man wirklich ist.*

In jener Phase, wenn Frauen solchen Gedankengängen folgen, suchen sie verstärkt den Kontakt zu mir, den Austausch mit einer gereiften Singulären Frau, die keine potenzielle Gefahr mehr für ihre Beziehung darstellt und von der sie vielleicht erfahren kann, wie sich das Leben *danach,* das Leben *à elle seule* gestalten ließe. Auch dies ist, meinem Empfinden nach, ein gewaltiger Vorteil beim Älterwerden: Die Konkurrenz unter Frauen lässt deutlich nach. Diejenigen, die sich vielleicht jahrelang in irgendeiner Zweisamkeit aufgerieben haben, tauchen wieder auf, stellen ihre Partnerschaften nicht mehr in den Mittelpunkt ihres Daseins, sondern beginnen, sich (wieder) verstärkt für andere Dinge als für ihre Beziehungshygiene zu interessieren. Sie beginnen wieder zu funkeln.

Inzwischen bin ich von vielen Frauen in meinem Alter wirklich begeistert und finde eher die Männer aus meinen Jahrgängen schwierig oder: schwierig werdend. In Einzelfällen kommt es mir sogar tragisch vor. Auch wenn die Beautyindustrie davon lebt, Frauen Angst einzujagen, und auch wenn viele sich davon einfangen lassen, sich Nervengift spritzen, Kunststoffkissen in ihre Torsi pflanzen, ihre Lippen zu kleinen Schlauchbooten aufblasen, ihre Gesichtshaut mit schmerzhaften Säurepeelings behandeln lassen oder sich, wenn sie wirklich reich sind, einem *Mona-Lisa-Treatment*, einer Schamlippenstraffung, unterziehen, selbst wenn manche Frauen den martialischen Umgang mit ihrem Body als einen Akt der *Selbstliebe* oder sogar als feministisch unterfütterte Selbstbestimmung begreifen – *Ich tue es WIRKLCH nur für mich! Es ist MEINE Entscheidung!* –: Die meisten Frauen, die ich in der ungebügelten Realität, im *echten* Leben kenne, altern deutlich besser als Männer, viel weniger bang und hadernd, wacher, beweglicher, aufgeschlossener, so zumindest mein bisheriger Eindruck.

»Die gesündeste und glücklichste Bevölkerungsgruppe« überhaupt ist – wer? Na? »Frauen, die nie geheiratet und keine Kinder haben.«[240] Diese spektakuläre These brachte der britische Verhaltenspsychologe Paul Dolan 2019 in Umlauf. Für sein Sachbuch »Happy Ever After« (Glücklich bis ans Ende eurer Tage) hat er Langzeitstudien aus verschiedenen Ländern queranalysiert, mit dem Ergebnis: Vom Verheiratetsein profitieren bis heute vor allem Männer, sowohl in gesundheitlicher Hinsicht als auch in seelischen Belangen. Auf die Mehrheit der Frauen habe die Ehe keinerlei Wellness-Effekt, ganz im Gegenteil sogar.

Vor allem das mittlere Lebensalter ist demnach kritisch. Vergleiche man das Wohlbefinden verheirateter heterosexueller Frauen zwischen Mitte dreißig und Mitte fünfzig mit dem ihrer gleichaltrigen, partner- und kinderfreien Geschlechtsgenossinnen, zeige sich, über verschiedene Erdteile und durch alle Milieus und Klassen, dass die Verheirateten ein höheres Risiko für »körperliche und geistig-seelische Beeinträchtigungen« trügen als ihre »Single-Gegenstücke«, insbesondere, wenn sie Kinder hätten. Zudem stürben Ehefrauen tendenziell früher als Frauen ohne Mann.

Diese Ungleichheit ergibt sich plausibel aus der noch immer dominanten häuslichen Arbeitsteilung in heterosexuellen Partnerschaften. Etliche Statistiken belegen es, mindestens zum Internationalen Frauentag am 8. März bekommt es die Gesamtbevölkerung immer wieder aufs Neue mitgeteilt: dass viele Dinge noch ganz beim Alten sind. *Sie* erledigt zu Hause das meiste vom Meisten, *er* übernimmt im Gegenzug ein wenig vom Wenigen. Da die Frau ohne Mann keiner zweiten (oder dritten oder vierten) Person hinterherräumen und sich, vor allem, nicht auch noch darüber streiten muss, hält sie sich, laut Dolan, einen Hauch frischer, zumindest etwas weniger angespannt. »Wenn Sie ein Mann sind, sehen Sie zu, dass Sie heiraten. Wenn Sie eine Frau sind, lassen Sie besser die Finger davon.«[241]

Sogar Alleinerziehenden, die die Fürsorge- und Verantwortungslast für ihre Kinder oft ohne jegliche Unterstützung aus ihrem Umfeld schultern müssen und finanzielle Sorgen haben, geht es ohne männlichen Partner zumindest in einer Hinsicht besser als gebundenen Frauen mit Kind. Nicht nur Charnell in Detroit hat mich beeindruckt, auch meine alleinerziehenden Freundinnen kommen mir insgesamt etwas entspannter vor als die meisten liierten Mütter aus meinem Umfeld. Es liegt wohl daran, dass sie nicht so angestrengt versuchen, bei all ihren Verpflichtungen und sonstigen Interessen auch noch ihrem Partner in jedem Moment zu *gefallen*. Die Solomütter haben, so absurd es klingt, letztlich eine Sorge weniger – darauf weist auch Anne Waak hin, die Autorin, die sich mit einer alleinerziehenden Freundin die Wohnung teilt. Liierte Mütter wenden im Schnitt täglich fast drei Stunden für *Hausarbeit* auf, eine halbe Stunde mehr als Solomütter. Der Grund sei, »dass Mütter in Beziehungen mit größerer Wahrscheinlichkeit ›Gender performen‹ [...] – ganz so, wie es das Stereotyp von der ›guten‹ Frau von ihnen verlangt«, schreibt Waak.[242]

Eine Alleinerziehende war es auch, die als Erste gegen die Ungerechtigkeiten jenes Geschlechterverhältnisses auf die Barrikaden ging. *Revolution!* Bei der Französischen ging es um angeblich *allgemeine* Menschenrechte, um Freiheit, Gleichheit, Brüderlichkeit – nicht um Geschwisterlichkeit. Die *bürgerliche Ehe* ist eines ihrer Ergebnisse: Der *freie Bürger* konnte und sollte seine Gattin prinzipiell als sein Eigentum betrachten und behandeln. In der Tat hörte einst die rechtliche Existenz einer Frau mit der Eheschließung praktisch auf, mit ihrem Gatten hatte sie sich zugleich einen Vormund angelacht. Die Jahre zwischen 1789 und 1799 sind der Geburtsmoment des modernen Patriarchats.

Olympe de Gouges, 1748 als Tochter einer Wäscherin und eines Landadeligen geboren, als *Bastard-Tochter*, wie man damals sagte, war siebzehn, als ihre Mutter und ihr Stiefvater, ein Metzger, sie zur Heirat zwangen, mit einem Mann, den sie nicht liebte. Die Sache war, wie zu jener Zeit üblich, ein schnödes Mitgift-Geschäft. Ein Jahr nach der Hochzeit gebar sie einen Sohn, dann starb der ungeliebte Gatte. Die junge Witwe zog mit ihrem Kind zu ihrer Schwester und deren Familie. Statt sich einen neuen Ehemann zu suchen, mischte Olympe de Gouges sich in den politischen Aufbruch ein, schrieb Theaterstücke und Aufsätze, in denen sie unter anderem die Sklaverei verdammte. 1791 verfasste sie eine »Erklärung der Rechte der Frau und Bürgerin«. Darin kritisierte sie scharf, dass kaum einer der männlichen *Revolutionäre* sich ihrer Sache annahm, der Sache der Sklaven, aber auch der »Juden, Schwarze[n] und [des] Proletariat[s]«[243] – und eben: des *weiblichen Geschlechts*. Die Institution der Ehe bezeichnete sie als »das Grab des Vertrauens und der Liebe«[244]. In Artikel 10 ihres Papiers hieß es: »Die Frau hat das Recht, das Schafott zu besteigen. Gleichermaßen muss ihr das Recht zugestanden werden, eine Rednertribüne zu besteigen.«[245] Ebendort, auf dem Schafott, endete dann alsbald ihr Leben. Um allen klarzumachen, was einer Person blühte, die sich der neu geschaffenen Männerherrschaft widersetzte, wurde die mutige Solomutter 1793 auf der Pariser Place de la Concorde mit der Guillotine geköpft.

Doch Olympe de Gouges hatte einen Funken gezündet. Ein Jahr nachdem ihre »Erklärung der Rechte der Frau« erschienen war, veröffentlichte eine andere bis dahin unverheiratete Frau, die Britin Mary Wollstonecraft, eine ähnliche Schrift auf Englisch: »Die Verteidigung der Frauenrechte«. Darin erteilte sie auch gleich der *romantischen Liebe*, die fortan das Fundament der ausbeuterischen Verbindung von Mann und Frau bilden sollte, eine klare Absage: »Liebe muß ihrer Natur nach vorübergehend sein. [...] Das heiligste Band der Gesellschaft ist die Freundschaft.«[246]

Wollstonecraft und de Gouges ließen sich noch nicht von Gefühlsduseleien bestechen. Die kulturgeschichtliche Epoche der Romantik brach in ihren Tagen, im späten 18. Jahrhundert, gerade erst an. Bis in die Revolutionsjahre hinein hatten Ehen vor allem als Wirtschaftseinheit, als kleine Unternehmen funktioniert. Mit der Erfindung der *bürgerlichen Ehe* und der Behauptung, nur in einer solchen Verbindung könne eine Frau zu ihrer wahren Bestimmung und zu ihrem *Glück* finden, nahm das Hetero-Drama seinen Lauf. Oder, wie die Kulturjournalistin Marlen Hobrack es für die heutige Zeit formulierte:

> »Der Mythos von der Frau, die nur in Beziehungen glücklich sein kann, ist ideologisch so wichtig, weil Beziehungen mit so vielen Nachteilen verknüpft sind. Man muss sie jungen Frauen schon in sehr pastelligen Farben und mit viel Weichzeichner versehen anpreisen, damit das Leben mit Mann und Kind und Hund und all dem Dreck, den sie machen, wirklich fabelhaft erscheint.«[247]

Der Strom von Frauen, die gegen den neugeschaffenen Liebesknast aufbegehrten, riss seit Olympe de Gouges nicht mehr ab. Und es waren überwiegend Singuläre Frauen, die – immer auch mit ihren gebundenen Geschlechtsgenossinnen im Blick – für die *freie Frau* kämpften, die *Femme Libre*[248]. So hieß die Zeitschrift, die die Französinnen Marie-Reine Guindorf und Jeanne-Désirée Véret 1832 gründeten und in der ausschließlich Frauen, mehrheitlich ungebunden, zu Wort kamen. Auch den Macherinnen der *Femme Libre* ging es um Gerechtigkeit und Teilhabe für alle Ausgebeuteten und Unterdrückten. »Indem man die Frau befreit, wird man auch den Arbeiter befreien«[249], heißt es in einem der ersten Beiträge. Die Leserinnen wurden dazu aufgerufen, die Ehe zu verweigern, solange diese nicht beiden Beteiligten gleiche Rechte garantierte. »Lieber Zölibat als Unterwerfung! Lieber Zölibat als Sklaverei!« lautete eine Parole.[250]

In der *Neuen Welt*, jenseits des Ozeans, nahmen nicht minder engagierte Frauen den Faden auf. 1851 hielt die ehemalige Sklavin, Aktivistin und Wanderpredigerin Sojourner Truth eine flammende Rede bei einer Frauenversammlung in Akron im US-Bundesstaat Ohio. »And ain't I a woman?«, lautete die Schlüsselfrage, die sie darin stellte. Zum einen suchte sie den Schulterschluss zwischen »den Schwarzen des Südens und den Frauen im Norden, die nun alle über Rechte reden, so dass die weißen Männer ziemlich bald in der Klemme sein werden«. Zum anderen rief Sojourner Truth, die als Mutter von fünf Kindern aus einer Zwangsehe geflohen war, ihre Zuhörerinnen dazu auf, die entscheidenden Dinge nicht länger *dem anderen Geschlecht* zu überlassen: »Wenn die erste Frau, die Gott je geschaffen hat, stark genug war, die Welt ganz allein auf den Kopf zu stellen, sollten all diese Frauen hier gemeinsam in der Lage sein, sie umzukehren und sie erneut auf den Kopf zu stellen!«[251]

Die wiederum *weiße* amerikanische Sozialreformerin Susanne B. Anthony, ledig, keine Kinder, ebenfalls eine Gegnerin der Sklaverei, prophezeite 1877, dass der Weg zu wahrer Geschlechtergerechtigkeit zwangsläufig eine Phase mit sich bringen werde, in der Frauen die Heirat verweigerten. Der »Übergang der

Position der Frau von der Untertanin zur Souveränin« werde zu einer »Epoche von Single-Frauen«[252] führen, sagte Anthony vor einhundertfünfzig Jahren.

Olympe de Gouges, ihre Mitstreiterinnen und Epigoninnen wurden in ihrer Zeit noch nicht als Feministinnen bezeichnet[253], sondern als Frauenrechtlerinnen. Die Erlangung des Wahlrechts war ihr zweites wichtiges Ziel, ein Projekt, in das bald auch verheiratete Frauen einstiegen, Frauen, die verheiratet bleiben wollten, sogenannte *bürgerliche Frauenrechtlerinnen*. Als Outsiderinnen hatten die unverheirateten Aktivistinnen des 18. und 19. Jahrhunderts von Anfang an einen sehr viel weiteren Horizont vor Augen. Sie kämpften nicht »nur« für die Sache der Frauen, sondern darüber hinaus für vieles andere, was rund zweihundert Jahre später immer noch nicht verwirklicht ist: eine nichtrassistische, gerechtere Welt.

Dreiundvierzig Jahre und neun Monate alt ist eine Frau im Schnitt, wenn es heute hierzulande zu einer Scheidung kommt. Knapp einhundertfünfzigtausend Ehen brachen 2019 in Deutschland auseinander, darunter rund einhundert gleichgeschlechtliche Verbindungen. Im Durchschnitt hatten die Ehen vierzehn Jahre und zehn Monate gehalten. Mehr als die Hälfte der Scheidungsanträge wurde von Frauen eingereicht, knapp vierzig Prozent von Männern, in den übrigen Fällen von beiden Teilen gemeinsam.

Selbst wenn eine Trennung friedlich geschieht, müssen danach ganz neue betriebswirtschaftliche Rechnungen angestellt werden, und mindestens ein Teil des ehemaligen Paares hat zügig neuen Wohnraum aufzutun, was bekanntlich nicht eben einfach ist. »Weil die Mieten so hoch sind und das Geld oft nicht für zwei Wohnungen reicht, leben immer mehr Paare nach der Trennung weiter unter einem Dach. Dabei wäre Abstand gerade jetzt wichtig«, hieß es 2019 etwa im Magazin der *Süddeutschen Zeitung* unter der Überschrift »Zwei Welten, Küche, Bad«[254]. Nicht nur eine Hochzeit – angeblich geben hiesige Paare im Schnitt um die zehntausend Euro dafür aus –, auch eine Scheidung muss man sich leisten können. Hanna Rosin spricht in diesem Zusammenhang von einer »Scheidungslücke zwischen Arm und Reich«.

1976 war das letzte Jahr, in dem in Westdeutschland, im angeblich so *freien* Teil der Welt, im sogenannten *christlichen Abendland*, noch eine Scharia-artige Gesetzgebung galt. Ein Ehemann durfte seiner Gattin die Berufstätigkeit verbieten, sollte sie seiner Meinung nach ihre häuslichen Pflichten – Kochen, Kinderaufzucht, Kopulationsbereitschaft – darüber vernachlässigen. »Es gehört zu den Funktionen des Mannes, dass er grundsätzlich der Erhalter und Ernährer der Familie ist, während die Frau es als ihre vornehmste Aufgabe ansehen muss, das Herz der Familie zu sein«, besagte das Eherecht, das auf dem Bürgerlichen Gesetzbuch anno 1900 beruhte. 1957 war es mit dem ersten sogenannten Gleichberechtigungsgesetz überarbeitet worden. Bis dahin durfte eine verheiratete Frau nicht ihren Führerschein machen, wenn der *Mann ihres Lebens* etwas dagegen hatte, etwa so, wie man es heute aus der Kronprinzenwelt von Saudi-Arabien kennt oder aus der Herrschaft der afghanischen Taliban. Noch bis 1962 war es einer hiesigen Ehefrau nicht erlaubt, ein eigenes Bankkonto zu eröffnen. Die Unverheiratete war von jenen Entmündigungen nicht betroffen. Auch sie erlebte, zweifelsohne, etliche Schwierigkeiten, insbesondere wenn sie eine *ledige Mutter* war. Hatte sie aber kein Kind, war sie *nur sie selbst*, wurde sie vom Gesetz mit deutlich mehr Respekt behandelt als die Ehefrau, die sich mit ihrem Gatten praktisch einen Vormund angelacht hatte.

In Deutschland war eine Scheidung, wenn überhaupt, nur nach dem *Schuldprinzip* möglich, etwa wenn eine oder einer der Eheleute Geschlechtsverkehr mit einer dritten Person gehabt hatte. Lag jene *Schuld* auf Seiten der Frau, verspielte sie jeglichen Anspruch auf weitere finanzielle Unterstützung durch ihren (Ex-)Gatten, auch wenn sie selbst nie einer Erwerbstätigkeit nachgegangen war und über keinerlei persönliche Rücklagen oder ein Einkommen verfügte – was das Gesetz ja ausdrücklich so vorsah, es förderte mit all seinen Paragraphen das Einverdienermodell. Die Ehefrau war somit doppelt gefangen, fast im wörtlichen Sinne das *Eigentum* ihres Gatten.

1975 veröffentlichte Alice Schwarzer ihr erstes Buch, »Der kleine Unterschied und seine großen Folgen. Frauen über sich. Eine Befreiung«, und rührte damit am patriarchalisch geprägten Privatleben westdeutscher Frauen. Ein Jahr später tat es einen politischen Knall, der das Leben für Millionen Frauen in der Bundesrepublik verändern sollte – und der auch die Koordinaten für künftige Verpartnerungen grundlegend verschob. Der Bundestag unter SPD-Kanzler Helmut Schmidt beschloss das *Erste Gesetz zur Reform des Ehe- und Familienrechts.* Seither hat der Ehemann sich nicht nur aus der Berufstätigkeit *seiner* Frau herauszuhalten, auch die Spielregeln für eine Trennung haben sich geändert. Das *Schuldprinzip* wurde vom *Zerrüttungsprinzip* abgelöst: Endlich erkannte der Staat an, dass die Gründe für das Scheitern einer Ehe eine Privatsache waren. Fortan konnten (Ex-)Ehefrauen Unterhaltsansprüche an ihre (Ex-)Ehemänner geltend machen, die berühmten *Alimente*. Sie konnten, kurz gefasst, leichter gehen, wenn es nicht mehr auszuhalten war.

Feministinnen feierten dies als »Abschaffung der Hausfrauenehe«[255] und wichtigen Schritt zur *Befreiung der Frau*. Der Exodus setzte prompt ein. Bis 1970 hatten nur zehn Prozent aller westdeutschen Ehen vor Gericht geendet; schon ein paar Jahre nach der Reform, 1980, waren es fast dreimal so viele, achtundzwanzig Prozent. Ihren vorläufigen Höhepunkt erreichte die Scheidungsquote 2005: Mehr als jede zweite Ehe, einundfünfzig Prozent, hielt nicht mehr, *bis dass der Tod sie schied*.

Seither ist die Scheidungsquote wieder leicht gesunken und hat sich auf rund vierzig Prozent eingependelt. Eine Ursache für den Rückgang dürfte eine weitere Reform im Scheidungsrecht sein: Die 1976 erstrittenen Unterhaltszahlungen für den oder die Ex-Partnerin wurden 2008 aus dem Regelwerk weitgehend gestrichen. »Nach der Scheidung obliegt es jedem Ehegatten, selbst für seinen Unterhalt zu sorgen«, heißt es jetzt in Paragraph 1569 des Bürgerlichen Gesetzbuchs. Der fortschrittliche Gedanke dabei: Dem Einverdienermodell – Papa geht arbeiten, Mama bleibt zu Hause – wird der Saft weiter abgedreht, Mama hat nun einen umso gewichtigeren Grund, sich außerhalb ihrer *vier Wände* zu bewegen. Die ernüchternde Realität: Noch immer erledigen Frauen innerhalb heterosexueller Partnerschaften den Großteil der unbezahlten Care-Arbeit, auch wenn sie selbst berufstätig sind. Siebzig Prozent der arbeitenden Mütter haben Teilzeitstellen, viele verdienen lediglich auf Minijob-Niveau etwas dazu. Von dort aus nach einer Scheidung ad hoc voll ins Berufsleben einzusteigen oder zurückzukehren, um den bisherigen Lebensstandard irgendwie zu halten, ist für viele Frauen nicht gerade leicht. Die Hürden »ehebedingter Nachteile« geltend zu machen, um wenigstens einen Übergangsunterhalt vom Ex-Gatten fordern zu können, sind seit der Novelle von 2008 hoch. Oder, wie es Birgit Kemming vom Deutschen Juristinnenbund hart formuliert: »Beweisen Sie mal nicht gelebtes Leben.«[256]

> »Ich wollte eine intensive, leidenschaftliche Liebesgeschichte. Und ich fand viele. Jeder von ihnen war ›die Liebe meines Lebens‹. […] Ich hätte mir nicht vorstellen können, dass sie alle zusammen einmal in einer Kiste voller alter Musikkassetten landen würden.«[257]

Immer wieder aufs Neue war – und bin – ich verblüfft, überrascht und berührt, wie variantenreich Frauen über ihr singuläres Leben sprechen oder schreiben. Wie viele von *uns* es gibt, wie verschieden *wir* sind und wie viele Gemeinsamkeiten *wir* dennoch haben. Wie wenig die Suche nach dem *Richtigen* die Singulären Frauen in Wahrheit umtreibt. Wie befreiend, erleichternd, aufbauend es ist, den rosafarbenen »Single-Frauen«-Kosmos zu ignorieren – und sich stattdessen über die singuläre Realität auszutauschen, die viele längst ganz selbstverständlich leben, ohne Tränen, ohne Selbstzerfleischung. So wie die argentinische Filmemacherin Paula Schargorodsky, von der das obige Zitat mit den *Lieben des Lebens*, die in einer »Kiste voller alter Musikkassetten« gelandet sind, stammt.

Eine solche *Kiste* habe ich auch. »Ich bin die, die immer Schluss gemacht hat«, erzähle ich über mich selbst. Je länger das Schlussmachen zurückliegt, desto mehr verschwimmen seine Konturen, desto leichter lässt es sich in der eigenen Erinnerung uminterpretieren. Eine Schmach kann nach und nach umgedeutet werden zu einem Triumph, ohne dass jemand korrigierend eingreifen könnte. Hat man selbst als die Fiese agiert, kann man sich rückwirkend als das wahre Opfer bemitleiden. Mischformen des Schlussmachens sind ohnehin weit verbreitet, denke ich – und mit jenen kenne ich mich am besten aus. Mit dem zuvorkommenden Schlussmachen zum Beispiel, dem Erstschlag, zu dem man sich nur entschließt, weil man ahnt, dass die andere Seite schneller sein könnte. Oder mit dem ohnmächtigen Schlussmachen, bei dem die Schlussmachende insgeheim darauf hofft, dass es die andere Seite wachrüttelt. Dass die andere Seite sich besinnt. Merkt, was verloren gegangen ist. Eigene Fehler erkennt. Und nach, sagen wir, drei Wochen wieder vor der Tür steht, geläutert, erleuchtet, *auf Knien*.

Eines Tages war es zum Beispiel so: Ich sprach die weltberühmte Formel aus – »Wir müssen reden«. Der Mann und ich setzen uns einander gegenüber, an *unseren* Esstisch. Der Mann fragte, ob es *einen anderen* gebe. »Nein«, sagte ich. Worauf er seinen Kopf und seine Schultern senkte. Ich sah seine Traurigkeit. Seine Erschöpfung. Auch ich war erschöpft. Aller Wahrscheinlichkeit nach auch traurig. *Was für ein schöner Mann*, dachte ich.

Und sagte: »Wir lieben uns nicht mehr.«

Der Mann schaute hoch. Beide staunten wir über diesen Satz. Dass er nun tatsächlich da hing, in unserem Wohnzimmer.

Der Mann sagte nichts. Ich sagte: »Wir hatten ein Jahrzehnt, und es war Liebe, richtige, echte Liebe. Aber es ist viel passiert. Wir sind zu verschieden. Du weißt es. Es wird eine Frau geben, die besser zu dir passt. Und für mich auch jemanden, irgendwo. Wir sind zu jung, um uns von hier an für den Rest unseres Lebens zu verbiegen. Lass uns einander gönnen, wie wir sind. Lass uns jetzt nicht zu zwei Menschen werden, die schon im Voraus wissen, dass sie sich in Zukunft nur noch öfter weh tun werden.« Dann, berauscht von meinem Redeschwall: »Ich denke, wir sollten uns jetzt freigeben.«

Der Mann: widersprach nicht.

Fremde Männer, die ich in den Gelben Seiten gefunden hatte, trugen ein paar Wochen später meine Sachen aus der Wohnung heraus und in meine Zukunft hinein, meinen Schreibtisch, meine Platten, das Bücherregal, ein Dutzend Kisten. Der Mann war für das Auszugswochenende zu Freunden in eine andere Stadt gefahren. Nachdem die Möbelmänner den Laster beladen hatten, ging ich noch einmal durch alle Räume und betrachtete das halb leergeräumte *Wir*, das den Mann erwartete, wenn er wieder in die Wohnung käme. Ich nahm einige extratiefe Atemzüge, ich wollte den Geruch nicht vergessen. Dann schloss ich von außen ab, warf den Schlüssel, wie verabredet, im Hausflur in den Briefkasten und setzte mich in den nächsten ICE, der in die Stadt fuhr, in der ich *neu anfing*. Um halb acht am nächsten Morgen würden die Möbelmänner dort, am anderen Ende der Republik, an der neuen Wohnung klingeln und mir die Sachen wieder hochtragen. Gegen Mitternacht stieg ich an einem Bahnhof, der mir noch fremd war, aus dem Zug, mit einer kleinen Tasche, in die ich das Nötigste für die Nacht gepackt hatte, und meinem Schlafsack. Als ich die neue Wohnung aufschloss, schoss mir scharf der Geruch von frischer Farbe in die Nase. Die Hausverwaltung hatte freundlicherweise Glühbirnen angebracht, damit ich Licht hatte, in der ersten Nacht. In Gedanken sah ich, wohin ich die Möbelmänner mit dem Schreibtisch dirigieren würde, und ich wusste auch schon, an welche Wand die Bücher kämen. Abgesehen davon, wusste ich nichts. Ich trug den Schlafsack in den Raum, der das Schlafzimmer sein sollte, hörte meine Schritte von den nackten Wänden widerhallen, rollte den Sack an der Stelle aus, an der später das grüne Bett stehen sollte, legte mich hinein und spürte, wie es an mir zog oder auf mich drückte, wie ich auf einmal ganz schwer wurde. Ich griff zu meinem Phone, blätterte durch Namen und Nummern. Es war viel zu spät, um jemanden anzurufen. Doch – da war jemand: der A., den ich länger kannte als den Mann, den ich geliebt hatte. A., der *gute Kerl*, der treue Freund, der Einzige, der noch immer Taxi fuhr, meist in der Nachtschicht. Ein Jahr, oder zwei hatten wir uns nicht gesehen. Mit zitternden Fingern tippte ich A.s Nummer an. Er nahm gleich ab: »Hey, was für eine Überraschung mitten in der Nacht! Alles klar?« Und ich fing zu weinen an. Es kam nichts anderes aus mir heraus, nur Schluchzen. Ich hörte, wie der A. das Taxi an den Straßenrand lenkte und den Motor abstellte. »Wein ruhig«, sagt er. »Musst nichts sagen, es ist in Ordnung.« Und so lag ich da allein zwischen kalten fremden Wänden und heulte meiner Zukunft entgegen und war doch nicht allein dabei und schwor mir, dass ich das dem A. nie vergessen würde.

Sie *hasse* Männer, behauptete die französische Autorin Pauline Harmange 2020 von sich selbst[258]. Wobei sie ulkigerweise mit einem verheiratet war. Es ging ihr um eine scharfe Kritik an männlichen Machtspielen, Gewalt, Psychoterror, männlicher Illoyalität gegenüber Frauen, eine Kritik am Patriarchat, wie es sich bis heute höchst lebendig zeigt, mitunter verkörpert durch einen *total süßen* Typen mit verwuschelten Haaren und verwaschenem Band-T-Shirt. Harmange kam 1994 zur Welt, war erst Mitte zwanzig, als sie die folgenden Zeilen schrieb, und klang dabei doch so ermüdet, als ob schon fünf Jahrzehnte Partnerschaftserfahrung hinter ihr lägen:

> »Ich hätte einfach nicht die Energie, mit einem Unbekannten wieder bei null anzufangen, und ich wäre in vielen Punkten, die mir früher normal vorkamen und die es für viele Männer (und Frauen) auch nach wie vor sind [...], deutlich weniger tolerant. [Es ist] mehr als natürlich, sich einen Schutzpanzer zuzulegen und nicht mehr jedem dahergelaufenen Typen zu vertrauen, der uns versichert, dass *er* nun aber wirklich anders sei, [...] Schlimmstenfalls lassen wir die Männer eben nicht mehr in unser Leben – oder nur nach einer rigorosen Vorauswahl.«[259]

Ich *hasse* Männer nicht. Als Kumpel, Kollegen, Freunde, als auf geschwisterliche Art geliebte Vertraute kann ich sie immer noch gut leiden – ausgewählte Exemplare von ihnen. Auch als Liebhaber habe ich sie noch nicht ganz abgeschrieben (dazu später mehr). Es gibt *die Männer* nicht, wie alle wissen, genauso wenig wie *die Frauen*. Längst geht es sowieso darum, die Geschlechterzwangsjacke abzustreifen, die Gendergrenzen aufzuweichen, zur Befreiung, zum Wohle aller. Ich behaupte: Die Singuläre Frau war und ist eine Verbündete des Queeren – selbst wenn sie es nicht darauf angelegt haben mag und auch wenn sie sich selbst als durch und durch cis hetero begreift, so wie ich. Indem die Singuläre Frau selbst *ihren Mann* stand und steht (wie es so dämlich heißt), gezwungenermaßen oder aus freien Stücken, irritiert sie von jeher ihre Umgebung. Noch ist das altbekannte Hetero-Drama nicht vorbei, noch immer prägt, beflügelt und beschädigt es das Leben der meisten Menschen – und die Singuläre Frau ist die queerste Figur, die dieses Drama zu bieten hat.

Das Schöne daran, eine Singuläre Frau zu sein, ist, dass ich weiterhin eine Frau bin. Nun aber von der Last befreit, jemandem gefallen wollen zu müssen.

Ich wollte es selbst so, selbstverständlich wollte ich das: den Männern, mit denen ich zusammen war, gefallen. Nicht nur optisch, auch und vor allem menschlich gefallen. Ich wollte, dass wir uns wohl miteinander fühlten. Uns verstanden, gut zueinander waren. *Partners in crime*. Also ging ich Kompromisse ein. Wie wohl jeder vernünftige Mensch es tut, wenn ihm am Zusammensein mit anderen gelegen ist.

Auch die Männer haben sich mir zuliebe auf Kompromisse eingelassen, das denke ich schon. Ich denke aber auch, dass meine größer waren, schwieriger, schmerzvoller. Das erzähle ich nicht als Märtyrerin, denn ich bin keine. Es gab nie das, was man *eine Szene* nennen könnte. Ein Mann sagte einmal zu mir, er würde sich aber gerade das wünschen: dass ich doch gelegentlich mal *eine Szene* machte, damit er sich sicherer sein könnte, dass ich ihn liebte. Das Wort *Gaslighting*[260] kannte ich damals noch nicht, und wahrscheinlich war es auch kein *Gaslighting*, denn der Mann gab es ja offen zu. Er sagte, nachdem ich ihn auf einige seltsame Verhaltensweisen seinerseits angesprochen hatte, haltlose Aufschneidereien, irr sich widersprechende Lügengeschichten, ja, manchmal wollte er, dass ich mich verwirrt und also schwach und also schlecht fühle. Damit er spürte, dass ich ihn *brauche*. Noch viel ungesünder war dann mein Anteil: Ich fand es gut, außergewöhnlich gut sogar, dass der Mann mir das so deutlich sagte – dass er wollte, dass ich mich schlecht fühle, damit er meine Liebe spürt. Ich fand ihn gut dabei, weil er es fertigbrachte, dieses für ihn nicht gerade schmeichelhafte Faktum einzuräumen – was für ein verletzlicher, aber zugleich auch wieder toller Mann, wie unfassbar ehrlich er war. Ich fand mich gut dabei, weil ich es insgesamt so tapfer wegsteckte – was für eine vorausschauende, großherzige Frau. Und ich fand uns gut, weil wir so offen und ungeschönt sprachen und weil von da an bestimmt alles anders und besser werden würde – was für ein modernes, aufgeklärtes Paar.

Es wurde selbstverständlich nicht besser und ging dann nicht mehr lang, es ist auch nur ein Beispiel. Worauf es hier nun ankommt: Die Männer, die ich liebte, waren ziemlich verschieden, mit unterschiedlichen sozialen Hintergründen und Schulabschlüssen, vom Doktoranden bis zum abgebrochenen Realschüler – aber das Grundprinzip, das Fundament blieb stets das gleiche: Früher oder später trat in Varianten das ein, was Charnell die »Eifersucht auf den Kassenautomaten« nennt. Drei Männer, die ich liebte, spielten in Studenten- oder Freizeitbands, ein vierter wurde öfter beruflich zu größeren Empfängen eingeladen, und ich begleitete ihn, gab vor seinem Kollegium die ansehnliche Frau an seiner Seite, so gut ich konnte, und stand bei den Konzerten der anderen in der ersten Reihe. In der kleinsten

Kaschemme, klatschte ich zu jedem Gitarrensolo, auch wenn es noch so lahm oder schepp war – weil der Mann, den ich liebte, es spielte. Umgekehrt sieht es so aus: Keiner der Männer, die mich liebten, wie sie sagten, besuchte auch nur eine Lesung, einen Vortrag, eine Podiumsdiskussion, an der ich teilnahm, in zehn, zwanzig Jahren nicht. Keiner von ihnen las, so sagten sie es mir jedenfalls unverblümt, nur eines meiner Bücher. »Ich weiß doch schon, worum es geht«, sagte einer, »du und deine intellektuellen Freunde!«, schimpfte wörtlich der nächste, »du musst russischer werden«, meinte wieder ein anderer, und als ich fragte, was »russisch« bedeuten sollte, erklärte er: »Irgendwie weiblicher, du musst dich mal zu deinem Frausein bekennen, Baby.« Nie habe ich mich *nur deswegen* getrennt, *nur* weil sie meine Arbeit, die mir seit jeher so viel bedeutet, ins Lächerliche zogen oder ignorierten. Nie habe ich *nur deshalb* Schluss gemacht, weil es hie und da mal einen *Ausrutscher* mit einer anderen Frau gab. Nie wollte ich *kleinlich* sein, immer eine *gute Gefährtin* – immer *drüberstehen*. Zu einem Mann sagte ich einmal im Affekt: »Ich lasse mir meine Liebe durch dich nicht versauen!« Da mussten wir beide lachen, weil es so absurd war. Doch der Satz beschrieb auf den Punkt, worum ich rang: Ich wollte in jedem einzelnen Fall, dass wir *es schaffen*. Nur – um es zu schaffen, hätte ich letztlich eine andere werden müssen als die, die ich war, die, in die der jeweilige Mann sich ursprünglich angeblich einmal verliebt hatte. Dieses Paradoxon vermochte ich nie zu lösen.

Es war, als ob stets ein Programm mitlief, das mächtiger war als der jeweilige Mann und ich. (Nur die erste *Liebe meines Lebens*, die auf dem Schulhof begann, nehme ich von alldem aus.) Auf der einen Seite lief das *Männerprogramm*, auf der anderen das *Frauenprogramm*, zusammengenommen ergab es das Paarprogramm. Es ist schrecklich enttäuschend, wirft auch kein gutes

Licht auf mich, denn obschon ich stets versuchte, nicht die gleichen Fehler noch einmal zu machen, traf ich eben immer wieder auf Männer meiner Generation – Männer, mit denen ich so viel gemeinsam zu haben glaubte, die einerseits keine Paschas alter Schule mehr sein wollten, andererseits aber genau daran zu leiden schienen: dass sie keinerlei Entwurf für ihr eigenes Mannsein hatten. Während ich, die junge Frau, tatsächlich das meiste anders machte als meine Mutter, unterschied sich das Leben der meisten jungen bis mittelalten Männer, mit denen ich zusammen war, letztlich nur in Nuancen von dem ihrer Väter. Fast alle Knack- und Streitpunkte, an denen meine Liebesbeziehungen gescheitert sind, habe ich mittlerweile bei anderen Frauen wiederentdeckt, manchmal so ähnlich, dass sie wie mit einer Schablone kopiert zu sein schienen. Sie haben mir entweder davon erzählt, haben Ich-Texte in Magazinen dazu veröffentlicht oder Romane darüber geschrieben. Es sind *Standardthemen* der sogenannten Liebe. Die Männer und ich, wir kamen nie über sie hinaus.

»Eigentlich mögen Männer so richtig hysterische Frauen, die Szenen machen, die glauben dann, dass sie wirklich der Mittelpunkt sind«, überlegt etwa »Jessica, 30«, eine Wiener Single-Frau und die Hauptfigur im gleichnamigen Roman von Marlene Streeruwitz aus dem Jahr 2004.[261]

»Wir stritten uns oft über Geld. Und ich war nicht überrascht, als ich irgendwo las, dass Streit über Geld der Trennungsgrund Nummer eins ist, wenn Paare auseinandergehen«[262], schrieb bell hooks über sich und ihren Partner.

Das ist es, was ich zu Beginn dieses Buches mit der Spielfeldmetapher meinte: Ich sitze jetzt auf der Zuschauerinnenbank und sehe anderen dabei zu, wie sie die Akte spielen und die Texte aufsagen, die auch ich aufgesagt habe, ich und die Männer, mit denen ich zusammen war. Als ob jemand eine Fernsteuerung bedient hätte.

Heute weiß ich, worin das Hauptproblem bestand: Es gab eine ungleiche Arbeitsteilung, die ich stets witterte, aber damals nicht in Worte fassen und erst recht nicht beweisen konnte. Zwar habe ich nicht mehr Hausarbeit geleistet als die Männer, denn entweder wohnten wir nicht zusammen oder wir teilten die lästigen Aufgaben. Es war keine *Care-Arbeit* im praktischen Sinne, die ich in meine Liebesbeziehungen hineingebuttert habe. Es war das, was Psychologinnen (und auch Feministinnen) heute *Emotionsarbeit* nennen. Verständnis aufbringen, auch für Dinge, die ich dem anderen nie angetan hätte. Geduld haben. Sich zurücknehmen. Um Kommunikation bemühen. Den anderen groß machen, wenn er danach hungert, und mich selbst vorsichtshalber ein bisschen kleiner. Die Klügere, letztlich: die Stärkere sein. Den Kehricht zusammenfegen, *Aussprachen* anregen, wieder alles in Ordnung bringen: Die *Emotionsarbeit* war mein *Frauenjob*.

Ich ging immer recht still und erst, wenn die Liebe wirklich gestorben war, oft einen relativ sanften Tod. Deshalb habe ich es nie bereut oder mich zurückgesehnt, und nur deshalb, wahrscheinlich, kann ich heute mit dem einen oder anderen meiner Ex-Partner noch lose befreundet sein. Wieder ohne *Mann an meiner Seite*, war es jedes Mal so, als ob ich endlich wieder nach Hause gekommen wäre. Ich konnte mich wieder sammeln, meine Kräfte, meine Lust, meine Interessen regenerieren und neu auskosten. Mein Leben schien sich tatsächlich jedes Mal (wieder) zu weiten. Verdorben habe ich es immer bloß dadurch, dass ich die erholte Version meiner selbst allzubald auf ein Neues ins Spiel warf, mit einem neuen Partner – um nach einer Weile zu erkennen, dass ich erneut *an die falsche Adresse* geraten war, dass erneut der Horizont einzuschnurren schien.

Ich sage ausdrücklich nicht, dass nur die jeweils andere Seite *schuld* am Verdorren meiner Lieben war. Vielleicht ist es einfach so, dass ich grundsätzlich kein Talent dazu habe. Wäre das so schlimm? Ich finde nicht.

Neulich erschrak ich. Zwei der Männer, die ich einmal liebte, haben fast zeitgleich ihre langjährigen Partnerinnen, die Frauen, mit denen sie Kinder zeugten, die ihre Wohnungen in Schuss hielten und all die Jahre geduldig auf das Ende der Männerdienstreisen warteten, verlassen, wegen einer jeweils anderen, jüngeren Frau. Was aus den neuen Verbindungen wird, ist noch nicht raus. Beide Männer haben es mir in Gesprächen verraten. Oder vielleicht eher *gestanden*? Einer von ihnen sagte, erst im Rückblick verstehe er vieles, erst jetzt sähe er, dass ich in vielem recht gehabt hätte.

Es war und ist kein Triumph für mich.

Es war und ist traurig. In einem allgemeinen Sinne traurig.

Recht haben: Nichts Wärmendes ist daran.

Mein Alleinsein war nie das Ziel. Es ist auch keine *Erfolgsgeschichte*. Es ist eine Konsequenz.

Ich habe großes Glück: Ich habe mich schnell neu verliebt. Ins Alleinsein eben. Da ich zu fast schon anachronistischer Treue neige, wäre es wirklich sehr schwer, uns noch einmal auseinanderzubringen.

LIESCHEN MÜLLER ERHÄLT BEFEHLE

Mit vierunddreißigeinhalb stand ich vor einer Frage, die sich mir bis dahin noch nie gestellt hatte. Wie wohl die meisten Menschen bin ich ein sexuelles Wesen. Es kommt vor, dass ich *scharf* werde, aus mir selbst heraus, und nach Befriedigung dürste. Die Frage, die ich mir nun erstmals beantworten musste, lautete: *Wohin mit meiner Lust?*

SEX WIE EIN MANN

Ich war also in eine mir fremde Stadt gezogen und wollte meine frisch erlangte Ungebundenheit genießen. Beim *Genießen* hatte ich alles Mögliche im Sinn. Meinen Palast so einzurichten, wie es mir, und nur mir, gefiel. Meine Musik so laut und lange laufen lassen, wie es mir passte, ohne dass jemand mir einen Kopfhörer hinhielt. Tagelang im Pyjama herumschlunzen, wenn mir danach war. Niemandem Bescheid geben, wohin ich verschwand und wann ich wiederkam. Ausgehen und ausschlafen, solange ich wollte. *Neue Leute* kennenlernen, so viele, wie ich wollte, *Leute nach Hause einladen*, sooft es mir beliebte, ohne dass jemand misstrauisch fragte: »Wer ist das denn schon wieder?«, oder sich beschwerte, weil er sich von dem Besuch in seiner Privatsphäre gestört sah. Reality-TV schauen, ohne schummeln zu müssen: »Ich bin Journalistin, es ist Nebenbei-Recherche, ich muss wissen, was alle so toll daran finden.« In der Nase popeln, ohne extra ins Bad dafür zu gehen. Mir gelegentlich zwei blutige Steaks auf einmal reinhauen, ohne Salatbeilage, nur das nackte, nasse Fleisch, und zum Nachtisch das Blut mit Weißbrot vom Teller tunken und wohlig dabei grunzen. Lesen bis früh um zwei, und zwar im Bett, und zwar mit *zwei* Kissen im Rücken, auch das Kissen desjenigen, der mich aller Wahrscheinlichkeit nach aufs Wohnzimmersofa geschickt hätte, weil er beim Leselampenlicht nicht hätte schlafen können.

All das war mir vorgeschwebt, all das begann ich voller Enthusiasmus umzusetzen. Wie das mit dem Sex werden sollte, darüber hatte ich anfangs überhaupt nicht nachgedacht. Achtzehn Jahre lang hatte ich *serielle Monogamie* betrieben und somit jederzeit bequem auf einen Sexualpartner zurückgreifen können, und das hatte mir immer sehr viel Vergnügen bereitet. Am *Verlieben* war ich nun absolut nicht interessiert. Und zunächst ging ich tatsächlich voll darin auf, mich in meine neue Umgebung einzupflanzen. Bis mir eines Tages auffiel, dass ich seit einem halben Jahr keinen Geschlechtsverkehr mehr erlebt hatte – *so lange wie noch nie!*

Aus heutiger Sicht ist das rührend, aber damals beschäftigte es mich sehr. Erstmals überfiel mich diese Fantasie, dass alle anderen *es* hätten – nur ich nicht. Es war eine Mischung aus Sozialneid und realem Bedürfnis. Meinen Körper einmal wieder *auf diese Art* zu spüren, meine Haut an einer anderen Haut: Ich begann es zu vermissen. Keine konkrete Person hatte ich im Sinn, niemand im Speziellen *machte mich an*. Es war eine abstrakte Sehnsucht, wie: endlich einmal wieder tanzen gehen! Wobei ich das Tanzengehen zwei, drei Mal die Woche bis zur Erschöpfung betrieb.

Selbstverständlich wusste ich, was Swinger-Clubs, Fetischfeten, Gang Bangs, Stricherjungs, Darkrooms und One-Night-Stands waren, und ich kannte, nicht nur aus »Sex and The City«, sondern auch von den Titelseiten der Damenjournale das Jagdgeheul, das weibliche Zähnefletschen: »Frauen können sich Sex nehmen wie Männer.« Ein begrüßenswerter Gedanke, fand ich. Bloß hatte ich weder eine Strategie für die, wie nennt man es, *Pirsch*?, noch nennenswerte Übung in den Kulturtechniken des Flirtens und Verführens. Zuletzt hatte ich ja ein ganzes Jahrzehnt lang niemanden mehr für mich gewinnen müssen – da war längst jemand. Und vor jenen zehn Jahren war es um etwas anderes gegangen, gleich ums ganze Programm, um die Paarwerdung eben, nicht um schnöde Beischlaforganisation. *Auf den Mund gefallen* war ich sicher nicht. Aber ernstlich unerfahren, was *sexuelle Eroberungen* anging – mithin also schüchtern in allen damit zusammenhängenden Belangen. In den Journalen und im Netz las ich von *Blickkontakt*. Von *sich durch die Haare streichen* und *ihm den Nacken zeigen*. Auweia. Gelegentlich gab es recht klare Angebote von Männern (ohne dass ich ihnen *meinen Nacken gezeigt* hatte). Sie hielten mich für »schwer zu erobern«, glaube ich, und mein Eindruck war, dass es sie ziemlich anturnte, der eine oder andere hielt es vermutlich für ein *Spiel*, das schloss ich jedenfalls aus Bemerkungen, die ein bestimmter Mann von sich gab. Es war aber eben kein Spiel. Es war eine Melange aus Unbeholfenheit und mangelnder Begeisterung für diejenigen, mit denen ich *es* wahrscheinlich sofort hätte veranstalten können.

Keinen Partner wollen, aber Geschlechtsverkehr: durchaus eine komplexe Konstellation, fand ich. Früher oder später würde ich es einmal versuchen müssen. So begann ich, Männer mehr oder weniger gezielt unter diesem Gesichtspunkt zu betrachten, und dabei orientierte ich mich im Wesentlichen an folgenden Merkmalen: *Immerhin kann man sich ganz nett mit ihm unterhalten, zu arg interessiert scheint er glücklicherweise aber auch wieder nicht zu sein, kein Stress zu befürchten, hoffe ich, und er sieht so weit okay aus, er ist nicht unhübsch, also, von der Seite, es würde wohl auch größenmäßig passen, nun gut – versuchen wir's halt mal.*

An die abgebrochenen One-Night-Stands erinnere ich mich besser als an die durchgezogenen. Weil der abgebrochene One-Night-Stand eine intensivere Situation ist – plötzlicher Rückzug, stotternde Entschuldigungen, Peinlichkeit, Entrüstung, Rauswurf – als die Kopulation mit jemandem, der einen ur-eigentlich in keinster Weise reizt. Eine kluge Frau, leider ist mir entfallen, welche, hat einmal gesagt, heterosexueller Gelegenheitssex sei oft das Gleiche, wie wenn *Männer in Frauen onanieren*. So kam es mir auch vor. Und umgekehrt: als ob ich auf dem jeweiligen Mann onaniert hätte.

»Lieber mache ich es mir selbst, als jemandem das Herz zu brechen«, schreibt die britische Dauer-Solo-Künstlerin Tracey Emin in ihrer Autobiografie »Strangeland«[263]. Sehr bald kam ich auf die gleiche Idee.

Viv Albertine, die Slits-Musikerin, die ihren Gatten verließ – »auf ins Nichts«, wie sie schrieb –, hat das Dilemma umrissen, das sich ihr nach ihrer längeren Ehe und mir nach meiner längeren Beziehung stellte, ich könnte es nicht treffender formulieren:

> »Ich musste meine Augen und mein Gehirn umschulen, um ältere Männer attraktiv zu finden, als ich in meinen Fünfzigern wieder einstieg. Als ich das letzte Mal Single war, waren die Männer, denen ich hinterhergeschaut hatte, in ihren Dreißigern, und ich hatte immer noch dieses jugendliche Bild in meinem Kopf. Es war zunächst deprimierend, aus einem Pool wählen zu müssen, der in unserer Gesellschaft nicht gerade als begehrenswert […] angesehen wird. Ich paddelte im selben Pool herum. Ich ging die Oxford Street entlang und

betrachtete Männer mit Glatze und grauem Haar und Bauch und sagte mir: Er ist ungefähr in meinem Alter, das ist die Bevölkerungsgruppe, die ich mir nun ansehen sollte.«

Einmal unterhielt ich mich mit der sportlichen Sado-Maso-Gitta darüber. Über meine Lust (allein) und meine Unlust (mit Unbekannten oder auf Unbekannte). Wieder war sie sehr hilfsbereit. Ob ich einmal zu einem ihrer BDSM-Dings mitkommen wollte.

»Das ist vor allem Sex im Kopf«, meinte Gitta, und: »Da gibt's viele wie dich.«

»Non, merci«, sagte ich, denn ich sehnte mich nicht nach »Sex im Kopf«, sondern nach Sex mit einem Menschen, die klassische Nummer, ein bisschen Schweiß, schwüle Gerüche, ulkige Geräusche ohne Kettengerassel und komplizierte Utensilien.

»Ich war nie ein Gothic-Punk-Mädchen, ich war ein Indie-Sixties-Mädchen«, versuchte ich ihr zu erklären. »Ich hörte nicht Sisters of Mercy, ich hörte Martha Reeves and the Vandellas«, sagte ich.

»Blümchensex, oje«, meinte Gitta.

Abends sandte sie mir eine Mail, der Betreff lautete: »Nimm das!«, und dahinter hatte sie ein Kussmundsmiley gesetzt. In der Mail befanden sich einige Links zu Artikeln über das *Cougar-* oder *Sugar-Mama*-Wesen. *Cougar* ist das englische Wort für Puma oder Silberlöwe beziehungsweise Silberlöwin. *Sugar Mama* ist das weibliche Pendant zum *Sugar Daddy*: Eine ältere Person hält eine jüngere Person mit finanziellen Zuwendungen und anderen Aufmerksamkeiten bei Laune und darf dafür an deren blutjung pulsierenden Körper ran. In einem der Artikel erzählte eine neunundvierzigjährige alleinstehende Tessa, wie sie sich über ein Portal namens *Toyboy Warehouse* mit deutlich jüngeren Männern in Verbindung setzte und wie sie sich mit einem zweiundzwanzigjährigen Polen, »einem richtigen Augenschmaus«, zu einem Hotelzimmerwochenende in London verabredet hat. »Mein Toyboy kam dann um 15:00 Uhr auch endlich an. Er betrat wortlos das Zimmer und wir legten einfach los. Um 06:00 Uhr waren wir dann fertig.«[264] Ein Argument, das für die Verbindung *Silberlöwin-Spielzeugbub* spreche, so hieß es in den Berichten, sei, dass beide sich qua Alter in ihrer jeweiligen »sexuellen Spitzenform«[265] befänden – der Mann zwischen zwanzig und dreißig auf dem Zenit seiner Potenz, die Frau zwischen vierzig und fünfzig auf dem Zenit ihrer Lust.

»Alter egal, Geschlecht egal, es ist abstoßend, in einem ›Warenhaus‹ nach einem ›Augenschmaus‹ zu stöbern«, mailte ich Gitta, »nicht mein Stil. Außerdem kann ich mir das gar nicht leisten.«

Sie mailte mir ein Bild von Sascha Hehn in seinen besten »Traumschiff«-Tagen.

Ich mailte ihr ein Zitat aus einem Song der Düsseldorfer Frauen-Punk-Band *Östro 430* aus den frühen 1980ern: »Mit den Typen ist heut' nichts mehr los / Jedes Mal die gleiche Pein / Sie ficken wie Kaninchen bloß / Und penn' nach'm Orgasmus ein / Sexueller Notstand / Was dir bleibt, ist deine Hand.«

Sie mailte mir ein *Dickpic*.

Ich schickte ihr einen Link zu einem Bericht[266] über ein »Sexpuppen-Bordell« in Freiberg am Neckar. Die dort mietbaren »Traumfrauen aus medizinischem Silikon« seien »willig und absolut unkompliziert«. Geschlossene Gesellschaften könnten alle Puppen auf einmal buchen, »perfekt für Junggesellenabschiede oder Ähnliches«.

Sie mailte mir einen Link, der verriet: »Carrie Bradshaw kommt zurück!«

Ich mailte ihr: »WEISS ICH SCHON!« – und schickte noch eine Meldung zu einem Notfallplan hinterher, den das US-

Verteidigungsministerium für den Fall einer »Zombie-Apokalypse«[267] erstellt hatte.

Dann schickte ich noch drei Herzchen.

Dann noch ein Foto von einem Eichhörnchen.

Dann gab ich Ruhe.

Frauen nehmen sich Sex wie Männer. Inzwischen wirkt es auf mich oft wie ein trotziges Fußaufstampfen: »Wir können das auch!« Manchmal wirkt es wie ein Appell: »Lasst uns endlich *auf Augenhöhe* rammeln!« Oder wie eine Drohung: »Lasst es uns ihnen heimzahlen!« Oder wie eine Beschwörungsformel. Ein Gebet. Wie die Hoffnung auf eine *Lösung*.

Wenn ich die Frauen richtig verstehe, die von sich sagen, sie hätten *Sex wie ein Mann*, dann bedeutet es im Wesentlichen, dass sie *Sex ohne Gefühle* genießen. Mit diesen Worten umschreiben es jedenfalls die meisten, genauso sagen sie es. Sie betonen, dass sie Körper und Emotionen, *Lust* und *Liebe*, *Body* und *Soul* beim Geschlechtsverkehr auseinanderhalten können.

Der *schnelle Aufriss:* »Einfach in eine Bar gehen und den erstbesten heißen Typen, der einem über den Weg läuft, ansprechen, klarmachen und mit nach Hause nehmen«[268], rät etwa die Berliner Autorin und frühere *Stern*-Kolumnistin Henriette Hell, eine Single-Frau, die sich auf ihrem Instagram-Profil als Feministin kennzeichnet und zwei erfolgreiche Bücher geschrieben hat: »Achtung, ich komme! In 80 Orgasmen um die Welt« sowie »Erst kommen, dann gehen«.

Der *zipless fuck*[269] in der Flugzeugtoilette. Das Tinder-Date, bei dem es gleich zur Sache geht. »Direkt, schnörkellos, zielorientiert«, nennt es Henriette Hell, *effizient, zeitsparend*, sind Attribute, die ich bei anderen Frauen las, wenn sie über ihren *männlichen Sex* berichteten.

Gefragt, welche unsexysten Wörter mir spontan einfallen, lägen »zielorientiert, effizient, zeitsparend« sicher sehr weit vorn. Es klingt für mich mindestens nach Sport. Mehr noch nach einem zusammengeflunkerten Businessplan, mit dem man versucht, irgendein Fördergeld abzugreifen. *Sex ohne Gefühle* beziehungsweise, was ja eigentlich damit gemeint ist, Sex ohne das geringste menschliche, sozusagen charakterliche, persönliche Interesse an dem *aufgerissenen* Gegenüber – »es [geht] dabei ›nur‹ um die eigene Befriedigung«, schreibt Henriette Hell –: Ich kann bestätigen, es ist möglich, es funktioniert. Ich halte es für keine allzu große Kunst, und es macht mir keinen Spaß. Ich will nicht wissen, wie irgendein Sascha, Martin, Mehmet oder Kurt sich anhört oder guckt, wenn er *so weit ist*. Ich finde *es* mit Leuten, die mir *egal* sind, nicht *geil*. Und es ist mir auch *egal*, ob sie eventuell mich *geil* finden, daraus kann ich nichts ziehen. Es ist wie tanzen gehen zu schlechter Musik in einem Club, in dem eine schlecht eingestellte Lasershow nervt. Klar, man kann es tun – aber: warum?

So habe ich die paar One-Night-Stands, von denen ich die Hälfte abbrach, als miesen Abklatsch dessen erlebt, was mir einst so viel Vergnügen bereitet hatte. Auch *Choking* war einmal dabei. *Choking* ist das englische Wort für *(er-)würgen* beziehungsweise *(er-)drosseln* und auch für eine Spielart beim Geschlechtsverkehr – für die, die es mögen. Angeblich ist es mittlerweile eine recht weit verbreitete Praxis, zumindest in Pornos. *Es war ein Sex-Unfall,* sagen manche männliche Angeklagte, wenn sie in einem Mordprozess der Tötung einer Frau beschuldigt werden. Allzu viele Beispiele habe ich, wie gesagt, nicht auf Lager. Angesichts der sexuellen Gewalt, die in der Grauzone zwischen Einverständnis und Nichteinverständnis geschieht, habe ich bei meinen Versuchen, *Sex zu haben wie ein Mann,* womöglich sehr viel Glück gehabt. Ich will lieber gar nicht wissen, in welchen Situationen ich – als *Frau, allein* – nur knapp an Schlimmerem vorbeigeschrammt bin. Ich möchte keiner Frau Angst machen. Auch *Moral* ist keine Kategorie, mit der ich mich aufhalten möchte, das wird sich später noch deutlicher zeigen. Sexualität ist eine höchst individuelle Sache, ich will niemanden belehren oder schelten.

Frauen nehmen sich heute Sex wie Männer.

Ich gönne es jeder, der es gelingt – ohne jeglichen Sarkasmus.

Ich halte es für völlig gerechtfertigt.

Ohnehin: Alle sollen könnenwollendürfen, was, wie, mit wem und sooft sie wollen – yeah! Ich bin eine Freundin der Freiheit, und das Schönste an ihr ist ja, dass sie auch die Freiheit bietet, »nein danke« zu sagen.

Oder so formuliert: *I just don't feel it.*

Nennt mich ein *Sensibelchen* – und ich nicke, so laut ich kann.

Ich glaube, ich will meinen Premium-Sex nicht maschinisieren. Ich will ihn beschützen. Und die Rudimente meiner potenziell irgendwo sehr tief in meinem Innern womöglich doch noch restvorhandenen *Liebesfähigkeit*. Ich will die Körnchen, die noch davon übrig geblieben sein könnten, nicht ganz auskehren. Wer weiß, wofür sie noch einmal zu gebrauchen sind.

»Ich wollte die Erinnerung an ungeliebte Leiber nicht in meinem Gedächtnis stapeln«[270], heißt es bei der Denkerin Silvia Bovenschen.

So ist es.

»Du versteckst dich in einer Rüstung, du musst da raus«, legte eine engere Freundin mir immer wieder nah, die M., die mich als ihr +1 zu dieser Party mitgenommen hatte, bei der sie in der Küche verschwand und ein Jan Böhmermann mich fragte, ob ich auf Frauen stehe und er mal zuschauen dürfe. Alle paar Monate war die M. mit einem neuen *Fang* aus einem Matching-Pool zugange, gern schilderte sie am Telefon die Details, ja, ich glaube, sie hat mir jeden ihrer früher oder später versandeten Whatsapp-Verkehre in voller Länge vorgelesen. Eigentlich immer fragte sie mich: »Wie *meint* er das?«, und eigentlich immer antwortete ich in etwa das Gleiche: »Nun, meinem Eindruck nach ist es nicht sehr kompliziert: Er hat dir seit Wochen nichts als Absagen geschickt oder ist deinen Fragen vielsagend nichtssagend ausgewichen, richtig? Daraus könnte man, unter Berücksichtigung jahrtausendealter menschlicher Erfahrungsgwerte, schließen: Das wird nichts mehr.« Daraufhin wurde die M. jedes Mal sehr sauer, nicht auf den jeweiligen Mann, sondern auf mich. »Du hast echt *keine Ahnung*«, schimpfte sie, »kein Wunder, dass du *alleine* bist, warum frage ich dich überhaupt, du *verstehst* die Männer nicht, DU HAST EIN ECHT KRASSES PROBLEM MIT DEINER WEIBLICHKEIT!« Meist setzte sie dann noch zu einem küchenpsychologischen Amoklauf an, in etwa so: *Er ist verunsichert, weil ich so selbstbewusst bin, deshalb meldet er sich so selten, jemand muss ihm einmal sehr weh getan haben, wir haben eine besondere Verbindung, er spürt es auch, er will es nur noch nicht an sich heranlassen, ich bleibe dran.* Und wenn sie nach einer Viertel- bis halben Stunde damit fertig war, legten wir schnaufend auf.

Wie sehr wir uns sonst auch schätzten und schätzen, in diesem Punkt sind die M. und ich uns von jeher fremd. Sie ist »die

Sorte [Frau], die über ein einmaliges Gastspiel nachgrübelt, als wäre eine zehnjährige Ehe zerbrochen« (Wurtzel), ich bin die Sorte Frau, die sich diese Mühe nie gemacht hat. »Du bist *kühl*, du hast eine *Betonmauer* um dich gezogen«, sagt die M. manchmal zu mir, und darüber kann wiederum ich mich aufregen. *Kühl*, was heißt denn *kühl*? *Kühl* wie *Kühlschrank, refridgerator, fridge* – also *frigide*? Nur weil ich mir keinen *freien Schreiner, IT Consultant* oder *Studiogitarristen* aus dem Internet bestellen will, um dann tagelang *auf seinen Anruf zu warten*, wie die M. es tut? »Was ihn cool macht, macht sie kühl«[271], merkte die US-Essayistin Rebecca Solnit, ledig, einmal an. Auch in dem leicht neurotischen, viertel- bis halbintellektuellen Mittelklassemilieu, in das es mich wohl oder übel verschlagen hat, wird dieser Unterschied bis heute gemacht, sogar von Frauen selbst, und auch noch von solchen, die es besser wissen müssten, wie man an der M. sieht. Es war faszinierend mitzuerleben, wie enthusiastisch sie sich stets aufs Neue an der Nase herumführen ließ, wie wenig es brauchte, damit sie am Haken hing – wenn es ganz hart kam, schien es zu genügen, dass jemand ihr drei Mal die Woche »Guten Morgen, Schöne, hab einen wundervollen Tag, ich melde mich bald wieder« schrieb –, aber noch faszinierender war es eben, welches Vergnügen sie dabei offenbar empfand. Vielleicht war es das: *Sie nahm teil*. Und konnte davon erzählen. »Er hat mich total verarscht«, war eine Information, die sie mir alle paar Wochen zukommen ließ, und es klang einerseits jedes Mal aufgelöst, andererseits aber auch immer irgendwie begeistert: »Erst gevögelt, dann *geghostet* – wie konnte ich so blöd sein!« *Fuck and run*, nennen die Amerikanerinnen das Prinzip.

Die M. ist dreiundvierzig und lehrt Steuerrecht an einer Fachoberschule, im Grunde ist sie eine Frau der Ratio, und auch wenn sie hier nun wie eine frei erfundene Figur wirken mag, es gibt sie wirklich, sogar mehrfach, und es ist weder meine Absicht, mich über sie noch über das *Ghosting* lustig zu machen. *Ghosting* wird es seit ein paar Jahren genannt, wenn ein Mensch, mit dem man gerade eben noch Nachrichten, Fotos, Videos, Gifs ausgetauscht, telefoniert und sich womöglich auch getroffen hat, plötzlich wie ein *Geist* verschwindet, wenn er – oder sie, auch Frauen tun es – ohne jede Vorankündigung den Kontakt abbricht, den oder die andere *blockiert* oder *löscht*, oder, auch solche Fälle gibt es, in einer Nacht-und-Nebel-Aktion aus der gemeinsamen Wohnung verschwindet, ohne jede Erklärung, ohne jegliches Goodbye. »Ghosts [wollen] nicht zu viel Energie verschwenden für Kontakte, die ihnen nichts bringen. Sie suchen rastlos nach etwas oder jemand noch Besserem«[272], sagt die Journalistin Tina Soliman, die zwei Bücher über »das spurlose Verschwinden des Menschen im digitalen Zeitalter« geschrieben hat.

Wenn ich M.s Geschichten so zuhöre, höre ich immer auch Geschichten von Gewalt, von psychischer und seelischer Brutalität. Anekdoten aus einer »Kultur der Lieblosigkeit«, wie sie die Vollzeitpessimistin Eva Illouz der Gegenwart attestiert.[273] Die kanadische Wirtschaftswissenschaftlerin Kathleen Vohs forscht im Feld der *Sexualökonomie* und betrachtet Sex entsprechend nüchtern als »weibliche Ressource für den sozialen Austausch in heterosexuellen Interaktionen«[274]. Sie sagt: Je mehr sich die Lebensumstände von Frauen seit dem späten 20. Jahrhundert geändert hätten, je unabhängiger von einer Partnerschaft sie ihre Existenz gestalten könnten, desto weniger seien sie noch auf Sex als ihre »wertvollste Ressource« angewiesen, desto freizügiger könnten sie damit umgehen, ohne einen Statusverlust befürchten zu müssen. Eva Illouz sieht die Sache kritischer: »Das Patriarchat [ging] eine Liaison mit dem Kapitalismus ein und übte seine Macht durch die starke Sexualisierung der Frauen, die Verallgemeinerung des Gelegenheitssexes, durch Schönheitsmythen und die zunehmend zwingenden Normen weiblicher sexueller Attraktivität«[275] aus.

Mein Eindruck ist: Die M. steht in der Mitte zwischen diesen beiden Stürmen. Sie hat sich ihre eigene kleine Insel geschaffen, auf der sie die Königin, Kanzlerin und Gesamtbevölkerung ist, und hat diese Insel halbwegs wetterfest gemacht. Einerseits erscheint es mir offensichtlich, dass sie sich von jeder ihrer, nun ja, *Eroberungen* mehr erhofft als bloß ein paar Kopulationen. Andererseits gelingt es ihr, ihre Hoffnung zu dressieren. Immer wieder lässt die M. die Leine locker, lässt sie ihrer Hoffnung Auslauf, lässt sie sie einem Menschen entgegenspringen, den die M. aus irgendeinem *Angebot* gezogen hat – und hält die Leine doch ganz fest, weiß letztlich genau, wann die Zeit gekommen ist, die Hoffnung wieder näher an sich heranzuziehen. Sie schimpft dann mit ihrer Hoffnung, wie man mit einem kleinen störrischen Hund schimpft, eher symbolisch, er kann ja nichts dafür, dass er sich so gern von Fremden streicheln lässt.

Sie hat es im Griff. Richtig verloren oder verzweifelt wirkt sie eigentlich nie. Die M. mag sich für ein psychologisches Naturtalent halten, aber sie täuscht sich – ich bin nicht aus *Beton*. Vielmehr ist es umgekehrt: Die M. ist die Robuste, ich bin das Pflänzchen. Sie will es mir partout nicht glauben, aber es ist mir völlig unmöglich, einen Wie-soll-er-sein-Fragebogen auszufüllen und einem Algorithmus zu überantworten und mich dann mit jemandem zu treffen, der mich als *Kandidatin* betrachtet, und ich möchte auch umgekehrt niemanden so betrachten. Nämlich: Und dann? Bei Nichtgefallen *ghosten*? Ich möchte auch nicht *erotisch chatten*. Am absurdesten ist es, wenn Menschen in ihre *About-You*-Sektionen schreiben: *Findest du es auch so bescheuert wie ich? Dann hätten wir schon mal eine Gemeinsamkeit! Melde dich!* Ja, ich kenne mich aus. Selbstverständlich habe ich mir dann und wann schon mal ein kostenloses Fake-Profil eingerichtet und eine Weile mitgelesen, Alltagsanthropologie ist mein zweites Hobby.

»Nie […] möchte ich mich einer Situation aussetzen, wo Fleischbeschau und schlichte Zurückweisung das Grundprinzip des Umgangs bilden. Nein, ich bin nicht poly-, auch nicht pan- oder demisexuell. Nicht asexuell. Nicht postmodern. Ich bin bloß eine alte Jungfer«[276], schreibt die »Alte Jungfer« Malin Lindroth. Die M. sagt: »Du bist auf so irrationale Art altmodisch, dass es lächerlich ist, fast schon pathologisch«, und zählt mir ab und an Paare aus unserem gemeinsamen Bekanntenkreis auf, die *via Internet* zueinanderfanden, zwei stabile Patchwork-Familien sind daraus entstanden, das muss ich einsehen. Es schmälert mein Desinteresse an *OkayCupid* und all den anderen zynischen Maschinen jedoch nicht im Geringsten.

Die M. ist ein weiblicher Sisyphos der Liebe. Eine Donna Quixote auf Autopilot. Ein Freak aus einem emotionalen Paralleluniversum. »Ich würde mich *wie tot* fühlen, wenn ich es nicht wenigstens versuchte«, sagt sie – und: Bevor sie eines Tages »gar nichts mehr spüre«, lasse sie sich »lieber verletzen«.

Mit zwei Singulären Frauen bin ich also befreundet, die sich als »sex-positive Singles« begreifen und es höchst unterschiedlich auslegen und umsetzen, die M. und Gitta. Hinter dem Begriff *sex-positiv* verbirgt sich nicht nur Hedonismus, er hat auch eine politische Note, insofern als sich in den 1970er Jahren eine sex-positive Strömung im Feminismus bildete. Das Ziel war, kurz gefasst, die sexuelle Selbstbestimmung der Frau – ein hervorragendes Ziel. Sofort begann aber ein Streit innerhalb des feministischen Lagers, der sich bis heute fortsetzt und sich unter anderem immer wieder neu an der Pornografie entzündet. Die einen befürworten Pornos, auch die herkömmlichen, andere produzieren lieber eigene »feministische Pornos«, zu jener Fraktion zählen etwa die schwedische Filmemacherin Erika Lust und die deutsche Publizistin Laura Méritt; die Gegnerinnen, darunter die US-Amerikanerin Andrea Dworkin und Alice Schwarzer, riefen und rufen PorNO![277] Aktuell hat die Seite, die sex-positive Queerness vertritt, die Oberhand, würde ich sagen.

Die Berliner Autorin Kathrin Weßling schilderte 2020 in der Wochenzeitung *Der Freitag*, welche Effekte sich ergeben können, wenn eine Frau sich als sex-positiv bezeichnet:

> »Ein paar Monate später schrieb ich frohen Mutes in mein Twitter- sowie mein Instagram-Profil ›sex-positiv‹ neben ›Feministin‹. Das fühlte sich wie ein großer Schritt an und gefährlich. Und das war er auch. Bis heute glauben nicht wenige Männer, dass dieses Wort eine Einladung ist (und ich bin mir sicher, dass auch dieser Text wieder den ein oder anderen dazu motiviert, ›nur mal Hallo‹ zu sagen). Ein Missverständnis, dem sich viele Frauen ausgesetzt sehen, die offen mit ihrer Sexualität umgehen: Sex-positiv zu sein, bedeutet nicht, dass wir jederzeit und mit jedem ficken wollen. Es bedeutet nur, dass wir Sex nicht ablehnen, solange er gleichberechtigt ist. Alles andere ist eine individuelle Sache, eine Frage der Vorlieben und Wünsche.«[278]

Ich habe es, ehrlich gesagt, nicht ganz verstanden. Bin allerdings auch fünfzehn Jahre älter als Kathrin Weßling, vielleicht spielt das eine Rolle (das meine ich ernst). So wie ich das Internet seit 1997 kenne, erscheint es mir nicht sehr überraschend, dass manche heterosexuellen Männer »nur mal Hallo sagen« wollen, wenn eine Person, die als Frau erkennbar ist, sich auf ihren öffentlichen Profilen als »sex-positiv« vorstellt. Ich würde nicht annehmen, dass ein großer Teil der Internetbevölkerung mit den Finessen feministischer Theorie und Rhetorik vertraut ist. Und wenn es letztlich so einfach ist, wie Weßling erklärt –

»nicht jederzeit mit jedem«, »gleichberechtigt«, »alles andere ist individuell« –, dann leuchtet mir nicht ein, warum es extra dieses Wort braucht, *sex-positiv*.

Wobei rührige Befürworterinnen der Onanie ebenfalls eine wichtige Strömung im sex-positiven Lager bilden. Die US-Amerikanerin Betty Dodson war seit den frühen 1970er Jahren und bis zu ihrem Tod 2020 als Advokatin der weiblichen Selbstbefriedigung aktiv. 1974 veröffentlichte sie ihr Buch »Sex for one: die Lust am eigenen Körper«, das erst 1989 erstmals auf Deutsch erschien. Darin schreibt Dodson:

> »Ich sagte früher immer, die Masturbation führe zum Sex, doch jetzt weiß ich, daß Masturbation Sex *ist*. [...] Man muß sich einmal vor Augen halten, daß alle möglichen Leute nicht in einer Partnerbeziehung leben – manche freiwillig, andere, weil sie auf ›den Richtigen‹ warten, andere sind zu schüchtern oder körperlich behindert. Manche Männer und Frauen, die gerade eine lange Beziehung beendet haben, wollen sich nicht gleich wieder in eine neue stürzen, haben aber dennoch sexuelle Bedürfnisse. Und sehr oft vergessen wir auch die sexuellen Bedürfnisse der älteren Menschen, besonders, wenn sie nach langer Ehe verwitwet sind (und derjenigen, die sich im Krankenhaus, einem Gefängnis, einer Heilanstalt befinden). Ob von einem Liebhaber, dem Duschstrahl, einem Teddybären, einem Vibrator, einem Finger oder einer Zunge – ein Orgasmus ist ein Orgasmus.«

Die wahre Urheberin und mit Abstand einflussreichste Patin der sex positivity fing indes schon viel früher damit an, nämlich 1963: die damals auch in Deutschland bekannte US-amerikanische Journalistin Helen Gurley Brown – die die Single-Frau zum »neuen Glamour-Girl unserer Zeit«[279] erklärte.

»Sex and The Single Girl« hieß Helen Gurley Browns erstes

Buch. Unter dem Titel »Sex und ledige Mädchen«[280] war es auch in Deutschland ein Bestseller, nicht ohne einige Empörung auszulösen. Der freigeistige Ton, den die Amerikanerin anschlug, ihre Betrachtungen zu weiblicher erotischer Abenteuerlust bestätigten zunächst die ärgsten Vorurteile, die ohnehin schon über ledige Frauen existierten: allesamt Schlampen, Flittchen, So-gut-wie-Huren. Lesen wollten das natürlich alle.

»Was ist denn eigentlich eine sexy Frau? Das ist ganz einfach. Sie ist eine Frau, die das Sexleben genießt«, hieß es in »Sex und ledige Mädchen«. Und: »Der Idealfall wäre, wenn sich junge Männer im Alter von siebzehn Jahren mit fünfunddreißigjährigen Frauen zusammentäten.«[281] Nicht nur zu unbekümmertem Geschlechtsverkehr riet Gurley Brown ihren Leserinnen, sondern vor allem auch zu beruflicher Anstrengung und wirtschaftlicher Selbstständigkeit:

> »Sogar während die alleinstehende Frau mit Wonne ihrem Geschlechtstrieb nachgeht, […] ist es ihr noch immer möglich, als eine Dame aufzutreten, überall sehr angesehen zu sein und darüber hinaus noch beneidet zu werden, wenn sie Erfolg in ihrer Arbeit hat. So habe ich das gemacht, und so haben es auch viele meiner Freundinnen gemacht. Vielleicht klingt das alles nach Angabe. Ich habe nicht im Sinn, auch nur einen Augenblick zu behaupten, daß das Leben für eine alleinstehende Frau nicht oft ein Höllenleben ist. Aber ich möchte doch einmal zu bedenken geben, daß dieses Leben ebenfalls geradezu himmlisch sein kann.«[282]

Ihre eigene Lebensgeschichte war die Grundlage für ihre Thesen. Helen Gurley Brown stammte aus provinziellen Mittelschichtsverhältnissen, hat sich selbst nie als *schöne Frau* betrachtet, sondern als »gewöhnliches, armes Hillbilly-Mädchen«[283] und »Mouse Burger« bezeichnet, als *graue Maus*. Mit miserabel bezahlten Bürojobs, zeitweise in der Werbe- und Drehbuchbranche, schlängelte sie sich durch und legte dabei all den Ehrgeiz und all die Cleverness an den Tag, die eine aufstiegswillige junge Frau zu jener Zeit nur aufbringen konnte. Gurley war überzeugt davon, dass auch die *graueste Maus* eine *attraktive Frau* sein könne, wenn sie so unabhängig wie möglich lebe, genügend »Selbstakzeptanz im Angesicht fehlender Schönheit« aufbringe und eines Tages die »Identität der self-made woman« erlange – kurz: wenn sie mit ihren charakterlichen Eigenschaften überzeugte: »Die psychologisch ›sexy‹ wirkende Frau kann Hängeschultern haben, flachbrüstig sein, ein Pferdegesicht haben oder dumm sein wie Bohnenstroh, sie wird jemanden finden, mit dem sie sexy sein kann, denn sie hat es in sich, und er wird das merken.«[284]

1965 legte sie mit einem zweiten Ratgeberbuch nach: »Sex im Büro«. Der Gedanke, dass moderne Männer – die Männer ihrer Zeit – *Angst vor starken Frauen* verspürten, war Helen Gurley Brown fremd. Eher traf, ihrer Meinung nach, das Gegenteil zu, jedenfalls wenn es um spontanen Geschlechtsverkehr ging:

> »Ich brauche Sie nicht daran zu erinnern, meine Damen, daß alle erfolgreichen berufstätigen Frauen sexy sind. Männer haben es gern, mit einer Frau ins Bett zu gehen, die Verstand hat. Sie ist für sie eine Herausforderung. Wenn er sich bei ihr als Kerl beweist, dann bildet er sich ein, es müßte wirklich was an ihm dran sein.«[285]

Heute nennen manche Männer es *Trophy Fuck*, Trophäen-Fick, wenn es ihnen gelingt, eine erfolgreiche und / oder sich besonders unabhängig gebende Frau ins Bett zu bekommen.

Bald nahm Gurley Browns eigene Karriere eine entscheidende Wende, ihre Leserinnenschaft vergrößerte sich mit einem Schlag enorm: Sie übernahm die Chefredaktion des US-Magazins *Cos-*

mopolitan, das sie bis 1997 leitete und über dessen internationale Ausgaben – auch die deutsche – sie bis zu ihrem Tod im Jahr 2012 wachte. *Cosmopolitan* war 1896 als biedere Familienzeitschrift gegründet worden, erst unter Helen Gurley Browns Ägide entwickelte es sich zu dem *Frauenmagazin*, das es heute noch ist, mit den üblichen *Frauen*-Ressorts *Mode* und *Schönheit*, aber so gut wie keinen *häuslichen* Themen, keinen Backrezepten – stattdessen mit Karriere- und Sex-Tipps im Überfluss. »Lecken, Lutschen und andere Genüsse – Der ultimative Blowjob aus Männersicht« hieß im Januar 2021 eine Story aus der deutschen *Cosmopolitan*. Unverkennbar ist der Geist von Helen Gurley Brown dort bis heute lebendig. Unverändert ist auch die Abscheu, mit der viele Feministinnen das Blatt betrachten. Inhalte und Tonfall der *Cosmopolitan* – von etlichen anderen Magazinen mehr schlecht als recht kopiert – gelten als Musterbeispiele für einen oberflächlichen, konsumorientierten, letztlich zutiefst sexistischen *Lippenstift-Feminismus*. Immer wieder hämmerte Helen Gurley Brown, hämmern ihre Nachfolgerinnen es ihren Leserinnen ein: *Verdien dein eigenes Geld – sieh zu, dass du halbwegs nach was aussiehst – fang dir die Kerle – und vögel, soviel du kannst!*

JANE FONDA SIEHT DIE DINGE ANDERS

Auf welche Leserinnen traf Helen Gurley Brown in Deutschland – wer waren die »ledigen Mädchen« im Jahr 1963? Wenn sie unter dreißig waren, handelte es sich um *Kriegskinder*, wenn sie älter waren, zählten sie zur *Trümmerfrauengeneration*.

Die Mehrheit dieser Frauen »betrachtet sich durchaus als Opfer des Krieges. Sie sind es, die den Krieg mit ihrer Ehelosigkeit zu bezahlen haben; denn für sie wachsen keine Männer mehr nach!«[286], schrieb Regina Bohne, die sich hier schon zur Monsterfrage zu Wort gemeldet hat, in ihrem »Geschick der zwei Millionen«. Die erste sogenannte Volkszählung nach Ende des Zweiten Weltkriegs hatte einen gewaltigen *Frauenüberschuss* ergeben. Vierundsechzigeinhalb Millionen Deutsche gab es im Jahr 1946, darunter sieben Komma fünf Millionen mehr Frauen als Männer.[287] Die *Not am Mann* – eine Kriegsvokabel – wurde rasch zum geflügelten Wort. »Als sie in dem Alter waren, in dem Frauen damals üblicherweise ihre erste Liebesbeziehung eingingen, waren die meisten jungen Männer zum Militär eingezogen«[288], heißt es in einer Studie über diese Frauengeneration von der Uni Bamberg. Für eine Frau von Mitte, Ende dreißig, Anfang vierzig oder älter war es Anfang der 1960er Jahre so gut wie unmöglich, einen (neuen) Partner zu finden. Das Presse- und Informationsamt der Bundesregierung bezeichnete jene Frauen als »eine Gruppe, deren Wiederverheiratungschancen sehr gering sind, die man gemeinhin in ihrer Stellung zur Gesellschaft für benachteiligt ansieht und die sich selbst zum Teil für isoliert hält«.[289]

Mit etwas Glück kam eine Frau ohne Anhang in den 1950er und 1960er Jahren in einer *Junggesellinnenwohnung* unter, wobei es sich dabei oft nur um ein schmales Untermietszimmer handelte, eine umgebaute ehemalige Dienstmädchenkammer, eventuell auch nur um eine mit Sperrholzwänden abgetrennte Nische in einem mangelhaft ausgebauten Dachgeschoss, nah bei den Tauben. Zum einen herrschte, kriegsbedingt und noch für lange Jahre, allgemeiner Wohnungsmangel. Zum anderen vermietete niemand gern an eine Ledige. Reger *Herrenbesuch* wurde befürchtet, eine Frau ohne (feste) Begleitung konnte ein ordentliches Mietshaus in einen *Sündenpfuhl* verwandeln. Am Ende schleppte sie auch noch einen schlaksigen, kaugummikauenden, womöglich schwarzen Amerikaner[290] an. Es kam auch vor, dass ordentlich verheiratete Frauen fürchteten, die Ledige aus dem Stockwerk obendrüber könnte ihrem Karl-Heinz den Kopf verdrehen. »Die Ehen […] sind zumindest theoretisch durch die unverheirateten Frauen im mittleren Alter einer ständigen latenten Gefährdung ausgesetzt«, bemerkte dazu Regina Bohne. Etliche Frauen zogen in ihre Elternhäuser zurück oder blieben zwangsläufig dort hängen. »Viele leben als späte Tochter bei den Eltern oder mit ihren Müttern zusammen, unterstützen sie – aber 17 % leben allein und schicken dennoch Geld nach Hause, auch als erwachsene Frau.«[291]

Je weiter Frauen sich aus der häuslichen Sphäre entfernten und in die Arbeitswelt vordrangen und je wahrscheinlicher es wurde, dass sie dort mit Männern nicht nur zusammenarbeiteten, sondern sich mit manchen auch anfreundeten oder sexuelle Verbindungen eingingen, desto mehr schossen die Spekulationen ins Kraut, was mit den unverheirateten *Packerinnen* und *Bürofräuleins* so alles möglich war.

Schon die Fabrik des 19. Jahrhunderts »symbolisierte einen Hort des Lasters und des Verfalls«, wie die Historikerin Sybille Buske schreibt: »Dem Umstand, daß nicht miteinander verwandte Männer und Frauen gemeinsame Arbeitsplätze hatten, aber auch den hohen Temperaturen in Zuckerraffinerien und Gerbereien wurden außerordentlich sexuell erregende Wirkungen zugeschrieben.«[292]

Auch in modernen Büros verbringen Frauen und Männer mitunter mehr Lebenszeit als zu Hause, gemeinsame Erlebnisse schweißen bekanntlich zusammen, mit ihren Kollegen und Kolleginnen erleben sie eine anders geartete Alltagsnähe als mit ihren etwaigen Partnern oder Partnerinnen. Noch dazu boten und bieten sich in der Bürowelt viele versteckte Ecken, Besenkammern, Kopierräume, Fluchtwegtreppenhäuser, in denen ein diskreter *Quickie* jederzeit möglich ist.

Ruth Rehmann, die in ihrem Roman »Illusionen« von 1959 schon die Figur Gertrud Schramm lustvoll in der Großstadtmasse baden ließ, widmete auch dem »erotischen Knistern« in bundesdeutschen *Wirtschaftswunder*-Büros ihre Aufmerksamkeit – und lässt dabei sehr diskret aufblitzen, wie die ungebundenen weiblichen Beschäftigten in den überwiegend männlich besetzten Abteilungen auch als Sexobjekte betrachtet wurden:

> »Die korrekt und unauffällig gekleideten Damen, leicht zu verwechseln, tatsächlich auswechselbar, aber in ihren Funktionen unersetzlich, bilden die alte Garde jungfräulicher Vestalinnen, die berufen sind, die heilige Glut des Betriebsklimas zu hüten, zu schüren, zu dämpfen, kurz, sie genau auf der Normaltemperatur zu halten, die den Funktionen des ungeheuren Apparates zuträglich ist.«[293]

Eine bis heute sehr berühmte *Wirtschaftswunder*-Bürokraft hieß Lieschen Müller, arbeitete als Bankangestellte in einer Kleinstadt namens Dingskirchen, bezog ein bescheidenes Gehalt, ging hin und wieder ins Kino und aß »im Schnellimbiss von Däne Jan regelmäßig zu Mittag«[294]. Sie war die fiktive Hauptfigur in einem satirisch angelegten deutschen Film-Musical aus dem Jahr 1961: »Der Traum von Lieschen Müller«, gedreht von Helmut Käutner, mit Sonja Ziemann in der Titelrolle. Erschöpft von ihren Überstunden nickt das Film-Lieschen eines Abends über ihren Büropapieren ein und träumt, dass sie, als Erbin plötzlich an Reichtümer gelangt, »zu den oberen Zehntausend« gehört und schließlich die Liebe findet. Das Film-Lieschen singt über sich selbst: »Kein schönes Mädchen, kein reiches Mädchen, doch neben mir, da müsste einer gehen. Nur für den einen, für diesen einen, da wär ich alles, reich und schön.«[295]

Lieschen Müllers Traum fiel mit der Einführung der Antibabypille zusammen. Ab 1960 war sie in den USA verfügbar, von 1961 an auch in Deutschland, wobei sie zunächst nur an verheiratete Frauen über dreißig verschrieben wurde, die schon mindestens drei Kinder geboren hatten. Erst mit Beginn der zweiten Welle des Feminismus, zum Ende des Jahrzehnts, wurde die hormonelle Empfängnisverhütung ein größeres gesellschaftliches, auch unter Frauen nicht unumstrittenes Thema, und erst ab 1972 bekamen auch Unverheiratete unter Auflagen Zugang zu ihr. Viele Feministinnen begrüßten die Pille, weil sie Frauen ein unbeschwerteres Sexualleben ermöglichte und ihnen unter Umständen eine (illegale) Abtreibung ersparte. Andere kritisierten die gesundheitlichen Risiken und betrachteten die von Männern entwickelten Pharmaprodukte mit Skepsis. Der Geschlechtsverkehr war mit diesem Präparat von der Schwangerschaftsfrage entkoppelt, Frauen stand eine neue Möglichkeit offen, selbst darüber zu bestimmen, was *mit ihrem Bauch* geschah, und tatsächlich sanken die Geburtenraten in den westlichen Industrienationen seit den späten 1960er Jahren deutlich, weshalb in politischen Kommentaren lange Zeit von einem *Pillenknick* die Rede war. Jüngere Analysen zeigen jedoch, dass der Geburtenrückgang eher auf ein sich wandelndes gesellschaftliches Klima zurückzuführen ist als auf das neue Hormonpräparat, denn in den ersten Jahren lag der Anteil der Frauen, die damit verhüteten, nur bei zwei bis drei Prozent. Nicht nur die römisch-katholische Kirche unter Papst Paul VI. opponierte gegen die Pille[296], auch die hiesige Ärzteschaft hielt sich mit der Verschreibung zunächst zurück, vor allem wegen medizinischer Bedenken. 1976 verhütete hierzulande jedoch schon jede dritte Frau mit der Pille.

Das US-Magazin *Newsweek* benannte das Jahr 1965, in dem Helen Gurley Browns »Sex im Büro« erschien, nachträglich als historischen Schlüsselmoment, in dem ein »neuer Stil« des *Way of Life* entstanden sei, eine »tiefe Verschiebung in Paarungsmustern«[297] – und dabei erschienen sogenannte *Swinging Singles* als entscheidende Player. Das *Collins English Dictionary* versteht unter dem oder der *Swinging Single* bis heute »eine unverheiratete Person, die sexuell freizügig ist«. Ein aktueller, heute von manchen verwendeter Begriff für das gleiche Prinzip ist die, der, das *Mingle*, zusammengesetzt aus den englischen Wörtern *mixed* und *single*.[298]

Sowohl im Lieschen-Müller-Lager, an das die *Cosmopolitan* sich richtete, und schließlich auch der »Sexualaufklärer der Nation«, Oswalt Kolle[299], mit seinen Filmen, als auch in den akademisch und politisch aufgeheizten Kreisen der späteren 68er-Bewegung begannen Frauen, ihre sexuellen Wünsche zu entdecken, sie deutlicher zu formulieren, für ihre sexuelle Selbstbestimmung zu kämpfen und sie zu feiern, wenn sie sie erlangt hatten.

Das 68er-Lager stützte sich dabei im Wesentlichen auf die Schriften des austroamerikanischen Psychiaters und Sexualforschers Wilhelm Reich, der allerdings schon 1957 gestorben war, also nichts mehr von den *revolutionären* Umtrieben in seinem Namen mitbekam. Was Reich, ein glühender Nazi-Gegner und Verachter des faschistischen Familienbilds, geschrieben hatte, schien ganz im Sinne der Frauen zu sein. *Sittlichkeit* begriff er als Teil einer »Ideologiefabrik«. Nicht nur materiell, auch sexuell kämen Frauen in der »auf der monogamen Ehe fußenden Zwangsfamilie« zu kurz. »Die sexuell anspruchslose, nicht sehr selbständige, sexualverneinende oder das Erotische bloß duldende Frau ist die treueste, beste Ehegattin«, lästerte Reich, die Hausfrau und Mutter bezeichnete er als »Gebärmaschine des

Staates«[300]. *Schatz, ich hab' Kopfweh* lautete im 20. Jahrhundert ein Herrenwitz dazu. Ein anderer: *Wer zweimal mit derselben pennt, gehört schon zum Establishment*.

Die *sexuell befreite Frau*: In der Utopie hatte sie sich im Lauf der 1960er Jahre ihre persönlichen intimen Freiräume geschaffen, ob verpartnert oder nicht, lernte endlich, was ein Orgasmus ist, und genoss ihre Lust gerade so, wie es ihr gefiel.

In der Realität war die sexuell befreite Frau – insbesondere die ungebundene, die keinen *Aufpasser* um sich herum hatte – vor allem erst einmal eines: ein schwüler Traum von Millionen von Männern.

Das lüsterne Schielen nach der *unbemannten* Frau hatte schon in den frühen 1950er Jahren eingesetzt, als Frauen zurück *an den Herd* beordert wurden, um wertvolle Arbeitsplätze wieder für Männer zu räumen. *Daddy was coming home* – und tat sich nach den quasi gesetzlosen Kriegsjahren mitunter schwer mit seiner neuen, eng umrissenen Rolle als braver Brötchenverdiener. So wie vermutlich auch die zur *Anständigkeit* aufgeforderte Gattin an seiner Seite sich erst mühsam in ihr neues, eng begrenztes Leben einfügen musste. Schon damals wuchsen die Begierden nach der sexuell aufgeschlossenen, *unkomplizierten*, sozusagen *naturgeilen* Frau. Mitten in die reaktionäre McCarthy-Ära war 1953 der »Kinsey Report« geplatzt, eine Studie, die zeigte, dass achtundsechzig Prozent der US-Mädchen im Alter von achtzehn Jahren keineswegs auf *den Richtigen* warteten, sondern längst schon vorehelichen Sex erlebt hatten. Ebenfalls 1953 brachte ein abgebrochener Werbetexter und Verlagsvertriebsleiter namens Hugh Hefner die erste provisorische Ausgabe eines Magazins namens *Playboy* heraus. »Der Playboy liebte Frauen. Großbrüstige, langbeinige junge Frauen jedenfalls – und er hasste Ehefrauen«[301], schrieb die US-Autorin Barbara Ehrenreich einmal.

In Filmen, die von Männern gedreht waren, spielte das ungebundene, leichtlebige *Biest* schon bald eine Hauptrolle, verkörpert durch Marilyn Monroe oder in Europa durch das Schmollmundwunder Brigitte Bardot; oder durch die Schweizer Schauspielerin Ursula Andress, die 1962 in »James Bond 007 jagt Dr. No« als knallharte Single-Frau Honey Rider in einem weißen Bikini aus dem Meer steigt und die Berufsbezeichnung *Bond Girl* prägte; oder in den *Sexploitation*-Streifen des deutsch-amerikanischen Low-Budget-Filmers Russ Meyer, der nach eigenen Angaben und nach Wikipedia auf weibliche Oberweiten »von mindesten 120 cm« stand und zwischen 1950 und 1979 Dutzende Filme raushaute, die an der damaligen Pornogrenze meist nur knapp entlangschrammten, mit sehr dramatisch gerundeten *Amazonen* als Hauptfiguren und Filmtiteln wie »Die Satansweiber von Tittfield« und »Die liebestollen Hexen«; oder 1966 in Andy Warhols Experimentalfilm »Chelsea Girls«, in dem nicht nur gefummelt, sondern auch ordentlich gedrogt wurde; oder 1968 mit dem deutschen Film »Zur Sache Schätzchen«, der indes von einer Frau gedreht war, May Spils, und in München-Schwabing spielt, mit Uschi Glas als *flotte Barbara* in der Hauptrolle und folgendem Mottospruch: »Zur Sache, Schätzchen / mach keine Mätzchen / komm ins Bettchen / rauchen wir noch'n Zigarettchen.«

Lieschen Müller, immer noch solo, hatte sich derweil einen kleinen tragbaren Plattenspieler zugelegt und ein paar Singles – für die Jüngeren: so nannte man im vergangenen Jahrhundert eine kleine Schallplatte mit nur je einem Stück auf der Vorder- und der Rückseite – und ließ das Lied »Kismet« laufen, mit dem das musikalische Multitalent Caterina Valente 1965 einen kleinen Hitparadenerfolg erzielte:

»Ich kann nicht einsam sein / doch ich bin oft allein / Es ist nicht alles Kismet / ich kann mich selbst befrei'n / dann wird mein eig'ner Wille / schon bald mein Kismet sein.«

Drei Jahre später, 1968, hat Lieschen Müller noch immer keinen Begleiter und steht auf einen Song der deutsch singenden Französin France Gall. Kurz vor der ersten Mondlandung singt France Gall ein total verrücktes Science-Fiction-Lied, als ob es so was jemals geben könnte, France Gall singt:

»Der Computer Nr. 3 / Sucht für mich den richtigen Boy / Der Computer weiß genau / Für jeden Mann die richtige Frau / Und das Glück fällt im Augenblick / Aus seiner Kartei.«

Unterdessen setzten bei vielen politisch bewegten *68erinnen*, die ganz ernsthaft und engagiert neue, emanzipiertere, freiere Partnerschaftsmodelle mit Männern hatten entwickeln wollen, sehr schnell Katergefühle ein. Aufschlussreich und ernüchternd ist es, wie einige der Frauen auf ihr (Liebes-)Leben zurückblicken, die in der Hochphase der sexuell angeblich so befreiten 1960er und 1970er Jahre aktiv dabei waren, als *flotte Bienen*, Kommunarden-Haremsdamen, *unzickige Uschis.*

»Meine Liebesbeziehungen waren immer kurze Hochs und lange Tiefs. Nachdem ich mich habe scheiden lassen, gab es einige Affären, keine wirkliche Beziehung, und immer lange, lange Liebeskummer. Ich kam damit überhaupt nicht klar, und im Grunde waren diese Jahre [...] bei mir eine Zeit außerordentlicher Verwirrung auf jeder Ebene und auch außerordentlich schmerzlich. Deshalb würde ich sagen: Die sexuelle Revolution ging absolut auf Kosten der Frauen.«[302]

So erinnerte sich die deutsch-britische Malerin Sarah Haffner an die Ära 68. Haffner war damals als geschiedene alleinerziehende Mutter in politischen Gruppen aktiv und ist auch in späteren Jahren »in engen Beziehungen zu Männern [...] nie klargekommen«.

Eine ihrer Generationsgenossinnen, die Kunsthistorikerin Karin Adrian, lebte in den *wilden Jahren* zunächst in *wilder Ehe* mit ihrem Lebensgefährten und einem gemeinsamen Kind in einer Berliner Kommune – und litt nach eigener Aussage unter dem konstanten »Fremdgehen« ihres Partners, unter der Tatsache, dass »andauernd irgendwelche anderen Frauen einbrachen«. Rückblickend konstatiert sie, »dass die Männer zwar die Revolution angezettelt, aber selbst überhaupt keinen Emanzipationsprozess durchlaufen haben, anders als die meisten Frauen.«[303]

Im *revolutionären* Lager, im Kunst-Milieu und vielleicht auch bei der einen oder anderen Kellerparty wurde fleißig kopuliert, zum großen Vergnügen vieler Männer und zum größeren Verdruss vieler Frauen, von denen nicht wenige ihr Leben schließlich als *Alleinstehende* verbrachten, auch wenn sie es sich eigentlich anders gewünscht hatten.

Interessant ist, wie manche Feministinnen der nächsten Generation, Frauen aus den »Sex and the City«-Jahrgängen, die 1960er Jahre rückblickend dennoch gern verklärten. Ein auffälliges Beispiel ist die Filmfigur *Barbarella* – eine schlanke Astronautin, die als supersexy Single-Frau durch den Weltraum zieht, 1968 gespielt von Jane Fonda. *Barbarellas* Mission ist es, einen männlichen Schurken namens Durand-Durand außer Gefecht zu setzen, ihre wichtigste Waffe ist die Liebe, insbesondere die körperliche, und so kopuliert sie sich durch den Kosmos, mit *Sex-Orgeln* oder in sadomasochistischen interstellaren Verliesen, in denen sie durchaus auch mal sauber gequält wird. Regie führte Roger Vadim, Jane Fondas damaliger Ehemann. Brigitte Bardot, Sophia Loren und Virna Lisi hatten die Rolle abgelehnt, und Jane Fonda sagte Jahre später, als sie schon lange von Roger Vadim geschieden war, sie habe den Film für frauenfeindlich gehalten und während der Dreharbeiten an Essstörungen und Attacken von Selbsthass gelitten. Auch andere junge Frauen jener Tage, etwa die US-Schriftstellerin Renata Adler[304], fanden *Barbarella* so sexistisch, wie die Hauptdarstellerin selbst es wahrnahm.

In auffälligem Kontrast dazu bewerteten Millenniums-Feministinnen den Film deutlich positiver. Dreißig Jahre nach *Barbarella* hatte sich das gesellschaftliche Klima, hatten sich auch die Spielregeln des Kapitalismus erneut gewandelt, Frauen bejubelten jetzt ihre »freie, marktkvermittelte Sexualität«, schreibt Eva Illouz: »Eine emanzipierte, starke und positive Frau fühlte sich wohl mit ihrem Körper und ihrer Sexualität, die durch Konsumartikel vermittelt waren.« *Victoria's Secret, Girl Power,* Sex-Shops und Pornos von Frauen für Frauen, *Super-Sale*-Erlebnisse verschiedenster Art, die Anfänge von *Botox-to-go*. Und so schwärmte etwa die kalifornische Medienwissenschaftlerin Lisa Parks 1999 über *Barbarella*: »Die sexy und politisch engagierte Astronautin und Single-Frau fordert traditionelle Gender-Normen heraus; sie genießt ihre eigene körperliche Lust.«[305]

Es ist frappierend: Die Original-*Barbarella* Jane Fonda hatte kein Hehl aus dem Brechreiz gemacht, den diese Rolle bei ihr auslöste, und hatte die allzeit zum Geschlechtsverkehr bereite Astronautin als cineastische Sex-Objektifizierung des Wesens *Frau* identifiziert – als eine Fantasiefigur, die vor allem der Aufgeilung des männlichen Publikums diente.

Die neoliberal verstörte Töchtergeneration wischte Fondas Bedenken mit Beginn der 2000er Jahre eiskalt weg, folgte stattdessen bereitwillig dem Blick des männlichen Regisseurs – und deutete das *Geficktwerden* von *Barbarella* kurzerhand zu einem Ausdruck *sex-positiv-feministischer Selbstermächtigung* um.

Well, well, denke ich und sehe die M. vor mir, wie sie auf ihr Science-Fiction-artiges Kommunikationsscheibchen starrt, das sie mit ihren frisch lackierten Fingernägeln umkrallt.

WIE ICH VERSUCHTE, DEN ANSCHLUSS NICHT ZU VERLIEREN

Es ist nicht so, dass ich es gar nicht mehr versucht habe.

DER PORTUGIESE

Ein Mann wohnte im Haus nebenan, auf gleicher Höhe, und hielt sich oft zur selben Zeit auf seinem Balkon auf wie ich. Ich war gerade vierzig geworden und befand mich in einer Phase, in der ich von mir sagte: »Ich bin gern Single.« Der Mann schien in meinem Alter zu sein, zwei, drei Jahre älter vielleicht, und sah aus wie ein Portugiese, hager, aber nicht dürr, mit dunklem dichtem Haar, und schien immer dasselbe zu tragen, eine schwarze Hose und ein schwarzes T-Shirt. *Stilvoll*, fand ich. Einmal hatte er rübergenickt und seine Bierflasche gehoben, um mir zuzuprosten. Mit meiner Kaffeetasse hatte ich zurückgeprostet.

Ein paar Wochen später hatte er einen kleinen Grill auf seinem Balkon aufgebaut, darauf briet er einen Fisch. Der Rauch zog zu mir, die in einem Buch las, herüber, der Mann bat um Entschuldigung, ich sagte: »Das macht nichts, es riecht sehr gut«, denn in meiner Nase duftete es nach *Sardinhas assadas*, von denen ich schon ganze Schwärme in Lissaboner Lokalen verspeist hatte. In Portugal war und bin ich immer sehr verliebt. *In love* mit der Luft, dem Licht, dem Wasser, *in love* mit der Sprache, die in meinen Ohren nach einer Mischung aus Französisch, Spanisch, Serbokroatisch und etwas Außerirdischem klingt, *in love* mit mir, die kaum ein Wort davon versteht, sich bis an ihr Lebensende an den gekachelten Häuserwänden wird erfreuen können, Eidechsen und Riesenlibellen fotografiert, bis die Speicherkarte voll ist, in der Brandung spaziert, *die schönsten Muscheln von allen* sammelt und sie wieder zurückwirft, ins Meer, das sie schließlich stundenlang betrachtet, auf einem Handtuch sitzend, niemals auf einer Liege. Die Jahre für die Liege werden kommen. *Noch nicht jetzt.* Selbst wenn es sieben Tage am Stück regnet, macht es mir in Portugal nichts aus. *Nebensaison* ist das Zauberwort. *Menschenleere Momente. The Beauty of November.* Die Portugiesinnen und Portugiesen kann ich gut leiden, sie sind freundlich, wenn man sich ihnen nähert, tigern aber nicht um eine herum, lassen eine in Ruhe, lassen eine *als Frau allein* sein. Ich habe immer das Gefühl, sie beobachten mich, wie ich ihr schönes Land beobachte, die Klippen, Katzen und Kakteen. Oft ist es so: Ich sitze auf der Veranda eines schepp zusammengezimmerten Strandbudencafés, verbummele die Zeit, schaue aufs Wasser, rauche eine oder zwei oder drei, und wenn ich meinen Kopf einmal wende, unwillkürlich, *nur so,* lehnt hinten an der Theke eine mittelalte Frau mit weißer Schürze oder ein junger Kellner oder ein alter Wirt und schaut mich an, mit verschwommenem Blick, und lächelt versonnen, betrachtet die fremde Frau, wie sie still dasitzt und schaut, auf das Panorama, das jeden Tag das gleiche ist, und dann wieder doch nicht – ihr Meer. Ich würde nicht sagen, dass ich unromantisch bin, ein Rest ist auf jeden Fall noch vorhanden. Ich gehe nur eben sehr sorg- und sparsam damit um.

Die Abendsonne tauchte den Himmel über der Stadt ins Rötliche, und der Mann von nebenan tat etwas, was sonst nur in Drehbüchern steht: Er fragte, ob ich rüberkommen und mitessen wollte. »Jetzt?«, fragte ich, und er deutete mit einer Fischzange auf den Grill: »In vier Minuten ist er gar.«

Ich gammelte, auch das schien aus einem Drehbuch zu stammen, in einem zerschlissenen Karohemd herum, ohne Lidstrich, meine Haare waren nicht gerade frisch gewaschen, und dachte für drei Tausendstelsekunden darüber nach. Aber nicht länger, denn er rief mir seinen Nachnamen zu, damit ich wusste, welchen Klingelknopf ich zu drücken hatte, und dann saßen wir in seiner Küche und teilten uns eine Goldbrasse. Brot und Oliven servierte er dazu, damit es zum Sattwerden reichte, und als ich sagte, dass ich Bier nicht mochte, holte er eine angestaubte Flasche Rotwein aus einem Regal.

Wir unterhielten uns ohne jede Verklemmtheit, ohne jeden Druck. Nicht aus Portugal kam er, sondern aus Ostfriesland. Ich glaubte es ihm erst, als er ein paar Sätze auf Plattdeutsch von sich gab. Darauf führte ich ihm vor, wie Hessisch klang. Er arbeitete als »eine Art Ingenieur«, wie er sagte, es hatte mit den Sitzen in ICE-Zügen zu tun, und das nahm mich sogleich noch etwas mehr für ihn ein. Endlich einmal wieder ein Mann, der mit *Kultur* oder *Medien* nichts zu tun hatte. Das ist ja die große Crux am Erwachsensein: Früher oder später kommt man aus der eigenen Blase kaum noch heraus. Seine Wohnung hatte fast den gleichen Grundriss wie meine. Spätstudentisch eingerichtet, aber nicht karg, aufgeräumt, aber nicht steril. Er mochte Nick Cave. Nun gut. Ich lud ihn für ein paar Tage später zum Gegenbesuch ein, schon aus Höflichkeit. Wahrscheinlich aber auch, weil ich solche Sehnsucht nach Portugal hatte. Und weil mir schon damals aufgefallen war, dass ich mich schon länger nicht mehr für jemanden hatte erwärmen können. Ich dachte, es sei wahrscheinlich »gesund«, der Sache zumindest eine kleine Chance zu geben. Dachte: *Nicht, dass du es eines Tages bereust.* Dachte: *Jünger werden wir ja auch nicht …*

Wir gingen spazieren, am Fluss. Trafen uns in einer Kneipe um die Ecke. Erzählten uns von unseren Lieblingsfilmen, sprachen über die große Baustelle in der Nähe. Und darüber, dass wir beide etwa gleich lang allein waren. Er sagte: »Kaum zu glauben, dass man so jemanden noch trifft, einfach so, im Haus nebenan, eine sympathische Frau, die ihr Leben im Griff hat, Single ist, aber sich keinen Stress deswegen macht.« Ich gab das Kompliment zurück. Und bin sicher, dass uns auch sonst passgenau dasselbe durch die Köpfe ging. Die Balkone, der Zufall, der Fisch, alles ist echt, keine Schleimigkeit, kein angestrengtes Gebagger, und hübsch ist er / sie auch noch.

Ebenso sicher bin ich mir, dass wir parallel dazu dies dachten: »Wie schade, aber ich bin leider überhaupt nicht verzaubert.«

Auch bei der dritten, vierten Verabredung tat sich, zusammengefasst, nichts, nicht das zarteste Flattern. Ich hielt es für möglich, dass es an mir lag. Dass ich aus der Übung und sozusagen *blind*, vielleicht auch *stumpf* geworden war. Dass ich mir nach fünf, sechs Jahren des Nichtmehrfestverbändeltseins bereits eine Deformation angezüchtet habe könnte. Kann man selbst herausfinden, ob man eine *Betonmauer* um sich errichtet hat? Oder merkt man es tragischerweise nicht, wenn man in einer *Rüstung* steckt?

Es beschäftigte mich so sehr, dass ich einer Freundin davon erzählte, diesmal der B. (damals kannte ich die M. noch nicht), und einem Freund, um auch die männliche Perspektive einzuholen. »Es ist nichts an diesem Mann auszusetzen«, sagte ich. »So okaye, lässige Typen, die auch alleine gut klarkommen, sind wirklich selten.« – »Ja: UND?«, fragte die Freundin und riet, ich solle mich *entspannen* und mir *mehr Mühe* geben, was, selbstverständlich, ein unauflösbarer Widerspruch war. Der Freund wiederum fand, es klänge doch alles ganz famos, und empfahl, der Sache *mehr Zeit* einzuräumen. Worauf ich ihm zu erklären versuchte, dass *Zeit* meiner Meinung nach nicht das Problem war: »Wir finden uns sympathisch. Aber wir stehen nicht aufeinander.«

Bei einem Internetpsychologen namens Guido F. Gebauer[306] las ich etwas zum Thema »Schmetterlinge im Bauch«, das dem ähnelte, was der Freund am Telefon gesagt hatte. »Schmetterlinge« seien für die Paarbildung nicht zwingend notwendig, schon gar nicht in fortgeschrittenem Alter. Er erklärte, »die Angst, sich nicht verlieben zu können«, beruhe auf einem Missverständnis von Beziehung. Ab dem »mittleren Alter« starteten viele Beziehungen nicht mit aufwallenden Gefühlen. Es gelte, »sich nicht wie ein Teenager fühlen zu wollen, sondern stattdessen eine Offenheit zu entwickeln für Sympathieentwicklung und das schrittweise Entstehen von Nähe«. Das erschien mir alles sehr vernünftig.

Beim nächsten Treffen hatten der Balkonnachbar und ich uns allerdings schon nach einer Stunde nicht mehr viel zu sagen. Aber weder er noch ich wollte den Abend schon beenden. *Sich Mühe geben*: Ich denke, das taten wir beide. So wechselten wir von der Bar in ein Billardlokal und spielten zwei Runden, um Gesprächsstoff zu generieren: »Hoh, ho, ho, du hast die gelbe Kugel versenkt!« Vielleicht führten wir beide später, als wir allein in unseren jeweiligen Betten lagen, den Test durch. *An den anderen denken, sich Vorstellungen machen* und schauen, wie's wirkt. Bis man es irgendwann aufgibt und, wenn man schon mal dabei ist, umschaltet, auf die üblichen, jahrelang erprobten Bilder, Szenarien, feuchten Träume, und es wenig überraschend, aber befriedigend zu Ende bringt.

Ach, es war schade. Einmal sah ich ihn von Weitem, auf der anderen Straßenseite, wie er mit jemandem telefonierte und ein paar Schritte hin und her ging dabei. Auf zwanzig, dreißig Meter Entfernung war er immer noch ein Portugiese.

So sacht und respektvoll wir uns einander angenähert hatten, so sacht und respektvoll löste sich unsere kleine Verbindung nach ein paar Wochen wieder auf.

Freundschaft: Dieses Wort nahmen wir an unserem letzten Kneipenabend in den Mund. Ich weiß nicht mehr, wer es zuerst gesagt hatte, aber ich bin sicher, der oder die andere war erleichtert, dass es raus war. Und zugleich wussten wir beide, nehme ich an, dass Freundschaft nicht das Thema war, das uns für ein dünnes Weilchen zusammengeführt hatte. Er hatte genug Freunde, ich auch. Beide hatten wir *etwas anderes* für möglich gehalten. Weder er noch ich hatte *gesucht* – und doch hatten wir beide ein kleines *Wunder* (noch) nicht ganz ausgeschlossen.

Zwei erwachsene Menschen, zwei von Hunderttausenden Singles in der gleichen Stadt, nur eine Hauswand voneinander entfernt, zwei friedliche Satelliten, die sich kurz einmal in der Umlaufbahn des oder der anderen umgesehen hatten und fortan wieder ihre eigenen Ellipsen drehten und ab und an noch ein paar freundliche Worte wechselten, über die Balkonbrüstungen hinweg.

Kein einziger *peinlicher Moment*, kein Beleidigtsein.

Ich habe den Portugiesen in bester Erinnerung.

Etwa ein Jahr darauf ging ich mit der Freundin B. auf ein Konzert in einem schummrigen Club. Es spielte eine Band, die nur in eingeweihten Kreisen ein kleines bisschen berühmt war, ich bezeichne sie hier jetzt einmal als Indie-Band (sie würden es hassen). Eine Männerband, deutsch, aus meinen Jahrgängen, nur wenig älter als wir. Die Freundin B. und ich hatten den Eingang via Gästeliste passiert, sie als mein +1, weil ich den Sänger einmal interviewt hatte. Die Freundin war ebenfalls Single, wenn auch erst seit zwei Jahren, und sie war eine, die es anders auslegte als ich, sie suchte aktiv nach einem Partner. Während sich der Club füllte, erzählte sie mir von ihren jüngsten Flirterlebnissen. Wir waren uns einig, dass sehr viel jüngere Männer nicht attraktiv für uns waren. Körperlich schon, aber seelisch-mental leider nicht. Ältere Männer, also: sehr viel ältere Männer, auch nicht. Körperlich schon mal gar nicht. Und seelisch-mental: O weh. Mehr oder minder Gleichaltrige kämen in Frage, plus minus fünf Jahre, wobei wir nach oben hin etwas toleranter waren als nach unten. Maximal ein Jahrzehnt älter könnte er sein, so besprachen wir es, und mir fiel ein, dass dies bedeuten würde, mit einem Fünfzigjährigen zu knutschen. Darauf streute ich etwas Ähnliches ein wie: »Es wird so oder so ungewohnt für mich sein, ich bin ja schon viel länger draußen als du. Falls ich mich irgendwann doch wieder einmal verliebe, wird es ein alter Sack sein. Es fällt mir schwer, mich an diesen Gedanken zu gewöhnen.« B. und ich lachten. *Single-Frauen*-artig, nehme ich an.

Als die Band begann, standen wir in der ersten Reihe. Nicht weil wir sie so toll fanden, sondern weil der Sänger ein netter Kerl war, weil ich höflich sein und zeigen wollte, dass *die Presse* ihnen erneut Aufmerksamkeit schenkte. Der Sänger nickte mir lächelnd zu, bevor sie mit dem ersten Song anfingen.

Das Konzert war so lala. Und wie ich nun also ganz vorne, ganz links am Rand stand, direkt vor dem Keyboardmann, betrachtete ich selbigen. Da das Keyboard in dieser Band eine untergeordnete Rolle spielte, war er mir vorher nie aufgefallen. Das Gespräch mit der Freundin noch im Kopf, nahm ich den Keyboardspieler als Fallbeispiel. Ich betrachtete ihn mit dem alltagssoziologischen Gedanken: *So einer wird es eines Tages dann wohl sein* und schätzte ihn auf drei, vier Jahre älter als ich. Er saß zwar an seinem Tastengerät, aber ich sah, dass er groß war, eins neunzig ungefähr, und ein wenig angesetzt hatte, wie es typisch ist für Menschen über vierzig. Auf keinen Fall war er der *sportliche Typ*, und das gefiel mir, denn auch ich halte Sport für zeitverschwenderischen Unfug. Der Keyboardspieler trug sein zerzutzeltes Haar ohrläppchenumspielend, dunkelblond, na ja, dafür konnte er nichts, und sein Gesicht schmückten beeindruckende Augenringe. Sein Anzug, ein Modell aus den Siebzigern wahrscheinlich, war arg zerknittert, der Pullover darunter hellgelb, ein Hans-Dietrich-Genscher-Pulli, und seine Füße steckten in hellroten Lederslippern. *Darauf muss ich mich einstellen*, dachte ich, *ein minimal schräger Typ, bisschen fertig. Einer mit Vergangenheit. Nicht gerade eine Sexbombe. Aber mit okayem Musikgeschmack und einem gewissen Witz.* Ja, ich denke, der Genscher-Pullover in Kombination mit den roten Slippern war es. Der Pullover spiegelte meine Second-Hand-Kleider wider, die Slipper entsprachen meinen rosafarbenen Scherzschuhen. Wir beide schienen unseren Spaß daran zu haben, mit sogenannter Männlichkeit und sogenannter Weiblichkeit zu spielen. Und auch wie er so guckte, stur auf seine Tasten, versunken in sein Geklimper, und sich eine Kippe nach der anderen in seinen Mundwinkel klemmte: Gut möglich, dass ich mich selbst in ihm sah.

Nach einer Weile tippte ich B. an: »So einer wird es dann eines Tages sein, rein hypothetisch gesprochen jetzt mal. Ein alter Sack, aber ein sympathischer. Leider nicht reich. Ein in die Jahre gekommener Indie-Boy. Das wird mein Schicksal sein.«

»Du kennst doch den Sänger!«, sagte die Freundin B.

»Ja«, sagte ich.

»Na also!«, sagte die B. »Dann gehst du später natürlich backstage, sagst, dass dir das Konzert gefallen hat, und wirfst noch mal bei besserem Licht einen Blick auf den Mann. Vielleicht gehen die noch irgendwo hin, und du gehst natürlich mit, mit Groupies ist bei denen sonst ja nicht mehr viel, und du siehst super aus heute Abend, außerdem bist du *von der Presse*, und dann setzt du dich neben ihn und …«

»Hör auf, es ist nur Theorie«, sagte ich, »der Mann ist nur ein Beispiel. Und sowieso: Er wird zwei Kinder haben, weswegen er eh festhängt in seiner Stadt, und vor allen Dingen wird er dort mit einer Frau zusammenwohnen, und es wird eine gute, smarte Frau sein. Vielleicht hat er ein Suchtproblem, ist auf irgendwelchen Pillen hängengeblieben, seit damals, 1996, als er es ein bisschen zu bunt getrieben hat. Schau dir die Augenringe an! Oder er steht auf Jungs. Ich meine: die Schuhe …«

»Du wirst jetzt gleich backstage gehen, verdammt«, sagte die Freundin und lachte erneut, und ich lachte auch wieder, immer diese lachenden Frauen, und dann spielten sie auch schon ihren letzten Song.

Nach dem Konzert, der Club-DJ begann sein Standardprogramm, musste die Freundin zur Toilette. Ich hatte ihr befohlen, mit dem Backstage-Blödsinn aufzuhören, und so stand ich da und wartete auf sie, als der Sänger mit dem Keyboardspieler auf mich zukam. Der Sänger fragte, ob es mir gefallen hätte, stellte mir seinen Bandkollegen vor und umgekehrt. Der Keyboardspieler war wirklich groß. Wirklich ein bisschen dicklich. Und wirklich zerknittert. Der Sänger redete, der Keyboardmann und ich nickten dazu. Zwei, drei Mal trafen sich unsere Blicke. Auf diese bestimmte Art. So dass man sofort wegschaut. Um sogleich wieder hinzuschauen. So dass die Blicke sich erneut treffen, obwohl man sich eigentlich gar nicht anschauen kann. Und man weiß genau, der andere merkt es auch. Und dann schaut man schon wieder hin.

Hinter den Männern sah ich die Freundin zurückkommen. Sie blieb stehen, riss übertrieben ihren Mund auf und begann im Rücken der Männer zu gestikulieren. Ich versuchte, nicht hinzusehen. Schaute wieder zu den Männern. Also zum Keyboardspieler. Er schaute auch.

Die Freundin verschwand (und schrieb mir eine SMS, die ich erst später las: »Will alles hören! Ruf mich an! Kuss, B.«), der Sänger sagte jemand anderem Hallo, der Keyboardmann blieb stehen. Wir fingen ein Gespräch an. Es war ja egal worüber, wir redeten halt erst mal. Ware er nervös, weil ich nervös war, oder umgekehrt oder beides?

»Ich bin so groß, wollen wir uns nicht setzen?«, sagte er nach zwei Minuten. Das fand ich höflich, so musste ich nicht zu ihm aufschauen, und er schonte seinen Rücken, weil er sich nicht länger zu mir herunterbeugen musste. Der knittrige Mann erzählte von weiteren Musikprojekten und fragte, was ich sonst so machte. Dass ich am liebsten nur noch Bücher schreiben würde, es mir aber nicht leisten könne, sagte ich, und so schimpften wir ein paar Minuten auf den Kapitalismus. Wir verglichen, wie viele Zigaretten wir am Tag rauchten (er lag vorn). Ich sagte, dass ich etwas andere Musik bevorzuge und nur eine Platte seiner Band besäße. Er sagte, er höre zu Hause auch andere Musik. Ich lobte seine Schuhe. Er lobte mein Kleid. Er sagte, er möge die USA nicht, ich sagte, man müsse die USA lieben, allein schon für die

Musik. Nein, also, das könne er nicht verstehen, sagte er. Nein, also, das könne ich nicht verstehen, sagte ich. Dann blickten wir uns zum ersten Mal doch so richtig in die Augen, und sie strahlten, alle vier. Ich schwöre, es war so.

Nach vierzig Minuten, vielleicht einer Stunde, hieß es, die Band fahre nun ins Hotel, ob der Keyboardmann mitkomme. Er warf mir einen Blick zu, den man »fragend« nennen könnte. Ich sagte: »Das passt, ich bin ziemlich müde.« Er lächelte und sagte: »Ich auch …«

Er würde gern eines meiner Bücher lesen, sagte er.

»Nimm das mit dem Kapitalismus«[307], sagte ich.

Er schlug vor, dass wir tauschten, und bot mir eine seiner Bandplatten für das Buch. Er stolperte zur Theke, stolperte mit einem Zettel und einem Stift wieder zurück und schrieb seine Postadresse auf. »Okay«, sagte ich, »ich schick's dir, dann hast du meine auch. Außerdem weiß euer Sänger ja eh, wie ich zu erreichen bin.«

Noch in derselben Nacht machte ich auch mit dem Keyboardspieler den Test – machte mir also *Vorstellungen* mit ihm, alleine, auf meinem ehepaartauglichen Doppelmatratzenbett –, und das Experiment verlief überaus vielversprechend. Zwei Tage später machte ich einen Umschlag fertig. Setzte eine knappe Widmung ins Buch (»Für den kapitalismuskritischen Keyboardmann«) und packte eine Postkarte dazu, mit einem leeren Einkaufswagen vorne drauf, schrieb meine Adresse, E-Mail-Adresse und Telefonnummer auf die Karte und als Gruß: *Falls er noch Fragen zu Amerika habe …*

Die B. erkundigte sich alle zwei Tage: »UND …?«

»Sei nicht so albern«, erwiderte ich.

Und schaute morgens noch vor dem ersten Kaffee in den Briefkasten. Und abends noch mal.

»UND … wie ist der Stand?«, fragte die Freundin B. nach dreizehn Tagen.

»Stop it!«, sagte ich.

Nach drei Wochen wollte sie wissen: »Hast du jetzt mal was gehört …?«

»Nein«, sagte ich. »Es sind erst drei Wochen, der Mann hat viel zu tun, ich auch – KOMM RUNTER!«

Ob ich mich bei der Adresse vielleicht verschrieben hätte?

»Oder den Umschlag falsch frankiert?«

»Dann wäre er ja zurückgekommen«, sagte ich.

Nach fünf Wochen überlegte ich, dass ich, erstens, nicht darüber grübeln musste, ob ausgerechnet der Postbus, der diesen Umschlag transportieren sollte, verunglückt und in Flammen aufgegangen war, und dass, zweitens, die Möglichkeit bestand, dass er mir eine falsche Adresse aufgeschrieben hatte. Aber warum hätte er das tun sollen? Der Buch-Platten-Tausch war sein Vorschlag gewesen. Außerdem: mein Kontakt zum Sänger. Ob ich meine Botschaft etwas *eindeutiger* hätte formulieren sollen, überlegte ich. Andererseits – nein. Vielleicht hatte der Keyboardspieler tatsächlich eine Frau an seiner Seite. Fragen Menschen sich solche Dinge im ersten Gespräch, gleich in den ersten zweiundfünfzig Minuten, wenn sie noch gar nicht wissen, um welche Art von Gespräch es sich handelt? Im Internet existierten zwölf verschwommene Bühnenfotos von ihm. Kein Wikipedia-Eintrag, kein Profil, nirgends.

Nach sieben Wochen hatte sich mein Verhältnis zu meinem Briefkasten normalisiert.

Nach neun Wochen hob die Freundin dann doch noch einmal an, ein letztes Mal: »Kam da eigentlich noch irgendwas …?«

DER LIEBHABER

> »Während sie ihren Kaffee abkühlen ließ, machte sie das Bett – eine fruchtlose und deprimierende Sache, weil kein Mensch es sehen würde, aber man konnte nie wissen. Vielleicht lud sie einen Mann zu sich nach Hause ein. Das dachte sie jeden Morgen, aber seit fast einem Jahr hatte sie keinen Liebhaber gehabt, was ihr einerseits ein Gefühl von Altsein gab und andererseits gleichgültig war. […] Je länger es keine sexuellen Beziehungen in ihrem Leben gab, um so weiter schien sie sich davon zu entfernen. Als wäre sie auf einmal wieder eine Jungfrau. […] Später, als sie hoffte, jemanden zu finden, mit dem sie zusammenbleiben konnte, begann sie unter gleichaltrigen Männern zu suchen. Aber die Jahre als unverheiratete Playboys oder Bürodrohnen hatten ihnen zugesetzt, und sie begannen schon zu verwelken«,

heißt es in dem Roman »Die gefährlichen Jahre«[308], mit dem die US-Schriftstellerin Rona Jaffe 1976 auch in Deutschland einen Bestsellererfolg erlangte. Er handelt von vier Singulären Frauen im Alter von um die vierzig, die ganz unterschiedlich mit ihrem Alleinsein umgehen. Das obige Zitat erzählt von der Hauptfigur Margot King. Und von einer Erfahrung, einem Gefühl, einer Stimmung, die sich vielleicht als *das große Durchhängen* benennen lässt. Ermüdung. Von der Gewohnheit. Von dem Menschen, mit dem ich einen Großteil meiner Zeit verbrachte.

Ergo von mir selbst. Ich weiß, dass es sehr ähnlich auch in einer Paarbeziehung passieren kann. *Eigentlich* und *irgendwie* ist alles in Ordnung – die Beziehung wird nicht grundlegend in Frage gestellt –, aber von einem Tag auf den anderen scheint die Luft raus zu sein.

Bei einem beruflichen Anlass lief ich ihm über den Weg, am Rande eines schmuddeligen Kongresses. Er war Toningenieur, für die Mikrofone zuständig, elf Jahre älter als ich und, so überheblich es klingen mag, *überhaupt nicht mein Typ*. Schlagfertig allerdings, sehr lustig. Er zeigte sich engagiert, in unserer mehr oder weniger professionellen Unterhaltung, aber nicht flirtend, würde ich sagen. Ebenfalls aus rein beruflichen Gründen *tauschten wir Nummern*. Und vermutlich hätte ich die Begegnung sehr bald wieder vergessen, hätte er nicht eine halbe Stunde, nachdem ich den Saal verlassen hatte, seine erste SMS geschickt. Wiederum mit sachlichem Inhalt; ich antwortete gleich, sachlich, er antwortete zurück, ich antwortete erneut, er hörte nicht auf, und von da an, nun ja. Er blieb dran.

Er schlug vor, hier ein Glas zu trinken, dort in eine Ausstellung zu gehen, es war immer unterhaltsam. Bald sahen wir uns zwei Mal in der Woche, in einer Häufigkeit, die ich so seit Jahren nicht mehr mit einem Menschen erlebt hatte. Ich wartete darauf, dass es mir zu viel wurde, aber das geschah nicht. *Ich ließ es mal so laufen* – so erklärte ich es mir selbst. Nach fünf, sechs Wochen küssten wir uns, und es erwies sich, was der Tontechniker zuvor nicht erwähnt hatte, dass er nämlich verheiratet war und Vater zweier schulpflichtiger Töchter. Er bot mir, etwas grob und unsicher, wie mir schien – er wirkte nicht geübt darin –, eine Affäre an.

Zwei Tage brauchte ich, um diese Informationen zu verarbeiten. Und war überrascht, wie klar mein Votum ausfiel. Es erschien mir als die optimale Lösung für mein Durchhängen. Hier war ein Mann, mit dem ich mich gut verstand, ein sehr leichtes, harmloses *Prickeln* hatte sich dazugesellt, nichts in weltumstürzendem Ausmaß. Er war, sozusagen, kein Mann, der mir den Schlaf raubte, aber einer, den ich mochte; und vor allen Dingen einer, der mir niemals zu nah auf den Pelz rücken würde, denn er war ja bereits bestens versorgt mit allem, was einen Mann im fortgeschrittenen Alter glücklich macht, insbesondere mit einer Frau, die daheim auf ihn wartete, egal was er *draußen* so anstellte. All die Jahre zuvor wäre ein solches Arrangement nicht für mich in Frage gekommen, allein schon aus einer abstrakten Frauensolidarität heraus. Mit der Zeit hatte ich jedoch begriffen, wie fürchterlich auch Frauen sich in Beziehungen benehmen können und was Paare sich ohnehin alles antun, ohne dass jemand Drittes mit hineinspielt. Da ich das sogenannte Fremdgehen selbst erlebt hatte, wusste ich, dass es ein Paar enger denn je zusammenschweißen konnte, gerade wenn es eines Tages aufflog. Seitensprünge haben nicht selten eine systemerhaltende Wirkung auf Paarbeziehungen, der Schock, der Streit kann wie ein reinigendes Fegefeuer wirken, die Versöhnung *himmlisch* sein. Man kann es überall im Internet nachlesen. Neunzig Prozent der Fremdgängerinnen und Fremdgänger bleiben in ihren Beziehungen, der oder die externe Geliebte braucht sich keine Hoffnungen zu machen. Von gebundenen Freundinnen, auch einer verheirateten Mehrfachmutter, wusste ich, dass sie gelegentlich etwas *nebenbei* laufen hatten, ohne dass ihre Partner etwas davon ahnten. *Alle* schienen es zu tun. So kam ich zu dem Schluss, dass ich keinerlei Verantwortung für die Grausamkeiten und Verwerfungen trüge, die sich allgemein unter der Überschrift *Liebe* abspielten. Was immer in der Ehe des Liebhabers schieflief: Es war nicht meine Schuld, und ich wollte ihn ganz bestimmt niemandem wegnehmen.

Eine affärenhafte Verbindung schien etliche Vorteile zu bieten. Es gäbe jemanden, bei dem ich endlich wieder einmal *ganz Frau* sein könnte: *weich*, ein wenig *rätselhaft, verführerisch, sprudelnd.* So funktionierte es doch – oder? Ohne dass ich aber über etwaige Reiseziele diskutieren müsste, den Abwasch, den Einkauf, die Wäsche verhandeln oder tagelang neben einem hustenden Grippekranken schlafen müsste. Vor allem müsste ich keine Rechenschaft ablegen über all die Dinge, die ich schon immer gern tat und mein Leben lang weiter tun will, müsste sie nicht immer wieder erklären, verteidigen, kleinreden, auf eine Art *verpacken* und *rüberbringen,* die den anderen in seiner *Männlichkeit* nicht verunsichert, ängstigt, ärgert, bedroht, meine Konversationen *mit Gott und der Welt,* mein in regelmäßigen Abständen auftretendes Rückzugsbedürfnis, mein politisches Interesse, meine sporadischen öffentlichen Auftritte und eitlen Internetaktivitäten. Ich könnte weiter leben wie bisher, ohne dass jemand es als persönlichen Angriff nähme. Und müsste mich auch nicht, wie manche meiner gebundenen Freundinnen, mit der Versuchung foltern, heimlich ein Phone zu kontrollieren, um herauszufinden, ob *er sich mit jemandem schrieb,* wie es heute so grundfalsch, ich meine: schon grammatikalisch so falsch heißt.

Nein, das Panorama einer Affäre ist deutlich angenehmer: Zwei frisch geduschte Menschen treffen sich, nachdem sie sich drei bis dreißig Tage nicht gesehen haben, freudestrahlend wieder, verbringen einige Stunden oder ein langes Wochenende miteinander, verabschieden sich zärtlich, stellen sich nicht allzu viele Fragen (es ist besser so), verabreden sich für in absehbare Bälde erneut und schicken sich, bis es so weit ist, ein paar Gifs oder anspielungsreiche Soundcloud-Schleifen hin und her. *Perfekt für eine Frau wie mich,* glaubte ich denken zu müssen.

> »Ich muss zugeben, dass es, wenn wir mal wieder ein paar Tage miteinander verbracht haben, und es war gut, ein bisschen traurig ist, wenn wir uns trennen. Aber das ist ein ziemlich oberflächliches Gefühl, und ich bin eigentlich ziemlich happy, in meine Single-Existenz zurückzukehren, bis wir uns das nächste Mal treffen. Ich glaube, selbst wenn ich die Wahl hätte, wäre ich mir überhaupt nicht sicher, ob ich etwas an unserem Verhältnis ändern wollte«,

sagt eine Frau namens Lyn im »Single Woman«-Buch[309] der Diskursforscherin Jill Reynolds. Erstaunlich viele der von ihr befragten alleinlebenden Frauen hatten Erfahrungen als *Geliebte* eines anderweitig gebundenen Mannes gemacht, und die meisten schienen es gründlich genossen zu haben. So, wie sie auch die restlichen fünfundachtzig Prozent ihres Lebens genossen, ihr offiziell gelebtes Singulärsein.

Tatsächlich entwickelte die Angelegenheit mit dem Liebhaber – so will ich ihn hier jetzt nennen, als ob ich ihn bei einem Dienstleistungsanbieter gemietet hätte – dann aber zügig eine Fadheit, eine Schalheit, die mich in immer kürzer aufeinanderfolgenden Wellen über einen Ausgang nachdenken ließ. Die Sache zwischen ihm und mir war ich als etwas Leichtes, tendenziell Unwichtiges angegangen, und das schien ganz in seinem Sinne gewesen zu sein. Schnell schwappten jedoch die Routinen seines *eigentlichen* Lebens auf unsere Begegnungen über und zwangen auch mich in die bang verlogene Verdruckstheit hinein, in der er sich eingerichtet hatte. Dienstags, während seine ältere Tochter erst Nachhilfe, dann Hockeytraining hatte, die jüngere Tochter in einer Turngruppe und seine Frau beim Yoga war, wollte er stets vorbeikommen und maulte, wenn ich meine Dienstage nicht wochenlang im Voraus dafür freihielt. Jedes Mal, wenn ich für ein paar Tage in eine andere Stadt fuhr, um Freunde zu besuchen, gab er sich ein bisschen beleidigt: »So frei wie du möchte ich auch mal sein.« Saß ich einen Abend mit einem bruderähnlichen Freund in einer Bar und der Liebhaber wusste davon, funkte er mit Dutzenden albernen Textnachrichten dazwischen, machte er beinahe schon manisch auf sich aufmerksam. »Da hat einer aber ganz schön die Hand drauf«, sagte mein bruderähnlicher Freund. »Ja, und das ist *quite funny*«, antwortete ich, »angesichts meiner höchst realistischen Annahme, dass er in diesem Moment auf einem Sofa mit verlängertem Loungeteil lagert und mit der freien Hand seiner Ehefrau über den Kopf streicht, weil sie sich, völlig zu Recht, beschwert: ›Was tippst du denn dauernd auf deinem Dings herum, Schatz, ich kann mich gar nicht auf ›House of Cards‹ konzentrieren!‹«

Über die Frau habe ich keine Sekunde schlecht gedacht.

> »Warum sollte ich wollen, dass er seine Frau verlässt?, fragte ich mich. Was würde ich dann tun? Ihn in mein Apartment aufnehmen? Es war zu klein. […] Für mich war Joes Frau etwas Abstraktes. Ich empfand weder Schuldgefühle noch Eifersucht ihr gegenüber«[310],

schreibt Vivian Gornick über eine ihrer derartigen Affären.

Der Liebhaber rechnete mit einem verständnisvollen Nicken meinerseits, wenn er darüber klagte, wie die Ehefrau der Familie eine vegane Ernährung *aufoktroyiere*, wie sie die Möbel erneut umgestellt und seine Sachen dabei aus dem Wohn- in sein Arbeitszimmer geräumt habe, »als wäre ich gar nicht da, als ob sie alles allein zu bestimmen hatte!«. Erführe die Frau von unserer *Liebe*, sagte er, nähme sie die Kinder und zöge mit ihnen zurück ins Rheinland. Nie dürfe ich ihn *fallenlassen*, niemand außer mir würde ihn erkennen, so, wie er *wirklich* war. Da hatte er sicherlich recht.

Ich will versuchen, gnädig (auch mit mir) zu sein: Der Liebhaber und ich waren von einer Sehnsucht nach *aufregenden Gefühlen* und auch körperlich *bewegenden Momenten* umgetrieben. Weder fand solcherlei in seiner wer-weiß-wie-schrecklichen – wahrscheinlich aber ganz wunderbaren – Ehe statt noch in meinem an sich recht solide aufgestellten singulären Alltag. Um uns über diese Erlebnislücke hinwegzutrösten, führten wir ein improvisiertes Emotionstheater mit- und voreinander auf. Ich hatte *offen* und *lebendig* sein, mich wieder einmal *locker machen* wollen, wie all die Freundinnen und Freunde es mir immer wieder geraten hatten, und tat sehenden Auges doch nur das, was die Amerikanerinnen *lowering one's standards* nennen: Ich umgab mich mit einem Mann, von dem ich mit jeder Woche weniger hielt – und hörte auch mir selbst beim Lügen, Schweigen, Aufbauschen und Beschwichtigen zu, fasziniert davon, wie gut ich das konnte und wie verblüffend wenig es brauchte, um in null Komma nichts eine Kulisse von *tiefer Zuneigung* zu errichten.

In manchen Momenten hätte ich gern daran geglaubt. Wenn wir im Auto fuhren vor allem. In seinem Auto, dem Familienauto. Über neblige Landstraßen, dunkle Autobahnen, *weg von allem*, und wenn wir Musik dabei hörten, die uns beiden gefiel. Er saß links von mir, da, wo irgendwann früher einmal ein Mann gesessen hatte oder eines Tages vielleicht doch wieder sitzen könnte, einer, den ich liebte; ich saß rechts von ihm, da, wo sonst die Frau saß, die er einmal geliebt hatte oder immer noch liebte. Wir fuhren als Stellvertreter und Stellvertreterin für andere Leute miteinander durch die Nacht.

Einmal hielt der Liebhaber auf dem Rückweg von einem unserer heimlichen Wochenenden an einem Bio-Großmarkt und kaufte verschiedene Brotbelagspasten ein, für die Familie. Die schmackhaften Pasten gebe es nur dort, und wo wir nun gerade an dem Laden vorbeikämen ... Ich blieb so lange im Auto sitzen. Beim Einsteigen warf er mir einen veganen Schokoriegel in den Schoß.

Ein paar Wochen später schenkte er mir eine *magische Kette*.

Die Schmierigkeit des Ganzen. Die Abgeschmacktheit.

Ich: Hauptdarstellerin.

Er: noch furchtbarer, weil er, wenn wir wieder getrennt waren, bei sich zu Hause weiter schauspielerte. »Misstrauisch« sei *sie* geworden. Vielmehr sei sie *schon immer so gewesen*. Er halte es bald nicht mehr aus *bei ihr*.

Was in aller Welt hatte ich mit diesen fremden Menschen zu tun?

Die ›Frau ohne Mann‹, die die Romanautorin Olga Wohlbrück im Jahr 1930 erfand, zur Blütezeit der *Neuen Frau*, wird ihres verheirateten Liebhabers nach etwa einem Jahr überdrüssig. Mit seiner Eifersucht auf die *Eintänzer*, die Amüsierherren in den Berliner Lokalen, hatte es angefangen, schnell spitzte es sich zu.

> »Sein ewiges Pendeln zwischen sentimentalen Rückerinnerungen und Selbstvorwürfen, zwischen hemmungsloser Begehrlichkeit und müder Erschlaffung macht sie kribbelig. [...] Sie kann seine Stimme nicht mehr hören und möchte sich die Ohren zuhalten vor seinen Worten, die sie hinüberziehen in das Intime seines Lebens. [...] Sie hat durchaus nicht die Absicht, Kurt Kemper zu quälen. Sie folgt nur dem Imperativ ihrer Natur [...]. Die Gefühlstragödie Kempers ist ihr lästig.«[311]

Etwas über ein Jahr zog es sich auch bei mir und dem Tontechniker hin. Rückblickend ist mir unerklärlich, warum es so lange ging. Es kam der Tag, an dem ich die Liaison aufkündigte. Am Telefon, in einem rücksichtsvollen Moment und in besonnenem Ton. Er fragte, wann wir uns wiedersähen, ich sagte: »Ich will nicht mehr, tut mir leid.« Er solle nicht traurig sein, sang ich dem Liebhaber vor. Falls seine Frau ihm eine gewisse Bestürzung anmerke, könne er doch Projektprobleme oder eine nahende Erkältung vorschützen. Bei nächster Gelegenheit solle er sie und die Kinder in den Van packen und ins Grüne fahren, schlug ich vor, und, wenn die Kinder schon schliefen, einen Mondscheinspaziergang mit ihr machen und ihre Hand dabei fest in seine nehmen, möglichst so, dass die Ringe aneinanderrieben und Funken schlügen. Ich würde ihm, ihnen beiden, viel Glück wünschen.

Der Liebhaber schluchzte auf. Tat tatsächlich so, als müsste er Tränen unterdrücken, was mich umso mehr abstieß und mich beinahe doch noch wütend machte, in der allerletzten Minute.

»Wie erregt er doch ist«, denkt Olga Wohlbrücks »Frau ohne Mann«, als sie mit ihrem Nebenbei-Casanova Schluss macht und ihm rät, seine Ehefrau künftig besser zu behandeln, »hat so viele Verhältnisse gehabt und steht jetzt vor mir, als hätte ich ihm eine Welt genommen ...!«

Ich sagte: »Mach's gut«, legte auf und spürte eine Erleichterung, deren Wucht mich verblüffte.

ES WIRD WEITER- UND GUT AUSGEHEN

Seit Corona über die Welt kam, wurde ich öfter gefragt, ob ich mich nicht doch manchmal einsam fühle. Ja, das tue ich. Die Lockdowns, die Toten, die Inzidenzen. In den ersten Monaten: die Stille in den Straßen. Anfangs folgten meine Abende wochenlang demselben Rhythmus: 19:00 Uhr: »heute«, 20:00 Uhr: »Tagesschau«, danach ein Corona-Spezialausgaben-Mix aus *ntv*, *BBC* und *CNN*. Dazwischen die Updates der Johns-Hopkins-Karte checken, auf der die Infektionen als rote Pusteln auf den Erdteilen angezeigt wurden. 21:45 Uhr: »heute journal«, 22:15 Uhr: »Tagesthemen«, erneut Entsetzenszapping querbeet – bis um 00.00 Uhr das »RTL-Nachtjournal« begann. Zum Einschlafen, falls nötig, noch eine Runde *CNN*. Ein paar Mal sind die Pusteln durch meine Träume pulsiert.

Das Virus hat weltweit Hunderttausende das Leben gekostet und die Existenzen von Millionen zerstört oder nachhaltig beschädigt. Wieder einmal zähle ich zu denjenigen, die heil davongekommen sind. Keine schwere Covid-Erkrankung hat sich in meinem näheren Kreis zugetragen. Nur von den psychischen Folgen habe ich etwas mitbekommen, bei anderen, und ein wenig auch bei mir. Die einen – Großfamilien, Paare, Eltern und Kinder – hockten plötzlich enger aufeinander, als ihnen vielleicht lieb war oder guttat[312]. Die singulär Lebenden mussten zusehen, dass sie nicht gänzlich versanken, mit und in sich selbst.

Im Alltag traf und trifft es bekanntlich die Frontarbeiterinnen am härtesten. Besonders die in den Kliniken. Aber auch Verkäuferinnen, Kassiererinnen und andere, die mit Idiotinnen und

Idioten herumzanken müssen wegen fehlender oder falsch aufgesetzter Masken. Medienarbeiterinnen wie ich haben es unvergleichlich bequemer in ihren Homeoffices. Anfangs fand ich es sogar toll. Im *Social Distancing* verfügte ich ohnehin über eine solide Expertise, und die Tatsache, dass der Weg von meinem Bett zu meinem Arbeitsplatz nun nicht mehr dreißig Minuten, sondern zehn Sekunden dauerte, barg den überzeugenden Vorteil, länger ausschlafen zu können. Nur: ausschlafen wovon?

Was mir sehr schnell fehlte, war die Aussicht, wenigstens ab und an *unter Leute* zu kommen. Rasch erwies es sich als eine Illusion, nach vier bis sieben Videokonferenzen mit den Bürogesichtern abends noch mit Freundinnen oder Freunden via *Zoom*-Link zusammensitzen zu können, an derselben Maschine, an der tagsüber Bilanzen gefälscht, katastrophale Manuskripte lektoriert oder Praktikumszeugnisse geschrieben wurden, und so tun zu können, als amüsierten wir uns. Es fehlte das Sichvomfleckbewegen. Das Gelächter und das Gemurmel von Fremden ringsherum, das Klappern von Geschirr, das Gläserklirren, der Verkehrslärm, alles.

Ich schreibe diese Zeilen in der Hoffnung, dass die Pandemie in nicht allzu ferner Zukunft überwunden sein wird, dass zumindest niemand mehr daran sterben muss – und ich schreibe sie, ohne meine Lebensweise damit in Frage zu stellen. Im Gegenteil: Die Tatsache, dass ich meinen gewohnten Alltag so zügig zu vermissen begann, insbesondere auch das Sprücheklopfen in der Nachbarschaft, das Menschenschauen in der U-Bahn, zeigt mir, wie angenehm ich mich eigentlich eingerichtet habe. In vielem bin ich eine Einzelgängerin – nie wollte ich aber eine Einzelkämpferin sein. Das singuläre Leben, wie es für mich funktioniert, wie es mich erfüllt, beruht auf drei Säulen. Die Hauptsäule: das ausgiebige Alleinsein, eh klar. Nebensäule eins: das gelegentliche Zusammentreffen mit Vertrauen, intime Gespräche, verschwörerische Scherze. Nebensäule zwei: die hunderttausend Wunder, die luftige Zärtlichkeit der Zufallszwischenmenschlichkeit.

Ich glaube, erst unter Corona erkannte ich, wie viel Liebe – ja, es ist wohl wirklich *Liebe* – ich in mein singuläres Leben gesteckt habe. Dass es sich eben nicht *aus Verlegenheit* ergeben hat, sondern dass ich es gepflegt und genährt habe. Dass da über die Jahre etwas gewachsen ist, an dem ich hänge.

»Wir fürchten uns heute derart vor dem Alleinsein, dass wir denjenigen, die gern allein sein möchten, die Fähigkeit absprechen, ihre eigenen Gefühle zu kennen«[313], sagt die britische Schriftstellerin Sara Maitland, die seit ihrer Scheidung in einem abgelegenen Haus an der schottischen Westküste lebt, wo sie angeblich viel betet und meditiert, wenn sie nicht gerade die Klippen entlangspaziert oder schreibt.

In Maitlands Sprache wird unterschieden zwischen *loneliness* – ungewollter, *schlechter* Einsamkeit – und *solitude* – gesuchter und genossener, *guter* Einsamkeit. In der *schlechten* Einsamkeit sei man allein mit sich, während man in der *guten* mit sich selbst zusammen sei. So erklärt es der Norweger Lars Fredrik H. Svendsen in seiner »Philosophie der Einsamkeit«[314].

Ich weiß, dass viele sich schwertun mit dem Alleinleben. Nicht nur unter Pandemiebedingungen und nicht nur, weil sie niemandem zum Lieben haben, sondern auch, weil es ihnen überhaupt an Kontakten zu anderen Menschen mangelt. Die Journalistin Anja Rützel erfand das Wort »Freundesversickerung«[315]: Alle haben mit der Zeit immer mehr zu tun, alle strampeln in ihrem eigenen Quark, *man lebt sich auseinander.* Manche Menschen ohne Begleitung ziehen sich dabei nach und nach zurück. Sind ohnehin schüchtern, schon immer gewesen. Oder über die Jahre müde geworden. Quälen sich mit Existenzsorgen, haben eine Behinderung, Sprachschwierigkeiten, zweifeln an ihrem Aussehen, finden es aus verschiedensten Gründen schwierig, auf andere zuzugehen, *Anschluss* zu finden. Ihnen gilt mein Mitgefühl. Es braucht vielleicht nicht nur bestimmte soziale Voraussetzungen, sondern auch eine gewisse Veranlagung, um alleine nicht nur zurechtzukommen, sondern sich auch wohl zu fühlen. Wahrscheinlich lässt es sich nicht erzwingen.

Sosehr ich die *solitude* liebe – mein Phone im ausgeschalteten Zustand, mein Portugal in der Nichts-los-Saison –, so vertraut bin ich selbstverständlich auch ich mit der *loneliness*. Glücklicherweise schleicht sie sich nur selten an mich heran, und wenn es so ist, begegne ich ihr inzwischen – als Profi im Alleinsein – ungefähr so, wie ich in meiner Pärchenvergangenheit mit Liebeskummer umging: Ich sage mir, dass es nur eine *Phase* ist. Dass ich etwas daraus lernen kann. Dass ich es überleben werde.

»Vor zwei Nächten war ich wirklich traurig. Ich kam von der Arbeit nach Hause und war zu müde, um etwas anderes zu tun, als das Nullachtfünfzehnprogramm im Fernsehen zu schauen. Ich war einsam und elend und niedergeschlagen und fing wieder ohne Grund an zu weinen. Gegen acht Uhr rief ich eine neue Freundin in L. A. an. Sie war nicht zu Hause. Dann rief ich Joe an, und er war nicht zu Hause. Also fühlte ich mich noch schlimmer. Es war, als hätte ich vor etwas wirklich Angst, aber ich wusste nicht, was es war. Ich war so einsam, es schien wirklich nichts und niemanden zu geben, der hätte helfen können. Ich fühlte mich so total getrennt und abgeschnitten. Ich dachte daran, meine Familie oder Freunde in Chicago anzurufen, aber ich wollte nicht, dass sie merkten, dass es mir so schlecht ging. Und ich wusste, dass sie sowieso nichts hätten tun können. Sie würden es wahrscheinlich nicht einmal verstehen.«

So schilderte eine Frau namens Judy in einer Selbsthilfegruppe für frisch Geschiedene einen ihrer Tiefpunkte.[316] Irgendwann an einem solchen Judy-Abend ging mir etwas durch den Kopf, über das ich seither immer wieder nachdenke, wenn ich traurig bin, wütend oder genervt, mich über nichts freuen und mich selbst nicht leiden kann: *Niemand ist jetzt schuld*, denke ich, *da ist keiner, dem ich Vorwürfe machen könnte – glücklicherweise*. Denn es wären gänzlich unberechtigte Vorwürfe. Es braucht nicht unbedingt eine Anregung durch eine andere Person, damit man Bockmist baut, gerade mal eben komplett ausrasten könnte, sich nicht konzentrieren kann, sich selber anstinkt. Das war eine durchaus erhellende Erkenntnis für mich. Wie viel einfacher es ist, jemand anderen anzublaffen: *Musst du die Schranktüren immer so knallen?* Ich möchte lieber gar nicht wissen, wie viele *Beziehungsstreits* ich schon geführt habe, bei denen eigentlich ich mit mir selbst oder mein Gegenüber mit sich selbst stritt.

»Allein zu leben ist eine komplexe unbeholfene Art des Weiserwerdens«, sagt die indisch-amerikanische Essayistin Durga Chew-Bose.[317] Dieser Gedanke gefällt mir außerordentlich gut.

Ob es als Trost für diejenigen taugt, die öfter ihre Judy-Momente erleben, weiß ich nicht. Alles, was ich aus eigener Erfahrung sonst noch dazu sagen kann, ist: So aufregend – und bald auch ernüchternd – es sein kann, mit jemandem zusammenzuziehen, so aufregend – und gelegentlich ernüchternd – ist es, sich im Alleinleben einzurichten. Selbst wenn es grandios beginnt, wenn die ersten Tage, Wochen, Monate im Sololeben, in der frisch bezogenen eigenen Wohnung, beim Erkunden neuer Freizeitbeschäftigungen, sich märchenhaft gestalten: Rückschläge, Einbrüche, schwierige Momente werden kommen, immer wieder. Wie bei Paaren auch.

Auch dies gilt es in Momenten akuter *loneliness* zu bedenken: Wer ruft völlig überraschend nachts um halb zwei mit tränenerstickter Stimme an? Wer schildert stundenlang jeden Quadratmillimeter einer emotionalen Ausnahmesituation? Meist sind es doch diejenigen, die mit jemandem zusammen sind – oder bis eben noch waren. Die aufgelöstesten, panischsten *loneliness*-Momente, an die ich mich aus meinem Leben erinnern kann, hatten jedenfalls fast alle mit Zweisamkeit zu tun. Die *loneliness*, die ich ab und an mit mir allein erlebe, wirkt hingegen ruhig und tief auf mich. Manchmal bilde ich mir ein: Sie ist *edel* und *groß*, und dass sie mich mit der Menschheit im Allgemeinen und Besonderen verbindet. Wie an anderer Stelle schon erwähnt: Viele Menschen reden sich die Dinge hin und wieder schön. Warum sollte die Singuläre Frau es sich verkneifen?

SOUVERÄNE HERZEN

Von *ambiguous* women, *mehrdeutigen* oder *mehrschichtigen* Frauen, sprach einmal die Schriftstellerin und Feministin Carolyn Heilbrun, und sie bezeichnete damit »diejenigen, die sich dafür entscheiden, ihr Leben nicht um einen Mann zu zentrieren«[318].

Ich sehe mich darin gespiegelt. Noch immer denke, fühle, begehre ich heterosexuell. Vielleicht, wer weiß, werde ich eines Tages jemandem begegnen, mit dem ich ein *Zusammensein* doch noch einmal ausprobieren möchte. Auch wenn es mir aus heutiger Perspektive unwahrscheinlich vorkommt, ausschließen kann ich es nicht, zu überraschend entfaltet sich manchmal der Lauf der Dinge, ich bin schon zu lange am Leben, zu erfahren, um das nicht mit zu bedenken. Über eines bin ich mir indes heute schon sicher: Ich werde mein Leben nie (mehr) »um einen Mann zentrieren«.

Diese Entscheidung treffen jetzt viele Frauen, eine stetig

wachsende Zahl, Frauen aus unterschiedlichsten Altersgruppen, Klassen und Milieus, so mein Eindruck.

Ja, mir scheint, da ist etwas Größeres im Gange.

Das weibliche Alleinleben hat sich über die vergangenen zweihundertfünfzig Jahre entwickelt und in bestimmten historischen Phasen besonders stark ausgebreitet – immer dann, wenn wirtschaftliche und politische Krisen oder Neuentwicklungen in der Luft lagen, wenn gesellschaftliche Koordinaten auf mehreren Ebenen zugleich verrutschten. Im Übergang vom 19. zum 20. Jahrhundert, mit dem Erblühen der Industriegesellschaft, der Explosion der Städte und der ersten breiten Frauenbewegung. Dann während, zwischen und unmittelbar nach den Weltkriegen, als Männer an Fronten verschwanden, dort umkamen oder körperlich versehrt und psychisch deformiert zurückkehrten. Später mit dem Aufbruch der Popkultur, der Liberalisierung aller möglichen Lebensbereiche und der zweiten Welle des Feminismus. Zuletzt mit dem Aufwallen der neoliberalen Ära, in den 1990er und 2000er Jahren, als aus den anfangs so friedlichen Liberalisierungsansätzen in mancherlei Hinsicht Zwangsflexibilisierungen wurden und vermeintliche soziale Gewissheiten im Sturm der Aktienemissionen zerstoben.

Und auch jetzt wieder, in den neuen Zwanzigern: An sogenannten Krisen mangelt es nicht, und nunmehr tragen sie sich gleich von Anfang an im Weltmaßstab zu, das Klima, das Virus, die Fake News, die Fluchtbewegungen. Derweil dreht der Queerfeminismus, auf, schlägt ein frisches, radikaleres Nachdenken über Geschlecht und Gender, Frauen, Männer und andere vor, nein schlägt es nicht nur vor, sondern fordert es ein, *cis, trans, homo, hetero, bi, inter*. Erneut scheint sich alles auf einen Schlag zu verändern. Und wieder einmal gerät die Frau ohne Begleitung in Bewegung, schneller als manche andere.

Ausgerechnet der Kapitalismus, der einst die geschlechtsspezifische Arbeitsteilung in *häusliche Sphäre* (Hausfrau, Mutter, Gattin) einerseits und Geldverdienen (der Mann als solcher) andererseits geschaffen und für Hunderte Jahre zementiert hat, bietet Frauen nun mehr Möglichkeiten denn je, ein singuläres Leben zu führen. Er bietet nicht nur Möglichkeiten – er übt sogar Druck aus. Für Frauen hat sich ein Zeitfenster geöffnet, in dem sie von ihrer wirtschaftlichen Autonomie nicht mehr bloß träumen können oder dürfen, sie sind jetzt – eher oft als selten – sogar dazu gezwungen, ihre materielle Eigenverantwortung zu übernehmen und mit Leben zu füllen, so wie ich es tue oder wie Charnell und ihre Cousinen in Detroit es tun. Ob hochdotiert in der gebildeten Elite oder prekär ausgequetscht im Niedriglohnsektor, Männer sind nicht mehr automatisch die Ernährer in Partnerschaften oder Familien, sie würden es als Alleinverdiener oft gar nicht mehr schaffen, und vor allem deshalb, schon unter rein ökonomischen Gesichtspunkten, sind Frauen heute so wenig auf sie angewiesen wie vielleicht nie zuvor.

Auf dem Feld der Fortpflanzung sind ebenfalls einige Verschiebungen zu beobachten: *Super-Solo-Mütter* wie Natalie Imbruglia oder das britische Model Naomi Campbell machen verstärkt auf sich aufmerksam, Frauen, die von vorneherein den Einzelelternstatus anstreben, zwar ein Kind wollen, aber keinen Partner. Die alleinerziehende Mutter Jane Mattes gründete 1981 in den USA den Verein *Single Mothers by Choice*, dessen Namen manche im Netz heute als Selbstkennzeichnung nutzen: #singlemotherbychoice. Ob mit Samenspenden, umstrittener Leihmutterschaft oder *Co-Parenting*, der Fortpflanzung und geteilten Kinderfürsorge unter Freundinnen und Freunden: Die Möglichkeiten für singulär lebende Personen, sich ihren Kinderwunsch zu erfüllen, haben sich in jüngerer Vergangenheit enorm erweitert[319], auch für solche, die nicht zu den *Reichen und Schönen* zählen.

1915 hatte die US-amerikanische Schriftstellerin und Frauenrechtlerin Charlotte Perkins Gilman in ihrem Roman »Herland« (»Ihrland«) die Utopie einer »Jungfrauengeburt« ohne jegliche Männerbeteiligung entworfen – die sogenannte *Parthenogenese*. In Gilmans Fiktion entstehen dabei *Ultra-Frauen*, »die nur von Frauen geerbt [und] nicht nur bestimmte maskuline Eigenschaften eliminiert hatten [...], sondern auch vieles von dem, was wir immer als wesentlich feminin angesehen hatten«[320]. *Ambiguous* stelle ich mir jene Wesen vor – *mehrdeutig* oder *mehrschichtig*, wie Carolyn Heilbrun es formulierte.

In gewisser Weise kehrt jenes Motiv nun in der Gegenwartsliteratur zurück. Etwa bei der japanische Bestsellerautorin Mieko Kawakami, die 2020 in ihrem Roman »Brüste und Eier«[321] von einer um die dreißigjährigen Frau namens Natsuko erzählte, die »mit der Frage [hadert], welche Rolle noch bleibt – als unverheiratete Frau, die nicht mehr Tochter ist und vielleicht nie Mutter sein wird«. Natsuko, die sich mit dem Verlieben schwertut und an Sexualität keine Freude hat, greift ebenfalls auf eine Samenbank zurück. Auch bei deutschsprachigen Autorinnen ist die Alleinerziehende, die singuläre Mutter nun häufiger als zentrale Figur anzutreffen, zuletzt etwa in den Essays von Asal Dardan, in Romanen von Jackie Thomae, Lana Lux und Jovana Reisinger.

Aber auch unabhängig von der Kinderfrage erklären erstaunlich viele erstaunlich junge Frauen – so jung, dass sie qua Alter noch nicht allzu viel *Beziehungserfahrung* gesammelt haben können –, dass sie kein Interesse an der Zweisamkeit haben, jedenfalls nicht an der klassischen heterosexuellen Paarbildung. Der *Singles Day*, ein international begangener Rabatt-Kaufrausch-Tag, der mitunter noch umsatzstärker ausfällt als der

Black Friday, geht auf die Bindungsunwilligkeit junger Frauen zurück. Erfunden wurde er 2013 in China, genauer gesagt am 11.11.2013. Männliche Studenten an der Uni von Nanjing wählten jenen Tag, um sich mit einer Protestaktion über den Mangel an paarungsbereiten Kommilitoninnen zu beschweren, jede der vier Einsen sollte die unfreiwillige *Vereinzelung* der jungen Männer aufleuchten lassen. In Südkorea gedeiht seit 2017 die informelle *Honjok*[322]-Bewegung. *Honjok*, ausgesprochen *honjuk*, bedeutet so viel wie *Einpersonenstamm*. Dabei machen sich vor allem weibliche Stimmen bemerkbar, unter dem Schlagwort #nomarriage[323]. In Japan schlägt die halbstaatliche *Family Planning Association* wegen sinkender Geburtenraten Alarm. Das japanische Online-Magazin *Joshi Spa!*[324] vermeldete, dass fast jede zweite Frau unter vierundzwanzig »kein Interesse an oder sogar Abscheu vor sexuellen Kontakten« hege. Jede Dritte halte das Institut der Ehe für *muimi*, was so viel wie *überflüssig* oder *Nonsens* bedeutet.

Unterdessen schwärmen junge Frauen im westlichen Teil der Welt von einem *Single Positivity Movement*[325] und schmücken ihre digitalen Profile mit Erkennungszeichen wie #singlesquad, #selfpartner, #happymehappylife, während sogenannte Netzfeministinnen ihrer Leserinnenschaft zum *Singlesein* raten. Um nach einer längeren Weile des Alleinlebens doch noch eine gelungene Beziehung mit einem *modernen Mann* zu führen – wie Laurie Penny es tat und davon berichtete. Oder, wie Pauline Harmange es sagt[326], um einen männlichen Partner, wenn überhaupt, »nur nach einer rigorosen Vorauswahl« zu akzeptieren.

Die seit Jahrhunderten immer gleiche Erzählung der *frustrierten Alten* wird ebenfalls nach und nach von anderen Storys übertönt. Etwa beim Chicagoer Soziologen Eric Klinenberg, der in seiner kleinen Studie übers »Going Solo«[327] aufmerksam auch auf ältere

Singuläre Frauen blickt und etwa von einer Ava berichtet, die in jüngeren Jahren verheiratet war und als Geschiedene mit über sechzig eine Romanze mit einem gleichaltrigen Jason begann. Als jener Jason nach relativ kurzer Zeit schwer erkrankte, brach Ava die Beziehung ab – »nicht weil sie herzlos war, sondern weil sie nicht als seine Pflegekraft dienen wollte«, wie Klinenberg schreibt. Eine andere von ihm zitierte Frau im gleichen Alter, eine Susan, die ihren an Alzheimer erkrankten Ehemann zehn Jahre lang bis zu dessen Tod versorgt hat, lehnt es ab, mit ihrem neuen *festen Freund*, knapp über siebzig, zusammenzuziehen oder ihn gar zu heiraten: »Ich werde mich nicht mehr auf diese Art um jemanden kümmern.«

In einer Studie der Uni Bamberg mit dem Titel »Älterwerden als Single«[328] gab eine Siebzigjährige zu Protokoll:

»Meine Freundin findet zwar, dass ich unmöglich lebe und viel zu einsam bin. Aber ich bin ein Mensch, der immer gut alleine sein konnte. Ehe ich irgendwelche oberflächlichen Freundschaften habe, die mir auf die Nerven gehen, und ständig Rücksicht nehmen muss, genieße ich das Alleinsein. […] Ich bin nicht kontaktarm. Ich bin gerne alleine.«

Eintausend Menschen im Alter von fünfundvierzig bis fünfundsiebzig, die keine Kinder haben, seit mindestens fünf Jahren keine feste Partnerschaft unterhielten und alleine wohnten, manche in Altersheimen, wurden zu ihrer Lebenszufriedenheit befragt. Zwei Drittel von ihnen gaben an, sich als *sehr glücklich* oder *glücklich* zu empfinden, »nur ein verschwindend geringer Prozentsatz« habe mit *unglücklich* geantwortet, heißt es im Forschungsbericht, und: »Es ist anzunehmen, dass mit zunehmender Dauer des Alleinlebens eigene Lebensgewohnheiten […] und die eigenen sozialen Kontakte einen so zentralen Stellenwert bekommen, dass die Vorzüge, die eine verbindliche Liebesbeziehung bieten könnte, in den Hintergrund geraten.«

Auch jene singulären Realitäten schlagen sich längst in der Literatur nieder, etwa bei der Schweizer Schriftstellerin Simone Meier[329], die zuletzt eine Journalistin namens Valerie, fünfzig, seit acht Jahren alleinstehend, zu einer ihrer Hauptfiguren machte. Über jene Valerie ist zu lesen:

»Gegen einen neuerlichen Versuch von Glück wäre nichts einzuwenden, theoretisch jedenfalls. Praktisch sprach dagegen, dass sie keine Lust hatte, ihre Wohnung, ihr Bett, ihre Freizeit und ihre Ansichten noch einmal mit jemandem zu teilen. Sie war, wer sie war, und hatte ein Recht darauf, in Ruhe gelassen zu werden, im Job wurde sie schon allzu aufdringlich mit allerlei sinnfreien Existenzen konfrontiert.«

Viele Singuläre Frauen wünschen sich noch immer einen männlichen Partner an ihrer Seite, manchmal auch nach Jahren des wohlerprobten Alleinstehens.

Gleichwohl haben sie, wenn sie früher schon einmal mit einem zusammen waren oder viel daten, oft atemberaubende Illoyalität von Männern erfahren. Bei der einen ist es das *Fremdgehen* des Partners, verschiedene Spielarten von *Lug und Betrug*. Bei der anderen ist es physische Gewalt, Schläge, Tritte, Schlimmeres.[330] Bei der nächsten Missgunst und Eifersucht, Kontrolle oder Stalking. Bei der übernächsten sind es Psychospielchen und Manipulationsversuche, die früher oder später zu durchschauen sind, Taschenspielertricks, die manche Männer sich in *Pick-up-Artist*-Tutorials zuflüstern mögen, das Geschwätz von *Romance Scammern*[331]. Es sind verbale Erniedrigungen und gebrochene Versprechen. Oder, wohl die gängigste aller Illoyalitäten – das alltägliche *Hängengelassenwerden* in zig Bereichen, zuvorderst im Feld der Haus- und Sorgearbeit.

Kein Wunder also, dass sie zögern. Skeptisch(er) geworden sind. Nach der wirtschaftlichen und der politischen erobern Frauen sich nun langsam, aber sicher auch ihre *affektive Souveränität*, wie Sozialwissenschaftlerinnen sagen[332]. Sie machen ihre persönliche Zufriedenheit nicht mehr (so) abhängig von der emotionalen oder sexuellen Zuwendung durch einen männlichen Partner, werden wählerischer, wem sie wie viel Zeit und Aufmerksamkeit widmen. Sie tauschen sich, befördert durchs Internet, über ihre eigenen und die Erfahrungen anderer Frauen aus, auch über Erfahrungen der Frauengenerationen vor ihnen, wägen strenger ab, gewichten neu, und die Umstände ermöglichen es ihnen, altbekannte Gewohnheitsregeln des heterosexuellen Paarwesens leichter denn je in Frage zu stellen, abzulehnen, eigene Wünsche zu äußeren und *Ansprüche* zu formulieren. Nach einer gewissen Anzahl von Versuchen bevorzugen einige von sich aus oberflächliche, flüchtige Verhältnisse, statt sich noch einmal *mit Haut und Haar* einem männlichen Partner zu verschreiben. Andere, darunter extrem sympathische Härtefälle wie ich, wenden sich bis auf Weiteres ganz von der Zweisamkeit ab.

Elsa Herrmann, die inoffizielle Sprecherin der *Neuen Frau*, wagte 1929 die hoffnungsvolle Prognose, dass ihre Nachfahrinnen, die »Frauen von morgen«, bessere Chancen auf beglückende Partnerschaften mit Männern hätten, »weil deren künftige Ehegatten schon von Jugend an den neuen Frauentypus kennenlernen und sich mit ihm vertraut machen«.[333]

Augenscheinlich hat sie sich geirrt. Viele der »Frauen von morgen«, der Singulären Frauen von heute, zeigen sich enttäuscht oder ermüdet von jenen, die als »künftige Ehegatten« für sie in Frage kämen. Fast so sachlich wie einst die *Neue Frau* äußert sich auch die *Singuläre Frau* über die Männer ihrer Generation: Heterosexuelle Männer seien in »kulturellen Aspik« gefangen, »und mit jedem neuen Tag fallen sie weiter zurück«, meinte etwa die 1982 geborene US-Autorin Jessica Grose vor ein paar Jahren und wird oft damit zitiert.[334]

Die Singuläre Frau grämt sich nicht anhaltend darüber, dass sie eine Singuläre ist. Sie trägt es mit Fassung, manchmal mit ausgesuchter Eleganz, manchmal, vielleicht zunächst zu ihrem Schutz, mit einer gewissen Ruppigkeit. Wahrscheinlich hat sie längst erkannt, wie viele es von ihrer Sorte gibt. Gelegentlich kommt sie in Versuchung, sich doch ein wenig verrückt zu machen wegen ihres Beziehungsstatus. Meist kriegt sie aber gerade noch so die Kurve, und es fällt ihr rechtzeitig etwas Dringendes oder Interessanteres ein. Die Singuläre Frau ist nun nach langer Zeit die Erste, die guten Gewissens und ohne Zweifel von sich sagen kann, dass sie tatsächlich keinen Mann (mehr) *braucht*. Das bedeutet nicht, dass sie *verbittert* ist – es bedeutet allerdings, dass sie die sogenannte *Liebe* in ihrer tradierten Gussform, der heterosexuellen Paarbeziehung, hartnäckig und ernsthaft in Frage stellt.

Das ist der entscheidende Unterschied zur Single-Frau, die von sich selbst den Eindruck zu haben schien, sie sei ohne Partner irgendwie *noch nicht so ganz fertig*, sei *bestellt und nicht abgeholt* oder müsse sich *beeilen*.

Vor dreißig Jahren, kurz bevor Bradshaw, Jones und McBeal ihre Auftritte hatten, sagte das Soziologiepaar Beck-Beck-Gernsheim den *Singles* eine spannende, keineswegs freudlose Zukunft voraus: Menschen ohne feste Partnerschaft begännen nach und nach, ihre ureigenen »Typologien von Primärbeziehungen zu entwickeln« – »neue, exemplarische, lebbare Lebensstile von stilbildender Vorbildlichkeit«.[335]

Ebendies passiert gerade. Menschen achten weiterhin aufeinander, sorgen füreinander, verbringen Zeit miteinander, nur dass eine wachsende Zahl es inzwischen anders tut als vorherige Generationen – als Freundinnen- und Freundeskreise aus singulären Menschen, Voll- oder Teilzeitwohngemeinschaften, Nachbarschaftszirkel, in Dutzenden Varianten der Zwischenmenschlichkeit, in denen auch viele sogenannte Care-Aufgaben neu ver- und geteilt werden, Kinder- oder Krankenbetreuung, Putzen, Einkaufen, Tierpflege. Von Emotionships ist in den US-amerikanischen Sozialwissenschaften inzwischen die Rede[336], von Beziehungen, die verlässlich, liebevoll und dauerhaft sind, nur eben keine *Liebesbeziehungen* im herkömmlichen, vom Patriarchat getrübten Muster. Frauen testen vermehrt aus, welche Varianten von Intimität, Solidarität und Sex denk- und lebbar für sie sind[337], jenseits des auf *romantischer Liebe* gründenden Zweisamkeitsmodells, das, historisch betrachtet, ohnehin eine recht junge Erfindung ist und längst auf breiter Front bröckelt, wie die Trennungs- und Scheidungsstatistiken zeigen. Ein Modell, das sich aus Frauensicht nicht unbedingt bewährt hat.

In meinem kleinen Fallbeispielleben stand die Frau ohne Begleitung als diskrete Stütze, als jederzeit ansprechbare Alternative im Hintergrund, von Anfang an. Meine Lehrerin, Frau Krabbe. Meine Oma Irmgard. Die *Unabhängige-Frauen*-Storys, mit denen meine Mutter mich versorgte. Die fleißige Abi aus Dalston. Die ersten, noch ganz jungen alleinerziehenden Mütter, die ich zu Uni-Zeiten kennenlernte. Sie haben mich gestärkt, indem sie mir zeigten, auf unaufgeregte, unaufdringliche Art, dass das Alleinleben *als Frau* für sich funktionieren, sogar gut sein konnte. Dass es keiner extraordinären Eigenschaften oder Talente bedurfte, um es zu meistern und sich wohl damit zu fühlen.

Ich denke, nur weil ich diese Frauen schon früh kannte, habe ich mich später nie »den Männern ausgeliefert« gefühlt oder mich von ihnen abhängig gemacht, weder im Einzelfall von Partner X oder Y noch vom männlichen Blick im Allgemeinen.

Auch wenn vielleicht nicht jede Frau ohne Begleitung – nicht jede Singuläre Frau von heute – sich selbst als *Feministin* bezeichnen mag, ihre Art zu leben ist letztlich genau dies: eine Variante des angewandten Feminismus. Jedenfalls ist das singuläre weibliche Leben, wie es sich heute entfaltet, ohne feministische Vorfahrinnen nicht denkbar. Ich selbst bin sicher nicht als Feministin zur Welt gekommen. In Abwandlung eines berühmten Simone-de-Beauvoir-Zitats würde ich sagen: Als Feministin wird eine Frau nicht geboren, zu einer Feministin wird sie früher oder später gemacht, sie muss keine komplizierten Bücher dazu lesen, ihre Alltagserfahrungen *als Frau* werden früher oder später völlig genügen.

Abgesehen davon, war und bin ich keineswegs gänzlich unempfänglich gegenüber den großen Menschheitserzählungen *Erotik* und *Romantik*. Ich nehme jene Erzählungen heute nur nicht mehr so ernst. Bin schnell gelangweilt von ihnen, habe anderswo ein Glück und eine andere Art von Liebe gefunden, eine Weltliebe, die ich erst alleine voll erschließen konnte und die mich dauerhafter erfüllt als Paarbeziehungen es vermochten.

Das ist weder ein bedauerlicher *Fehler*, noch eine herausragende *Leistung* meinerseits – es ist ein Geschenk, und zwar von ihr: Die Frau ohne Begleitung war stets meine heimliche Exit-Strategie. Mit ihrer Lebensweise wies sie mir einen von vielen möglichen Ausgängen aus dem Hetero-Drama, das Frauen seit Jahrhunderten zum Nachteil gereicht. Ich bin hindurchgeschlüpft, durch diesen Ausgang, und heil auf der anderen Seite herausgekommen, wie Millionen andere auch.

Es braucht ganz sicher noch Tausende *Streitschriften*, *Mani-*

feste, Programme, damit sich im Geschlechterverhältnis weiteres Entscheidendes ändert. Mögen sie so zornig und zügig wie möglich geschrieben werden!

Dies hier ist ein viel kleineres Buch – weniger der Beitrag einer Kämpferin, als vielmehr der einer Deserteurin eben. Einer durchaus nicht unglücklichen Deserteurin. Es erschien mir sinnvoll, diese Perspektive wenigstens flüchtig (noch) einmal anzuleuchten. Und sei es nur dafür gut, mir selbst ein wenig Mut zuzusprechen und Vorfreude zu gönnen auf alles Weitere, was da (noch) kommen mag.

EIN SCHÖNER GRAUER PULLOVER

Wenn ich alte Fotos von mir betrachte – mich mit zweiundzwanzig, dreißig, siebenunddreißig –, sehe ich, was ich damals nicht so klar sah. Immer hatte ich etwas zu kritteln, die Beine waren zu kurz, die Brüste zu klein, der Mund zu klein, die Augen zu klein, dafür die Hände zu groß, dabei war ich in Wirklichkeit, alles in allem, recht hübsch. Darf eine Frau das über sich selbst sagen, retrospektiv, ohne allzu eitel zu erscheinen? Ich hatte einen schönen Körper, und wenn ich nicht gerade zu viel über ihn nachdachte, genoss ich ihn. Beim Tanzen, von dem ich so oft schwärme. Und beim Sex. Über mangelnde Aufmerksamkeit von Männern konnte ich mich wirklich nie beklagen. Das war nie mein Verdienst, es war bloß ein glückliches Los in der Biolotterie. Dadurch, dass ich die zierliche Statur meiner Mutter geerbt habe und ihr dichtes dunkles Haar, gab es eigentlich immer jemanden, der sich bereit erklärte, mich *attraktiv* zu finden. Deshalb blieben Beautysorgen mir die längste Zeit meines Lebens erspart, das Rohmaterial war gut, das musste reichen, ich hatte anderes zu tun, als mich um *Pfirsich Peelings* und *Silky Gloss* zu kümmern. So wurde ich zu einer Frau, die zwar viele schlaue Bücher gelesen hat, aber bis heute nicht weiß, wie sie sich richtig schminkt; zwei Lidstriche und Lippenstift, das sind meine Tricks, seit ich fünfzehn bin. Nun fällt es langsam auf. Es wird jetzt Zeit, ein wenig mehr zu tun. Ich habe das Alter der sauteuren Körperpflegeprodukte mit Special Effects erreicht. Meine Haut, mein Haar verändern sich. Ich denke, ich werde meinen Körper, mein Gesicht nicht »bearbeiten«. Es lässt sich ohnehin nie verbergen, ganz gleich, wie gut es gemacht sein mag. Der Blick, die Augen verraten es. Meist auch die Motorik. Nicht nur bei Frauen ist das so, auch bei zurechtgezurrten Männern. Manchmal wirkt es regelrecht tragisch, wie bei Wladimir Putin. Es ist doch so: Die einen werden alt, und man sieht es ihnen an. Die anderen werden alt und haben Angst davor, und man sieht es ihnen an.

Wenn ich mitbekomme, dass eine Frau klagt, es »drehe sich niemand mehr nach ihr um«, wegen ihres Alters, weckt das höchst zwiespältige Gefühle in mir. Es geht dabei um Alterssexismus, schon klar. Ich bin dagegen! Andererseits: Wonach wird sich denn da gesehnt? Wer genau sollte sich denn umdrehen? Der Vertreter, der im ICE-Bistro sein Vertreterbier trinkt? Ein beliebiger Typ an der Bushaltestelle? Der Kollege auf dem Büroflur? Es ist mir gleich, ob irgendein Fremder mir hinterherpfeift oder nicht. Es ist wertlos, war es schon immer. Ich will keine Schmatzgeräusche mehr hören, wenn ich an der Fußgängerampel stehe, und ich will nicht mehr, dass sich ein Mann *in meinen Arsch* verliebt (so sagte es mal einer zu mir, nachdem wir zwei Jahre zusammen waren), denn *der Arsch* war nie ich, und auch daraus ergab sich ein Großteil der im Prinzip immer gleichen Probleme. Folgende Zeilen hat die kluge Durga Chew-Bose, 1986 geboren, also vergleichsweise jung, zu diesem Thema geschrieben: »Sagen Sie einer Frau, dass sie schön ist, und sie könnte sich – es ist sehr wahrscheinlich – wie eine Idiotin fühlen. Rosen sterben schnell. Sie werden es tun. Das Mädchen, das Sie wollen, existiert nicht.«[338]. Im Original, auf Englisch, klingt es natürlich sehr viel besser, klingt es gleich wie ein Songtitel: THE GIRL YOU WANT DOES NOT EXIST.

Die Eingewöhnungszeit ist jedenfalls abgelaufen, ich habe bereits begonnen, mich vorsichtig in die ältere Frau hineinzuleben, die ich bald sein werde, erstelle gerade erste Entwürfe und bin gespannt, wie das noch wird – alles.

Die rüstige Rentnerin.

Die unwürdige Greisin[339].

Die weise Alte.

Die verrückte Alte.

Die Flaschensammlerin.

Die flotte Seniorin.

Die *Bag Lady*, vor der die Amerikanerinnen sich fürchten:

»Auf dem Zeitungsbild war eine alte Ungarin zu sehen, die man vor einiger Zeit benommen beim Herumirren aufgegriffen hatte, ihre Habseligkeiten – alte Fotos, Briefe, Postkarten, eine Dosensuppe, hübsche Schals – ordentlich in Einkaufstüten von *Bloomingdales* und *Macy's* gepackt. Der Direktor des sozialpsychiatrischen Büros merkte an, dass ›es wahrscheinlich ein paar Hundert solcher Damen mit Einkaufstüten‹ in der Stadt gibt.«[340]

Die Grande Dame, der die Französinnen nacheifern:

»Ich würde nicht in einem Haus wohnen, sondern in einem Apartment […], in einem dieser Häuser mit einer Markise, die auf den Gehweg hinausragt. Der Portier war mir nicht so wichtig, aber eine Markise wollte ich haben. Und eingebaute Bücherregale und türkische Teppiche, und meine Psychoanalytiker-Freunde würden zu Besuch kommen, und wir würden Lapsang Souchong trinken und über unsere Affären reden und über die Bücher, die wir schrieben. Eine Vorstellung, die ich mir aus Woody-Allen-Filmen, einigen Besuchen bei Professoren und dem Apartment von irgendjemandes Großtante zusammengeklaubt hatte.«[341]

Ich habe keineswegs vor, mich *gehen zu lassen*. Ich will schon auch irgendwie gut aussehen, als ältere Frau. Seit Jahren habe ich ein Kleid im Kopf, es ist reine Fantasie, ich müsste es mir wohl schneidern lassen, aber ich weiß nicht, ob ich es richtig beschreiben kann. Es ist dunkelblau, knielang, aus einem seidigen oder Jersey-artigen Material, mit schwingendem Rockteil, schmaler Hüfte und Taille und langen Armen, die zu den Schulter hin leicht geplustert sind, wie man es in den späten 1930er Jahren in Hollywoodfilmen oft sah. Wenn ich siebzig bin, möchte ich einen schönen grauen Pullover besitzen, ein einziges *teures Stück* aus wirklich gutem Material, aus weicher Premiumwolle, nein nicht ein einziges, besser zwei oder drei Exemplare des gleichen Pullovers, damit ich ihn täglich tragen kann. Schmal geschnitten, aber nicht *hauteng*. Ob mit Rundhals, V- oder U-Boot-Ausschnitt weiß ich noch nicht. Bis vor ein paar Jahren hatte ich mir immer einen schwarzen Rollkragenpullover vorgestellt.

Meine Nachbarschaft möchte ich noch etwas besser kennenlernen. Und einen Weg finden, meinen Reichtum mit ihr zu teilen. Darüber denke ich seit einer Weile zunehmend nach. Ich kann gut reden, so, dass die Leute mich verstehen. Alte Menschen berühren mich, Kinder finde ich ungeheuer lustig. Eine Einrichtung für obdachlose Frauen gibt es um die Ecke. Vielleicht kann ich mich irgendwo anbieten, zum Spazierengehen, zum Vorlesen, zur Unterhaltung. Es soll sich niemand *einsam* fühlen, ich glaube, darum geht es mir. Für drei ehrenamtliche Tage in der Woche bin ich ganz bestimmt nicht die Richtige, das wäre mir zu viel, das würde ich nicht schaffen. Zwei Tage im Monat, damit könnte ich vielleicht einsteigen. Ich müsste es überhaupt erst einmal versuchen. Ein paar Adressen habe ich rausgesucht.

Mit manchen meiner singulären Freundinnen und einigen Freunden ergaben sich schon mal, etwas unsicher, etwas verschämt, Gespräche darüber, wie es für uns sein könnte, wenn wir wirklich alt sind. Wenn wir schwächer werden, der eine dies nicht mehr kann, die andere jenes nicht mehr hinbekommt. Über die vage Idee Alten-WG sind wir noch nicht hinausgekommen. Es ist ja auch wirklich noch zu früh. Worauf es ankommt, mir ankommt: Ich halte es keineswegs für ausgeschlossen, noch einmal mit jemandem beziehungsweise mehreren zusammenzuwohnen. Vielleicht ist es gerade so, dass es in höherem Alter leichter wird, weil man, je besser man seine Eigenheiten kennt, desto eher in der Lage ist, die Eigenheiten anderer zu tolerieren oder sogar zu schätzen. Womöglich werden viele von uns sich das Alleinleben im Alter gar nicht mehr leisten können – zu mehreren lassen sich viele Kosten besser teilen.

Kürzlich kursierte eine Pressemitteilung in meinem Kreis, die Meldungen dazu flogen zwischen den Bekannten und mir tagelang hin und her: Kaum war die neue Bundesregierung unter Olaf Scholz im Amt, legte sie im Winter 2021 erste Gesetzesentwürfe für neue Formen des Zusammenlebens vor, darunter das Modell sogenannter »Verantwortungsgemeinschaften«. Wenn sich beispielsweise zwei langjährig alleinlebende Menschen im Alter von siebzig oder achtzig doch zusammentun, um sich gegenseitig zu unterstützen, aufeinander aufzupassen, Gesellschaft zu leisten und Geld zu sparen, haben sie bisher etliche Hürden zu überwinden, vom Mietrecht bis zu Auskunftsrechten bei Ärzten. Nach den Plänen der neuen Ampelregierung sollen sie sich künftig zu rechtlich anerkannten »Wahlverwandtschaften« verbinden können, die es auch »jenseits von Liebesbeziehungen oder der Ehe zwei oder mehr volljährigen Personen ermöglichen, rechtlich füreinander Verantwortung zu übernehmen.«[342]

Ich stelle es mir schön vor, wenn keine und keiner mehr arbeiten muss, wenn man den ganzen Tag zu zweit Backgammon oder zu fünft etwas anderes spielen kann, zusammen Bücher liest oder Filme schaut, ab und an einen Minibus mietet und einen Ausflug macht. Und wenn man sagen kann: »Die nächsten drei Tage bin ich mal ganz für mich, in meinem Zimmer, okay? Wir sehen uns beim Abendbrot, aber dann nicht wundern, Leute, ich werde stumm und kalt sein wie ein toter Fisch.«

Das erste Drittel meines erwachsenen Lebens verbrachte ich in enger Verbindung mit jeweils einem Mann – im Duo.

Das zweite Drittel meines erwachsenen Lebens verbringe ich als gesellige Einzelgängerin – solo.

Das dritte Drittel meines erwachsenen Lebens und darüber hinaus – in fünfzehn Jahren weiß ich mehr.

Selbstverständlich vermisse ich auch immer mal wieder körperliche Nähe. Vermisse ich das, was ich mit jeder *Liebe meines Lebens* in einzelnen Momenten erlebte: ein zärtliches wortloses, manchmal annähernd magisch erscheinendes Verständnis.

Ich vermisse aber auch immer mal wieder mich selbst. Am Steuer eines ruckeligen Mietwagens, in einem fernen Land, fast egal, in welchem. Ich vermisse mich auf der Tanzfläche. Vermisse mich – das vor allem – am Meer.

»Sie sollten sich möglichst früh klar machen, dass eine Frau, die mit vierzig noch allein lebt, vermutlich auch mit fünfzig, sechzig, siebzig, ja sogar achtzig noch allein leben wird oder zumindest wünscht, sie könnte es«, schrieb Marjorie Hillis, die Erfinderin der alleinlebenden *Extra Woman*, im Jahr 1936, als sie siebenundvierzig war. Drei Jahre darauf lernte sie einen verwitweten Lebensmittelhändler aus Brooklyn kennen und heiratete ihn. Der Mann starb nach zehn Jahren. Die kommenden zwei Jahrzehnte bis zu ihrem Tod verbrachte Marjorie Hillis wieder als *Extra Woman*.

»Brauchte ich wirklich eine Erinnerung daran, dass es nach fast allen verfügbaren Messdaten nie eine bessere Zeit in der Geschichte gegeben hat, um eine Frau zu sein?«, fragte sich mit vierzig die US-Autorin Glynnis MacNicol, eine ungefähre Altersgenossin von mir, ebenfalls singulär.[343]

Ich glaube, ich brauche diese Erinnerung nicht.

Und ich würde es gern allen Frauen sagen: Lasst euch keine Angst einjagen. Und seid solidarisch mit denen, die ärmer sind, zögerlicher, schwächer, die weniger Bildung genossen haben oder denen sich aus anderen Gründen bislang wenige bis keine Chancen auf das autonome Leben bieten, das sie vielleicht führen möchten. Immer daran denken: Die Singuläre Frau hat einmal als mies bezahlte Manschettenmacherin, Wanderarbeiterin, Tippmamsell angefangen.

Ich bin ein Indie-Girl aus mittleren Verhältnissen, das recht viel Glück gehabt hat.

Von mir aus kann es für mich noch hundert Jahre so weitergehen.

DANK

Meiner Mutter, meinem Vater und meinem Bruder danke ich dafür, dass sie meine Familie sind, meinem Vater im Besonderen dafür, dass er sich jetzt so liebevoll um meine erkrankte Mutter kümmert. Meiner nicht mehr auf dem Planeten Erde wohnenden Oma Irmgard habe ich dieses Buch gewidmet.

Es ist gut, dass Frauen geschrieben haben, schreiben und künftig schreiben werden. Ich danke ihnen dafür, denn so kann ich sie zitieren, wenn sie etwas besser sagen, als ich es je könnte. In diesem Buch habe ich es intensiv betrieben, das Zitieren. Auch um andere schreibende Frauen noch ein wenig mehr ins Gespräch zu bringen – um sie zu *famen*, wie die jungen Leute heute sagen.

Meinen Freundinnen und Freunden danke ich dafür, dass sie meine Freundinnen und Freunde sind.

Bärbel Brands danke ich für ihre stählernen Nerven.

Und schließlich danke ich allen freundlichen, zugewandten, höflichen oder sogar herzlichen Menschen, die ab und an ein Schwätzchen mit anderen anfangen oder mal hell rüberlächeln, in dieser Fußgängerzone, an jenem Bahnhof, wo auch immer. Danke, dass Sie so sind, wie Sie sind. Zufallszwischenmenschlichkeit ist sehr wichtig.

ANMERKUNGEN

FANPOST

1 Maeve Brennan: »Im Zug der Linie A«, in: »New York, New York. Erzählungen«, übers. v. Hans-Christian Oeser, Steidl Verlag, 2016

2 Wenn ich das Wort *Frau* benutze, schließe ich damit alle Menschen und Maschinen ein, die sich als *Frau* verstehen

3 »Ich bin Single, war es immer, werde es immer sein. Ich benutze die Formulierung ›single at heart‹, die ich selbst geprägt habe«, schreibt Bella DePaulo auf ihrer Homepage *belladepaulo.com* über sich selbst (eigene Übers.). In den späten 1990er Jahren begann sie an der Universität von Kalifornien in Santa Barbara mit ihrer sozialpsychologischen Erforschung heterosexueller Paarbeziehungen, des Ehewesens – und des Singletums. Mittlerweile hat sie Dutzende Bücher übers Alleinleben geschrieben und gilt als »Amerikas führende Denkerin der Single-Erfahrung«, wie es im Magazin *The Atlantic* einmal über sie hieß. Zu DePaulos Schlüsselwerken zählen der von ihr herausgegebene Sammelband »Singlism: What It Is, Why It Matters, and How to Stop It«, DoubleDoor Books, 2011, und das Buch »Singled Out: How Singles are Stereotyped, Stigmatized, and Ignored, and Still Live Happily Ever After«, St. Martin's Press, 2007

4 Virginie Despentes: »King Kong Theorie«, übers. v. Barbara Heber-Schärer und Claudia Steinitz, Kiepenheuer & Witsch, 2018

5 Naomi Harris: »Everything but the groom: why I faked my own wedding«, eigene Übers., in: *The Guardian*, 5.3.2016 (https://www.theguardian.com/lifeandstyle/2016/mar/05/everything-but-the-groom-faked-own-wedding-naomi-harris), letzter Zugriff 11.10.2021

6 Diese Formulierung ist von der marokkanisch-französisch-israelischen Soziologin Eva Illouz entliehen. Sie stammt aus Illouz' Buch »Warum Liebe endet. Eine Soziologie negativer Beziehungen«, übers. v. Michael Adrian, Suhrkamp, 2018

7 Vivian Gornick: »The Odd Woman and the City. A memoir«, eigene Übers., Farrar, Straus and Giroux, 2015. Auf Deutsch erschienen unter dem Titel »Eine Frau in New York«, übers. von pociao, Penguin, 2020

8 Françoise Giroud (1916–2003) war Mitbegründerin des französischen Nachrichtenmagazins *L'Express* und von 1974 bis 1976 Staatssekretärin

für den Status der Frauen im französischen Kulturministerium unter der Regierung von Jacques Chirac. In jener Zeit wurde folgender Satz von ihr berühmt, den etliche Feministinnen bis heute zitieren: »Die Frau wird erst an dem Tag mit dem Mann wirklich gleichberechtigt sein, wenn man auf einen bedeutenden Posten eine inkompetente Frau beruft.« In ihrer früh geschiedenen Ehe gebar Giroud ihre Tochter Caroline, die nach der Trennung beim Vater aufwuchs und später eine renommierte Psychoanalytikerin und Drehbuchautorin wurde. Die verwendeten Zitate stammen aus Girouds Buch »Ich bin eine freie Frau«, übers. v. Patricia Klobusicky, Paul Zsolany Verlag, 2016

9 Jene Formel, »Sei frech & wild & wunderbar«, wird gelegentlich der »Pipi Langstrumpf«-Erfinderin Astrid Lindgren zugeschrieben, ist als Zitat aber nicht belegt

10 »Gender Trouble: Feminism and the Subversion of Identity« ist der Titel der ersten Buchveröffentlichung der US-amerikanischen Philosophin und Mitbegründerin der Queerness-Theorie Judith Butler aus dem Jahr 1990. Unter dem Titel »Das Unbehagen der Geschlechter« kam es 1991 im Suhrkamp Verlag auf Deutsch heraus. Umgangssprachlich wird mit dem Begriff *Gender Trouble* häufig (und fälschlicherweise) der Ärger zwischen *Frau* und *Mann* bezeichnet

11 Diese Formulierung ist vom französischen Soziologen Jean-Claude Kaufmann entliehen, aus seinem Buch »Singlefrau und Märchenprinz. Über die Einsamkeit moderner Frauen«, übers. v. Daniela Böhmler, UVK Verlagsgesellschaft mbH, 2002

12 Sheila Jeffreys: »Spinster and her Enemies. Feminism and Sexuality 1880–1930«, eigene Übers., Spinifex, 2003

13 Statistisches Bundesamt, Berlin, 2020 (https://www.destatis.de/DE/Themen/Gesellschaft-Umwelt/Bevoelkerung/Haushalte-Familien/Tabellen/4-1-alleinstehende.html), letzter Zugriff 11.10.2021

14 Bundesinstitut für Bau-, Stadt- und Raumforschung: »Raumordnungsprognose 2040«, BBSR-Analysen KOMPAKT, 2021 (https://www.bbsr.bund.de/BBSR/DE/veroeffentlichungen/analysen-kompakt/2021/ak-04-2021.html), letzter Zugriff 11.10.2021

15 Virginia Woolf: »Ein Zimmer für sich allein«, übers. v. Axel Monte, Reclam, 2012

16 Die »Rappelkiste« lief zwischen 1974 und 1983 sonntagnachmittags im *ZDF*. Ratz und Rübe hießen die beiden Hauptfiguren, ein Mädchen und ein Junge, dargestellt durch Puppen, die durch die Sendung führten, ähnlich wie Ernie und Bert in der »Sesamstraße«. In den meisten Beiträgen spielten jedoch reale Kinder mit. Konservative TV-Kritiker, fast ausschließlich Männer, warnten vor einer »Manipulation von Vorschulkindern« und »Indoktrination« durch das Programm und klangen dabei in etwa so wie heutige sogenannte *Neue Rechte*, die gegen einen angeblichen *Genderwahn* geifern. Die »Rappelkiste« »richtete sich vor allem an Kinder aus nicht privilegierten Schichten«, heißt es bei Wikipedia, sie griff »gesellschaftlich tabuisierte Themen wie Sexualität und Arbeitslosigkeit auf, [forderte] Chancengleichheit und [übte] Kritik an sozialer Ungleichheit, kapitalistischen Besitzverhältnissen, [...] Werten und Gewohnheiten des Bürgertums. Auch Kinder türkischer Gastarbeiter waren in diesem Zusammenhang früh in der einen oder anderen Folge zu sehen, z.B. wie sie ihren deutschen Freunden Türkisch beibrachten.«

17 Nina Power: »Die eindimensionale Frau«, übers. v. Anna-Sophie Springer, Merve Verlag, 2011

18 Diese Formulierung ist von Emilia Roig entliehen, aus ihrem Buch: »Why We Matter. Das Ende der Unterdrückung«, Aufbau Verlag, 2021

19 Die Taktik des »strategischen Schweigens« wird gelegentlich noch heute in Erfolgsratgebern empfohlen. Sie beruht darauf, in heiklen Momenten den Mund zu halten – nicht aus »Feigheit«, sondern aus Gründen der bewussten Kriegsführung. Siehe dazu auch: Katja Kullmann: »Taktik einer Mittelmutigen«, in: *taz*, 8.3.2012 (https://taz.de/Internationaler-Frauentag-2012/!5098956/), letzter Zugriff 11.10.2021

20 »Vögeln, fördern, feuern« lautete die Überschrift eines *Spiegel*-Artikels aus dem Frühjahr 2021, in dem es um die Affären des *Bild*-Chefs Julian Reichelt, Jahrgang 1980, mit jüngeren Mitarbeiterinnen ging. Wiederholter Machtmissbrauch lautete der Vorwurf. Veröffentlicht in *Spiegel* 11/2021 und *spiegel.de*, 12.3.2021 (https://www.spiegel.de/wirtschaft/unternehmen/bild-chefredakteur-julian-reichelt-und-die-internen-ermittlungen-voegeln-foerdern-feuern-a-456152ee-eff8-4d8f-9b47-1284b4c36c09, letzter Zugriff 20.10.2021). Nachdem Recherchen der *New York Times* und eines deutschen Investigativteams rund um die Journalistin Juliane Löffler die Verdachtsmomente erhärteten, wurde Reichelt im Oktober 2021 von seinem Arbeitgeber, dem Axel Springer Ver-

lag, »mit sofortiger Wirkung von seinen Aufgaben entbunden«, also: gefeuert. »Nach neuen Erkenntnissen: Axel Springer entbindet Julian Reichelt von seinen Aufgaben«, in: *axelspringer.com*, 18.10.2021 (https://www.axelspringer.com/de/presseinformationen/nach-neuen-erkenntnissen-axel-springer-entbindet-julian-reichelt-von-seinen-auf gaben, letzter Zugriff 20.10.2021)

21 Siehe Anm. 4

22 Seit Inkrafttreten des Allgemeinen Gleichbehandlungsgesetzes (AGG) im Jahr 2006 ist der sogenannte Familienstand keine Pflichtangabe mehr in Bewerbungsschreiben. Anders gesagt: Das Liebesleben der Beschäftigten geht den Arbeitgeber oder die Arbeitgeberin nichts mehr an

23 Diesen Begriff hat die US-Journalistin Alana Massey geprägt, in ihrem Aufsatz »The Dickonomics of Tinder«, veröffentlicht in: *medium.com*, 30.4.2015 (https://www.medium.com/the-diconomics-of-tinder-b14956c0c2c7), letzter Zugriff 11.10.2021

24 Der Hersteller des Kokoslikörs *Batiaa de Coco*, der Konzern Henkell Freixenet, trat bis 2021 als Sponsor der RTL-Reality-TV-Show *Der Bachelor* auf

25 »Ich schneeschippe jetzt« ist eine im Internet weit verbreitete Verballhornung eines Werbespruchs der Online-Partnervermittlung Parship: »Ich parshippe jetzt« (gesehen unter anderem bei https://www.thebest socialmedia/de/alle-elf-minuten-passiert-im-net-so-viel-mehr-als-liebe), letzter Zugriff 11.9.2021

26 »Die verrückte Alte auf dem Dachboden« ist eine literarische Figur aus dem 19. Jahrhundert, die etwa im Roman »Jane Eyre« von Charlotte Brontë auftaucht. 1979 veröffentlichten die Literaturwissenschaftlerinnen Sandra Gilbert und Susan Gubar eine Untersuchung zu dieser viktorianischen Horrorfigur: »The Madwoman in the Attic: The Woman Writer and the Nineteenth-Century Literary Imagination«, Yale University Press, 2020

27 Kate Bolick: »Spinster. Making a Life of One's Own«, eigene Übers., Corsair, 2016

28 Eva Illouz: »Warum Liebe endet. Eine Soziologie negativer Beziehungen«, übers. v. Michael Adrian, Suhrkamp, 2018

29 Die schwedische Autorin Malin Lindroth etwa – sie ist nach eigenen Angaben »unfreiwillig Single« und bezeichnet sich ebenfalls als »alte Jungfer« – schrieb über Kate Bolick: »Ich schaue mir die Frau auf Bolicks Buchumschlag genauer an. Da sitzt sie, allein auf einem Zweiersofa, mit einem meergrünen Cocktailkleid und zufriedenem

Gesichtsausdruck.« Bolick vertrete die These »›Halte an deiner Eigenständigkeit und Unabhängigkeit fest, ganz gleich ob als Single oder zu zweit.‹ Eine merkwürdig weit gespannte Definition, die jeglichen Kontakt mit denen verloren hat, die ein Leben in unfreiwilligem Alleinsein leben.« Aus: Malin Lindroth: »Ungebunden. Das Leben als alte Jungfer«, übers. v. Regine Elsässer, Piper, 2020

30 »The Social Struggle for Liberal Rich White Girls – Or ›How Kate Bolick Throws Ex's Under The Bus‹«, gelesen bei *laurafreed.wordpress.com*, 2015 (https://www.laurafreed.wordpress.com/2015/04/08/the-social-struggle-for-liberal-rich-white-girls-or-how-kate-bolick-throws-exs-under-the-bus.com), letzter Zugriff 11.10.2021

ZUFALLSZWISCHENMENSCHLICHKEIT IST MEIN HOBBY

31 Rachel Cusk: »Lebenswerk. Über das Mutterwerden«, übers. v. Eva Bonné, Suhrkamp, 2019

32 Elizabeth Wurtzel: »Bitch. Ein Loblied auf gefährliche Frauen«, übers. v. Ulrike Wasel und Klaus Timmermann, Karl Blessing Verlag, 1999

33 Eric Klinenberg: »Going Solo: The Extraordinary Rise and Surprising Appeal of Living Alone«, eigene Übers., Penguin, 2013

34 Jason Anderson, Elaine Cheung, Wendi L. Gardner: »Emotionships: Examining People's Emotion-Regulation Relationships and Their Consequences for Well-Being«, in: *Social Psychological and Personality Science*, Vol. 6, 2015

35 Shere Hite und Kate Colleran: »Kein Mann um jeden Preis«, übers. v. Margaret Minker, Piper, 1992

36 Ursula Lehr: »Psychologie des Alterns«, UTB Uni-Taschenbücher, 1972

37 Janine Hertel, Wendy M. Morris, Astrid Schütz et al.: »She's single, so what? How are singles perceived compared with people who are married?«, in: *Zeitschrift für Familienforschung*, 19. Jahrg., Heft 2, 2007

38 Renata Adler: »Pechrabenschwarz«, übers. v. Helga Huisgen, Suhrkamp, 1987

39 Françoise Giroud: »Ich bin eine freie Frau«, übers. v. Patricia Klobusicky, Paul Zsolany Verlag, 2016

40 Das Parfum *Girls can say anything* hat der Hersteller *Zadig & Voltaire* im Frühjahr 2018 auf den Markt gebracht – unterstützt von einer Kampagne des Magazins *Cosmopolitan*, unter dem Motto »Fun, fearless, female«. Siehe dazu auch: Juliane Paperlein: »Trennung von Wer-

bung und Redaktion. *Cosmopolitan* und *Zadig & Voltaire* loten die Grauzone aus«, in: *Horizont*, 12.9.2018 (https://www.horizont.net/medien/nachrichten/trennung-von-werbung-und-redaktion-cosmo-und-zadig--voltaire-loten-die-grauzone-aus-169567, letzter Zugriff 20.10.2021)

41 Siegfried Kracauer: »Die kleinen Ladenmächen gehen ins Kino« (1927), in: Siegfried Kracauer: »Das Ornament der Masse«, Suhrkamp, 1977

42 Jean-Claude Kaufmann: »Singlefrau und Märchenprinz. Über die Einsamkeit moderner Frauen«, übers. v. Daniela Böhmler, UvK. éditions discours, 2002

43 Daniel Schreiber: »Zuhause. Die Suche nach dem Ort, an dem wir leben wollen«, Hanser Berlin, 2017

44 Issa Rae, 1985 geboren, produzierte ab 2011 in Eigenregie und als ihre eigene Hauptdarstellerin die Youtube-Serie »The Misadventures of Awkward Black Girl«, die so erfolgreich war, dass Rae ein Angebot vom US-Sender HBO erhielt. Dort lief dann von 2016 bis 2021 die Serie »Insecure«, die von Issa Rae geschrieben und produziert war und in der sie wiederum die Hauptrolle spielte. »Insecure« drehte sich um zwei Schwarze Freundinnen, die an der milchgesichtig dominierten Uni Stanford studierten. In den 2010er Jahren galt Issa Rae als eine Art Idol für Schwarze junge Single-Frauen. 2021 heiratete sie den senegalesischen Finanzunternehmer Louise Diame. Das Zitat über New York und das Kino stammt aus dem Buch zu ihrer Youtube-Serie: »The Misadventures of Awkward Black Girl«, eigene Übers., Simon & Schuster, 2016

45 Das Drehbuch von »Meine schöne innere Sonne« stammt von der französischen Schriftstellerin Christine Angot (»Inzest«) und der Regisseurin Claire Denis (»Chocolat«) und beruht auf dem Buch »Fragmente einer Sprache der Liebe« des französischen Philosophen Roland Barthes.

ASZENDENT EISWÜRFEL

46 Ralf Neukirch und Britta Stuff: »Aigner beklagt Gerüchte über ihr Privatleben«, in: *Spiegel* 16/2017

47 Daniela Albrecht und Jörg Klotzek: »Kollnburg sucht Hausarzt – und lockt mit lediger Josefa Schmid«, in: *pnp.de*, 13.8.2019 (https://www.pnp.de/lokales/landkreis-regen/viechtach/3416125_Mit-Geheimtipp-

auf-Hausarzt-Suche-Josefa-Schmid-noch-unverheiratet.html), letzter Zugriff 5.11.2021

48 Jana Halbroth: »War unangenehm, ständig nach Kindern gefragt zu werden«, in: *t-online*, 1.6.2020 (https://www.t-online.de/unterhaltung/stars/id_87967040/katharina-wackernagel-will-keine-kinder-hatte-nie-eine-grundsehnsucht-.html), letzter Zugriff 25.10.2021

49 Lena Kappei: »Warum haut Sie kein Mann mehr um, Regina Halmich?«, in: *B.Z.*, 5.1.2017 (https://www.bz-berlin.de/leute/warum-haut-sie-kein-mann-mehr-um-regina-halmich), letzter Zugriff 25.10.2021

50 »Bauer sucht Frau: Inka Bause spricht über ihr Single-Dasein«, in: *web.de*, 16.10.2019 (https://web.de/magazine/unterhaltung/tv-film/bauer-sucht-frau/bauer-sucht-inka-bause-spricht-single-dasein-34100644), letzter Zugriff 25.10.2021

51 (https://www.youtube.com/watch?v=LPUzJHRm6qQ), letzter Zugriff 20.10.2021

52 Zitiert aus: Christina Campbell: »Kamala Harris's Singles Comments: Problematic or Progressive?«, eigene Übers., gelesen in: *onely.org*, November 2018 (https://onley.org/2020/11/08/kamala-harris-singles-comments-problematic-or-progresive), letzter Zugriff 11.9.2021

53 »Baby-News: Natalie Imbruglia wird dank Samenspender zum ersten Mal Mama«, in: *rtl news*, 30.7.2019 (https://www.rtl.de/cms/dank-samenspender-natalie-imbruglia-erwartet-ihr-1-kind-4377215.html), letzter Zugriff 25.10.2021

54 Oliver Stöwing: »Was der Dating-Burnout mit Hollywoods Single-Frauen macht«, in: *Berliner Morgenpost*, 29.10.2020 (https://www.morgenpost.de/vermischtes/article230785244/Was-der-Dating-Burnout-mit-Hollywoods-Single-Frauen-macht.html), letzter Zugriff 25.10.2021

55 Lizzie Cernik: »Self-partnered: The sudden, surprising rise of the single positivity movement«, in: *The Guardian*, 6.11.2019 (https://www.theguardian.com/lifeandstyle/2019/nov/06/consciously-uncoupled-the-joy-of-self-partnership), letzter Zugriff 24.10.2021

56 Ebd.

57 dpa: »Sharon Stone irritiert Nutzer einer Dating-App«, in: *t-online*, 31.12.2019 (https://www.t-online.de/unterhaltung/id_87072216/partnersuche-sharon-stone-irritiert-nutzer-einer-dating-app.html), letzter Zugriff 25.10.2021

58 Annabelle Hirsch: »Das skurrile Comeback der Hexen«, in: *Frankfurter Allgemeine Quarterly*, Juni 2019

59 Peter Weissenburger: »Der queere Hang zum Mythos«, in: *taz*, Aus-

gabe 12365, sowie bei *taz.de*, 16.10.2020 (https://taz.de/Astrologie-in-queeren-Communities/!5717718), letzter Zugriff 10.11.2021

60 »Dossier Spiritualität. Woran wir heute glauben«, in: *Emotion* 11/2019

61 Hengameh Yaghoobifarah: »Mein Horoskop ist wichtiger als Deutschland«, in: *missy-magazine.de*, 16.2.2018 (https://missy-magazine.de/blog/2018/02/16/mein-horoskop-ist-wichtiger-als-deutschland/), letzter Zugriff 10.11.2021

62 Sandra Song: »Lana Del Rey Is Actually a Cancer«, in: *papermag.com*, 7.6.2019 (https://www.papermag.com/lana-del-rey-cancer-2638736283.html?rebelltitem=20#rebelltitem20), letzter Zugriff 10.11.2021

63 Tina Hammesfahr: »Lebensentwürfe ohne Kind. Manchmal packt mich das Bedauern«, in: *deutschlandfunkkultur.de*, 10.4.2021 (https://www.deutschlandfunkkultur.de/lebensentwuerfe-ohne-kind-manchmal-packt-mich-das-bedauern-100.html), letzter Zugriff 5.11.2021

64 »These Boots Are Made for Walkin'« ist der Titel eines Songs, den der US-amerikanische Musiker und Komponist Lee Hazlewood für Nancy Sinatra schrieb, die 1966 einen Welthit damit landete

65 »Callcenter-Monologe« ist der Unteritel eines Buchs der österreichischen Schriftstellerin und Cartoonistin Stefanie Sargnagel: »Binge Living. Callcenter-Monologe«, redelsteiner dahimène edition, 2013

66 Rebecca Traister: »All the Single Ladies. Unmarried Women and the Rise of an Independent Nation«, eigene Übers., Simon & Schuster, 2016

67 Hanna Rosin: »Das Ende der Männer und der Aufstieg der Frauen«, übers. v. Heike Schlatterer und Helmut Dierlamm, Piper, 2013

68 Die Frage »Wer oder was ist die (oder: eine) Frau?« zieht sich seit bald achtzig Jahren als roter Faden durch den Feminismus. Die Erste, die sie formuliert hat, war Simone de Beauvoir. In der Einleitung zu ihrem 1949 erschienenen Schlüsselwerk »Das andere Geschlecht. Sitte und Sexus der Frau« schrieb de Beauvoir wörtlich: »Was ist eine Frau?« Siehe dazu: Simone de Beauvoir: »Das andere Geschlecht. Sitte und Sexus der Frau«, übers. v. Uli Aumüller und Grete Osterwald, Rowohlt, 2000

69 Felizitas Stilleke & Friends: »The Mother in Me is the Mother in You«, Ballhaus Ost, 2021 (https://www.ballhausost.de/produktionen/the-mother-in-me-is-the-mother-in-you), letzter Zugriff 11.9.2021

70 Elisabeth Badinter: »Der Konflikt. Die Frau und die Mutter«, übers. v. Ursula Held und Stephanie Singh, dtv, 2012

71 Meredith Haaf: »Lieben in Zirkeln«, in: *sueddeutsche.de*, 14.10.2019 (https://www.sueddeutsche.de/kultur/rachel-cusk-lieben-in-zirkeln-1463 1320?reduced=true), letzter Zugriff 5.11.2021

72 Elizabeth Brake: »Amatonomativity«, eigene Übers., in: (https://elizabethbrake.com/amatonormativity/), letzter Zugriff 5.11.2021

73 Andreas Reckwitz: »Das Ende der Illusionen. Politik, Ökonomie und Kultur der Spätmoderne«, Suhrkamp, 2019

74 Sonja Heiss: »Rimini«, Kiepenheuer & Witsch, 2017

75 Hazel Markus und Paula Nurius: »Possible Selves«, eigene Übers., in: *American Psychologist*, September 1986

76 Sheila Heti: »Mutterschaft«, übers. v. Thomas Überhoff, Rowohlt, 2019

77 Lucia Berlin: »Nach Hause finden«, in: »Was ich sonst noch verpasst habe«, übers. v. Antje Rávic Strubel, Arche, 2016

78 Zitiert von: *tvfanatic.com*, eigene Übers. (https://www.tvfanatic.com/quotes/i-got-to-thinking-about-fate-that-crazy-concept-that-were-not/), letzter Zugriff: 5.11.2021

79 Theodor W. Adorno: »The Stars Down to Earth. And other essays on the irrational in culture«, eigene Übers., Routledge Classics, 2001

80 Hengameh Yaghoobifarah: »Mein Horoskop ist wichtiger als Deutschland«, in: *missy-magazine.de*, 16.2.2018 (https://missy-magazine.de/blog/2018/02/16/mein-horoskop-ist-wichtiger-als-deutschland/), letzter Zugriff 5.11.2021

81 Mona Chollet: »Hexen. Die unbesiegte Macht der Frauen«, übers. v. Birgit Althaler, Nautilus, 2020

82 Annabelle Hirsch: »Das skurrile Comeback der Hexen«, in: *Frankfurter Allgemeine Quarterly*, Juni 2019

83 Ulrike Heider: »Vögeln ist schön. Die Sexrevolte von 1968 und was von ihr bleibt« (2017), zitiert aus: Vojin S. Vukadinović: »Eine Zeitschrift für die Wenigsten«, in: Vojin S. Vukadinović, Hg.: »Die Schwarze Botin. Ästhetik, Kritik, Polemik, Satire 1976–1980«, Wallstein, 2020

HAB ICH'S DIR NICHT GESAGT?

84 »Disco« war eine Musiksendung des *ZDF*, die von 1971 bis 1982 im Vorabendprogramm ausgestrahlt wurde, moderiert von Ilja Richter

85 Die Village People waren eine sechsköpfige männliche Disco-Band, die 1977 vom französischen Produzentenduo Jacques Morali und Henri Belolo per Casting ins Leben gerufen wurde. Mit ihren Kostümen verkörperten die Bandmitglieder verschiedene maskuline Stereotype, etwa den Polizisten, den Soldaten und den Bauarbeiter. Die Musik, die Texte und die Performance griffen subkulturelle Codes aus der

Schwulenszene auf, wie sie damals etwa im New Yorker Greenwich Village erblühte, nach dem die Band auch benannt ist. Das erste Album hieß »Village People« und erschien 1977. Mit dem Song »Macho Man« hatte die Band 1978 auch in Deutschland ihren ersten Charterfolg.

86 Nach (kindlichem) Gehör verschriftlicht. Die Ausdrücke bedeuten »1,2,3« (»egy, kettő, három«) sowie »Das darfst du nicht!« (»Nem szabad!«)

87 Kerstin Greiner: »Schwarzmalerisch«, in: *Süddeutsche Zeitung Magazin*, 10/2015, März 2015

88 Siehe Anm. 38

89 »Bridget Jones – Schokolade zum Frühstück« war der deutsche Titel des ersten von vier »Bridget Jones«-Romanen der britischen Autorin Helen Fielding; auf Englisch erschien er 1996, auf Deutsch 1999

90 Die US-amerikanische Autorin Candace Bushnell startete 1995 ihre Kolumne »Sex and the City« bei der Wochenzeitung *The New York Observer*. 1995 wurde ein Buch daraus, 1996 kaufte der Sender HBO die Verfilmungsrechte, der Rest ist bekannt.

91 Mercedes Bunz: »Ally McBeal: Fernsehen für eine bessere Welt«, in: *Telepolis*, 14.6.1999 (https://www.heise.de/tp/features/Ally-McBeal-Fernsehen-fuer-eine-bessere-Welt-3 440 879.html?seite=all), letzter Zugriff 5.11.2021

92 Josef Joffe: »Woody Allen als Glamourgirl«, in: *Die Zeit*, 7.7.2000

93 Katja Kullmann: »Generation Ally. Warum es heute so kompliziert ist, eine Frau zu sein«, Eichborn, 2002

DAS S-WORT

94 Die Studie »Mädchen 82: eine repräsentative Untersuchung über die Lebenssituation und das Lebensgefühl 15- bis 19jähriger Mädchen in der Bundesrepublik« war von der Zeitschrift *Brigitte* beim Deutschen Jugendinstitut München in Auftrag gegeben worden

95 Zahlenquellen: Statistisches Bundesamt, Wiesbaden, *www.destatis.de*

96 Hannelore Bublitz: »Ich gehörte irgendwie so nirgends hin … Arbeitertöchter an der Hochschule«, focus verlag, 1980/82

97 Der sogenannte Kuppeleiparagraph, § 180 des bundesdeutschen Strafgesetzbuches, stellte bis 1970 die Beihilfe zur »Unzucht« unter Strafe, worunter auch vorehelicher Geschlechtsverkehr verstanden wurde. Wer eine Wohnung an ein unverheiratetes Paar vermietete, riskierte eine Haftstrafe. Erst seit einem Urteil des Bundesgerichtshofs aus dem

April 1970 gilt die Wohnungsvermietung an Paare ohne Trauschein nicht mehr als sittenwidrig

98 »Die erste Frau, die ohne Erlaubnis ihres Ehemannes arbeiten darf«, in: *focus.de*, 30.7.2014 (https://www.focus.de/wissen/mensch/geschichte/meilensteine-der-frauenemanzipation-in-deutschland-frauentag-2012_id_2045108.html), letzter Zugriff 5.11.2021

99 Die erste Ausgabe der *Emma* erschien am 26.1.1977 mit diesen Titelthemen: »Alice Schwarzer über Männerjustiz – Romy Schneider: Ich bin es leid zu lügen! – Hausfrauen und ihre arbeitslosen Männer – Vietnam – Moderne Amazonen«

100 Gelegentlich habe auch ich, wie so viele Autorinnen, diesen Satz – »Das Private ist politisch« – in meine Texte eingebaut. Ich benutzte den Satz als Formel, die für sich sprechen sollte, ohne je zu wissen, woher genau sie stammte, wer sie als Erste oder Erster in den Mund genommen hatte. Als ich mich jetzt, bei der Recherche zu diesem Buch, auf die Suche nach der Quelle machte, stieß ich auf die RAF-Terroristin Ulrike Meinhof. 1970, kurz bevor sie in den Untergrund abtauchte, gab sie in ihrer Berliner Wohnung dem *NDR* ein Fernsehinterview. Darin sagt sie folgende Sätze, die vielleicht nicht das Urzitat sind, das ich suchte, sich aber ohne Weiteres auf die Formel »Das Private ist politisch« verkürzen lassen: »Die Beziehungen, die Menschen untereinander haben, sind unheimlich politisch, weil sie etwas darüber aussagen, ob Menschen unterdrückt sind oder frei sind, ob sie Gedanken fassen können oder ob sie keinen Gedanken fassen können, ob sie etwas tun können oder ob sie nichts tun können. Das ist schwer, schwer, unheimlich schwer. Das ist natürlich viel einfacher, wenn man ein Mann ist. Wenn man so will, ist das die zentrale Unterdrückung der Frau, dass man ihr Privatleben als Privatleben in Gegensatz stellt zu einem politischen Leben.«

101 Nicole Zepter: »Der Tag, an dem ich meine Mutter wurde. Tochtersein zwischen Liebe und Befreiung«, Blessing, 2018

102 Christine Nöstlinger: »Die Kinder aus dem Kinderkeller«, Belz & Gelberg, 1973

103 Als »französisch« bezeichnete ich bis ins Alter von etwa zehn, elf Jahren alles, was ich mehr oder minder »glamourös« fand (letzteres Wort kannte ich noch nicht)

104 Siehe Anm. 30

105 Siehe Anm. 31

106 Der Song »Respect« stammt ursprünglich vom Soul-Sänger Otis Redding, der 1965 in den USA einen Chart-Erfolg damit erzielte, doch erst

in der Coverversion von Aretha Franklin von 1967 wurde er zu einem Welthit – und zu einem musikalischen Teil der Frauenbewegung. Franklin änderte den Text in die weibliche Perspektive um: Es geht um eine Frau, die mit ihrem wenigen Geld ihren männlichen Partner unterstützt und dafür sowie für ihre Hausarbeit Respekt von ihm einfordert

107 Die Vorläufersendung zum heutigen »Presseclub« in der *ARD*

108 Nicole Flattery: »Zeig ihnen, wie man Spaß hat«, übers. v. Tanja Handels, Hanser Berlin, 2020

109 Glynnis MacNicol: »No one tells you this«, eigene Übers., Simon & Schuster Paperbacks, 2018

110 Dan Kiley: »Das Peter-Pan-Syndrom. Männer, die nie erwachsen werden«, übers. v. Dirk van Gunsteren, Kabel, 1987

111 Karin Hahn: »Chick Lit«, in: *Deutschlandfunk Archiv*, 22.5.2010 (https://www.deutschlandfunk.de/chick-lit-100.html), letzter Zugriff 5.11.2021

112 Der Romantitel ist eine Verkürzung eines Zitats von der US-Feministin Gloria Steinem: »Eine Frau ohne Mann ist wie ein Fisch ohne Fahrrad«

113 Betsy Israel: »Bachelor Girl. 100 Years of Breaking the Rules – a Social History of Living Sinlge«, eigene Übers., Harper Collins Perennial, 2003

114 Richard Schütze: »Der Schlüssel zum Fortschritt heißt Rückbesinnung«, in: *theeuropean.de*, 30.11.2009. Das vollständige Zitat lautet: »Maß, Bescheidenheit und Nächstenliebe statt Habgier und Egoismus sind das Gebot der Stunde – Die Familien bilden die zentrale biologische und kulturelle Institution jeder Gesellschaft. Der demografische Schwund vieler europäischer Völker wird durch die kulturell-moralische Abwertung der Ehe von Mann und Frau und der Familie begünstigt. (https://www.theeuropean.de/richard-schuetze/1872-buergerliche-gesellschaft), letzter Zugriff 5.11.2021

115 Frank Schirrmacher: »Das Methusalem-Komplott«, Karl Blessing Verlag, 2004; Frank Schirrmacher: »Minimum. Vom Vergehen und Neuentstehen unserer Gemeinschaft«, Karl Blessing Verlag, 2006

116 »FDP-Vorstand will mehr Akademiker-Babys«, in: *spiegel.de*, 23.1.2005 (https://www.spiegel.de/lebenundlernen/uni/elite-debatte-fdp-vorstand-will-mehr-akademiker-babys-a-338172.html), letzter Zugriff 5.11.2021

117 Ab den 2010er Jahren machten sogenannte *Incels* verstärkt auf sich aufmerksam – eine amorphe Masse fast ausschließlich *weißer* Männer, die ihren Weltschmerz und Hass bald nicht mehr nur ins Internet

gossen, sondern zunehmend auch mit Waffengewalt ausagieren. Das Wort *Incel* setzt sich zusammen aus den englischen Wörtern für *unfreiwillig, involuntary*, und *Zölibat, celibacy*. Auch die Mörder von Halle (2019) und Hanau (2020) hatten »ein Leben lang keine Frau / Freundin« und verbanden in ihren Pamphleten und Videoäußerungen ihren Hass auf *Ausländer*, Jüdinnen und Juden mit dem Hass auf Homosexuelle, trans Personen, Feministinnen und Frauen, die ihnen nicht zur Verfügung standen. Zuvor hatte schon der Norweger Anders Behring Breivik, der 2011 siebenundsiebzig Menschen in Oslo und auf der Insel Utøya tötete, in einem eintausendfünfhundertseitigen *Manifest* unter anderem einen »Genozid an den Europäern durch höhere Geburtenraten bei Musliminnen und eine suizidal niedrigere bei weißen Europäerinnen« beklagt

118 Birgit Adam: »Think Single: Gebrauchsanweisung für ein glückliches Leben allein«, Südwest Verlag, 2007

119 Siehe Anm. 36

120 Zitiert nach: Rebecca Traister: »All the Single Ladies. Unmarried Women and the Rise of an Independent Nation«, eigene Übers., Simon & Schuster, 2016

121 Jan Macvarish: »What is the Problem of Singleness?«, University of Kent, Canterbury, Februar 2015, via *researchgate.net*

122 Siehe Anm. 115

123 Laurie Penny: »Bitch Doktrin. Gender, Macht und Sehnsucht«, Nautilus, 2017

124 Die drei folgenden zitierten Schlagzeilen stammen alle aus dem Sommer 2021 – von *rtl.de* (https://www.rtl.de/cms/and-just-like-that-diese-schuhe-von-sarah-jessica-parker-kennen-sex-and-the-city-fans-noch-4803284.html) und *vogue.de* (https://www.vogue.de/mode/artikel/and-just-like-that-sarah-jessica-parker-pailletten-baguette-fendi), letzte Zugriffe 5.11.2021

125 Siehe Anm. 16

SOZUSAGEN NEW YORK

126 Irmgard Keun: »Das Kunstseidene Mädchen« (1932), Claassen, 1992

127 Helen Rowland: »Reflections of a Bachelor Girl«, eigene Übers., Dodge Publishing Company 1909 / Filiquarian Publishing, 2020

128 Zitiert nach: »Kudamm: Bulettenburgen am Boulevard«, in: *Der Spiegel*, 22.2.1981 (https://www.spiegel.de/kultur/kudamm-bulettenbur

gen-am-boulevard-a-27a5dde5-0002-0001-0000-000014328946), letzter Zugriff 5.11.2021
129 Siegfried Kracauer: »Die Angestellten« (1930), Suhrkamp, 1971
130 Barbara Stauber: »Selbstinszenierungen junger Szene-Aktivistinnen – Gender-Konstruktionen in Jugendkulturen«, in: Gabriele Rohmann (Hg.): »Krasse Töchter. Mädchen in Jugendkulturen«, Archiv der Jugendkulturen Verlag, 2007
131 Ebd.
132 Lauren Elkin: »Flâneuse. Frauen erobern die Stadt – in Paris, New York, Tokyo, Venedig und London«, übers. v. Cornelia Röser, btb, 2016
133 Christine Stansell: »City of women: Sex and Class in New York, 1789–1860«, eigene Übers., Knopf, 1986
134 Nach: Rebecca Traister: »All the Single Ladies. Unmarried Women and the Rise of an Independent Nation«, eigene Übers., Simon & Schuster, 2016
135 Der Begriff »Extra Woman« taucht etwa im Untertitel dieses Buches aus dem Jahr 1936 auf: Marjorie Hillis: »Live Alone and Like It: A Guide for the Extra Woman« – deutsche Ausgabe: Marjorie Hillis: »Live Alone and Like It: Benimmregeln für die vergnügte Singlefrau«, übers. v. Sabine Hübner, Pendo, 2005
136 Rene Blixer: »Loveless in Berlin«, eigene Übers., in: *exberliner.com*, 28.5.2014 (https://www.exberliner.com/features/zeitgeist/loveless-in-berlin/), letzter Zugriff 5.11.2021
137 Ebd.
138 Sandra Maria Geschke: »Doing Urban Space. Ganzheitliches Wohnen zwischen Raumbildung und Menschwerdung«, Transcript, 2013
139 Siehe Anm. 65
140 Ruth Rehmann: »Illusionen«, Suhrkamp, 1959
141 Marie Lisa Kehler: »Wie es sich als Teilzeit-Single in Frankfurt lebt«, in: *faz.net*, 5.6.2019, (https://www.faz.net/aktuell/rhein-main/wie-es-sich-als-teilzeit-single-in-frankfurt-lebt-16221710.html), letzter Zugriff, 18.11.2021
142 Eine junge ungebundene Einwanderin war etwa Clara Lemlich, eine Manschettenmacherin, die mit ihrer jüdischen Familie vor Pogromen aus der Ukraine in die Neue Welt geflohen war. Mit Anfang zwanzig, ledig, kein Kind, geriet sie in die Schlagzeilen, weil sie für ihre und die Rechte ihrer Kolleginnen stritt und zwanzigtausend Textilarbeiterinnen auf die New Yorker Straßen gebracht hatte
143 Erhard Schütz: »Romane der Weimarer Republik«, zitiert aus: Blanka Mongu: »STADT – FRAU – AMERIKA. Zum Modernisierungsdis-

kurs im deutschen und tschechischen Feuilleton von 1918 bis 1938«, Humboldt-Universität zu Berlin, 2010

144 Irmgard Weyrather: »Die Frau am Fließband. Das Bild der Fabrikarbeiterin in der Sozialforschung 1870–1985«, Campus, 2003

145 Ebd.

146 Ebd.

147 Ebd.

148 Rachel F. Moran: »How Second-Wave Feminism Forgot the Single Woman«, eigene Übers., in: *Hofstra Law Review*, Vol. 33, 2004

149 Christine Whittaker Sofge: »To be of use: Women of the Settlement House Movement«, eigene Übers., in: *History Magazine*, April/Mai 2004

150 Umgangssprachlich wurden solche Einrichtungen in den USA oft »Moral Homes« genannt, »Moralische Häuser«. Die proletarischen Bewohnerinnen waren verpflichtet, am Morgengebet und am gemeinsamen Abendessen teilzunehmen, um zweiundzwanzig Uhr wurde das Gaslicht abgedreht. Die »Moral Homes« waren »bewusst so organisiert und gestaltet, dass jungen Arbeiterinnen beigebracht wurde, sich wie gute Mädchen der Mittelschicht zu benehmen«, wie die New Yorker Historikerin Nina Harkrader einmal schrieb

151 In der Schweiz hatte sich schon 1877 der »Internationale Verein Freundinnen junger Mädchen« gegründet, getragen von verheirateten bürgerlichen Frauen, die gegen »käufliche Liebe« kämpften

152 Das Buch verkaufte sich allein in Deutschland über eine Million Mal, wurde in vierzehn Sprachen übersetzt und drei Mal verfilmt

153 Nathalie Boegel: »Berlin – Hauptstadt des Verbrechens: Die dunkle Seite der Goldenen Zwanziger«, Deutsche Verlags-Anstalt, 2018

154 Gisela von Wysocki: »Die Fröste der Freiheit. Aufbruchsphantasien«, Syndikat, 1980

155 Fritz Giese: »Girl-Kultur«, Delphin-Verlag, 1925

156 Alfred Polgar: »Girls«, in: Alfred Polgar: »Im Lauf der Zeit«, rororo, 1954

157 Siehe Anm. 153

158 Ebd. (https://www.zdf.de/dokumentation/zdfinfo-doku/hitlers-reich-privat-frauen-unterm-hackenkreuz-102.html), letzter Zugriff

159 Unda Hörner: »1929. Frauen im Jahr Babylon«, ebersbach & simon, 2020

160 Über: »Hitlers Reich privat: Frauen unterm Hakenkreuz«, in: *zdf.de* (https://www.zdf.de/dokumentation/zdfinfo-doku/hitlers-reich-privat-frauen-unterm-hakenkreuz-102.html), letzter Zugriff

161 Ernst Bloch: »Die Frau im Dritten Reich« (2017), zitiert nach: Gisela von Wysocki: »Die Fröste der Freiheit. Aufbruchsphantasien«, Syndikat, 1980

162 Die Publizistin Elsa Herrmann hatte 1929 mit Hilfe von Gewerkschaften recherchiert, dass von 749 verschiedenen Tarifverträge für Angestellte 615 einen Gehaltsabschlag für weibliches Personal von bis zu zwanzig Prozent beinhalteten – »obgleich man von diesen Frauen die gleichen Leistungen wie von männlichen Berufskollegen verlangt«, wie Elsa Herrmann schrieb. Elsa Herrmann: »So ist die neue Frau«, Avalun Verlag, 1929 / Pranava Books, 2020

163 Irmgard Keun: »Gilgi – eine von uns« (1931), List Taschenbuch, 2013

164 Manfred Metzner (Hg.): Ré Soupault: »Nur das Geistige zählt. Vom Bauhaus in die Welt«, Wunderhorn, 2018

165 Als »Neue Sachlichkeit« wird die desillusionierte, nüchterne Geisteshaltung in der Literatur, der Kunst, der Gesellschaft in der Weimarer Republik bezeichnet

166 Wilhelm Stekel: »La femme frigide« (1937), eigene Übers., Gallimard, 1973

167 Elsa Herrmann: »So ist die neue Frau«, Avalun Verlag, 1929 / Pranava Books, 2020

168 Rund um die Schriftstellerin Virginia Woolf formierte sich 1905 die künstlerisch-intellektuell gepolte »Bloomsbury Group« im Viertel

169 Zitiert aus: Lauren Elkin: »Flâneuse. Frauen erobern die Stadt – in Paris, New York, Tokyo, Venedig und London«, übers. v. Cornelia Röser, btb, 2016

170 Tom Miller: »The 1906 Trowmart Inn No. 607 Hudson Street«, in: *daytoninmanhattan.blogspot.com*, 11.12.2012 (https://daytoninmanhattan.blogspot.com/2012/12/the-1906-trowmart-inn-no-607-hudson.html), letzter Zugriff: 18.11.2021

171 Ebd.

172 Viele der Eintänzer waren nach dem Ersten Weltkrieg aus dem Militär entlassen worden, etliche arbeitslose Offiziere sollen darunter gewesen sein

173 Olga Wohlbrück: »Die Frau ohne Mann«, Paul Franke Verlag, 1930

174 Anne Waak: »Wir nennen es Familie. Neue Ideen für ein Leben mit Kindern«, Körber-Stiftung, 2020

175 Franziska Sperr: »Die kleinste Fessel drückt mich unerträglich. Das Leben der Franziska zu Reventlow«, btb, 2003

176 Ebd.

177 Zitiert aus: Betsy Israel: »Bachelor Girl. 100 Years of Breaking the

Rules – a Social History of Living Sinlge«, eigene Übers., Harper Collins Perennial, 2003

178 Siehe Anm. 130

179 Siehe Anm. 168

180 Nadire Y. Biskin: »Borderline«, in: Özlem Özgül Dündar, Mia Göhring, Ronya Othmann, Lea Sauer (Hg.): »Flexen. Flâneusen* schreiben Städte«, Verbrecher Verlag, 2019

181 Ebd.

182 Marjorie Hillis: »Live Alone and Like It: Benimmregeln für die vergnügte Singlefrau«, übers. v. Sabine Hübner, Pendo, 2005

183 bell hooks: »Die Bedeutung von Klasse«, übers. v. Jessica Yawa Agoku, Unrast, 2020

184 Siehe Anm. 7

185 Silvia Bovenschen: »Älterwerden. Notizen«, Fischer Taschenbuch, 2011

186 Michael Allmeiner: »Das geheime Leben der Singles«, in: *zeit.de*, 26.11.2007 (https://www.zeit.de/2007/48/Singles), letzter Zugriff 18.11.2021

187 Siehe Anm. 182

188 Katja Kullmann: »Willkommen in Ihrem neuen Zuhause«, in: *Der Freitag*, 52/2014

DER GEISTESBLITZ

189 Siehe Anm. 31

190 Martha Gold: »Zehn Dinge, die nur eine Single-Frau weiß«, in: *Brigitte online* (https://www.brigitte.de/liebe/singles/singles—zehn-dinge--die-nur-eine-single-frau-weiss-10 177 090.html), letzter Zugriff 11.9.2021

191 Eleanore Wells: »The Spinsterlicious Life. 20 Life Lessons for Living Happily Single and Child-free«, CreateSpace Independent Publishing Platform, 2012

192 Regina Bohne: »Das Geschick der zwei Millionen. Die alleinlebende Frau in unserer Gesellschaft«, Econ, 1960

193 Marie Barbara Edwards und Elinor Hoover: »The Challenge of Being Single«, eigene Übers., J. P. Tarcher, 1974

194 Z. B. über *elitepartner.de*

195 Wikipedia (https://de.wikipedia.org/wiki/Mikroaggression), letzter Zugriff 18.11.2021

196 Bella DePaulo: »Singlism: What It Is, Why It Matters, and How to Stop It«, eigene Übers., DoubleDoor Books, 2011

197 Ebd.

198 Ebd.

199 (htttps://onely.org/our-mission), letzter Zugriff 11.9.2021

200 Anne Byrne und Deborah Carr: »Caught in the Cultural Lag: The stigma of sinlgehood«, eigene Übers., in: *Psychological Inquiry: an International Journal for the Advanement of Psychological Theory, Vol 16*, 2005

201 In Paragraph 10, Buch II des bundesdeutschen Sozialgesetzbuchs steht, dass einer arbeitslosen Person »ein Umzug zur Aufnahme einer Beschäftigung außerhalb des zumutbaren Pendelbereichs in der Regel zumutbar« sei, sofern keine »familiären Bindungen« vorlägen. Wer *ohne Begleitung* lebt, muss bei Jobverlust gegebenenfalls seinen Wohnort verlassen – wer verheiratet ist, darf im gewohnten Umfeld bleiben

202 Siehe z. B.: Hildegard Kaulen: »Werden Singles bei der Krebsbehandlung benachteiligt?«, in: *faz.net*, (https://www.faz.net/aktuell/wissen/medizin-ernaehrung/weshalb-singles-bei-krebs-anders-behandelt-werden-als-paare-16408835.html), letzter Zugriff 18.11.2021

203 Stefan Happel: »Der Trend zum Alleinsein verändert den Einkauf«, in: *wiwo.de*, 10.11.2014 (https://www.wiwo.de/unternehmen/handel/die-macht-der-singles-der-trend-zum-alleinsein-veraendert-den-einkauf/10957654.html), letzter Zugriff 18.11.2021

204 Das sogenannte Ehegattensplitting wurde 1958 eingeführt, Ketzerinnen sagen: zur Manisfestation der »Hausfrauenehe«. Das Splittingverfahren gewährt verheirateten Paaren Steuervorteile, wenn eine oder einer der beiden deutlich weniger verdient, etwa weil er oder sie zu Hause bleibt, um sich um die Kinder zu kümmern

205 Jill Reynolds: »The Single Woman. A Discursive Investigation«, eigene Übers., Routledge, 2008

206 Rebecca Solnit: »Die Mutter aller Fragen«, in: »Die Mutter aller Fragen«, übers. v. Kirsten Riesselmann, btb, 2020

207 Siehe Anm. 190

208 Anja Rützel: »Lieber allein als gar keine Freunde«, Fischer Taschenbuch, 2018

209 Über *maerchen.com* (https://maerchen.com/grimm/die-drei-spinnerinnen.php), letzter Zugriff 18.11.2021

210 Gabriela Herpell: »Eine alleinstehende Frau ist immer das Opfer«, in: *sueddeutsche.de*, 2.10.2020 (https://sz-magazin.sueddeutsche.de/liebe-und-partnerschaft/malin-lindroth-interview-89268?reduced=true), letzter Zugriff 18.11.2021

211 Andreas Reckwitz: »Die Gesellschaft der Singularitäten«, Suhrkamp, 2018

212 Katja Kullmann: »Rasende Ruinen. Wie Detroit sich neu erfindet«, Suhrkamp, 2012

213 Siehe Anm. 145

214 Schwarze Bürgerinnenrechtlerinnen hatten in den 1960er Jahren den Grundstein für den intersektionellen Feminismus gelegt. Später machte die ebenfalls Schwarze US-Juristin und Feministin Kimberlé Crenshaw den Begriff breiter bekannt. Inzwischen wird er weltweit an Universitäten in den Gender Studies diskutiert

215 Henrike Roßbach: »Staat zahlt Unterhalt für mehr als 700 000 Kinder«, in *Süddeutsche Zeitung*, 17.7.2018 (https://www.sueddeutsche.de/leben/alleinerziehende-staat-zahlt-unterhalt-fuer-mehr-als-700–000-kinder-1 405 6582), letzter Zugrff 12.9.2021

216 Quelle: »ZDF heute journal«, März 2020

217 Siehe Anm. 66

218 Nancy Fraser: »Für eine neue Linke – oder: Das Ende des progressiven Neoliberalismus«, in *blaetter.de*, Februar 2017 (https://www.blaetter.de/ausgabe/2017/februar/fuer-eine-neue-linke-oder-das-ende-des-progressiven-neoliberalismus), letzter Zugriff 18.11.2021

219 Cornelia Koppetsch und Sarah Speck: »Wenn der Mann kein Ernährer mehr ist – Geschlechterkonflikte in Krisenzeiten«, edition suhrkamp, 2015

220 Ebd.

221 Siehe Anm. 66

222 Henrik Ibsen: »Nora oder Ein Puppenheim«, übers. v. Richard Lindner, Reclam, 1984

223 Bei der deutschen Erstinszenierung von Ibsens »Nora« 1880 in Hamburg wurde der Schluss kurzerhand umgeschrieben: Trotz all ihres Ärgers über ihren Gatten blieb Nora letztlich doch in der Ehe – der Kinder wegen

224 Carolyn G. Heilbrun: »Toward a Recognition of Androgynity«, eigene Übers., W. W. Norton & Company, 1993

225 1977 griff die österreichische feministische Schrifstellerin Elfriede Jelinek das »Nora«-Motiv auf. In ihrem Theaterstück »Was geschah, nachdem Nora ihren Mann verlassen hatte oder Stützen der Gesellschaft« heißt es: »Ich bin keine Frau, die von ihrem Mann verlassen wurde, sondern eine, die selbsttätig verließ, was seltener ist. Ich bin Nora aus dem gleichnamigen Stück von Ibsen. Im Augenblick flüchte ich aus einer verwirrten Gemütslage in einen Beruf. […] Mein Gatte

wünschte mich häuslich und abgeschlossen, weil die Frau nie nach den Seiten schauen soll, sondern meistens in sich hinein oder zum Mann auf. […] Indem die Frau nicht mehr gefällt, tut sie den ersten Schritt zu ihrer Freiwerdung.« Elfriede Jelinek: »Was geschah, nachdem Nora ihren Mann verlassen hatte oder Stützen der Gesellschaft«, in *Elfriede Jelinek: Theaterstücke*, Rowohlt Taschenbuch, 2005

226 »Unter die Haube bringen bezieht sich auf die Zeit im Mittelalter und der Frühen Neuzeit, als die Frauen ab ihrer Hochzeit ihr Haar flechten und unter der Haube verstecken mussten. Nur ledigen Mädchen war es erlaubt, ihr Haar offen zu tragen. Auch bei den Römern erkannte man verheiratete Frauen am verborgenen Haar.« Quelle: *wiktionary.org* (https://de.wiktionary.org/wiki/unter_die_Haube_bringen), letzter Zugriff 26.10.2021

227 1975 veröffentlichte die Schweizer Autorin Verena Stefan in einem kleinen autonomen Verlag ihren autobiogafischen Roman »Häutungen«, der zunächst als feministisches »Kultbuch« galt, aber bald zu einem Beststeller wurde. »Häutungen« thematisiert nicht nur die Trennung der Autorin von ihrem *festen Freund*, sondern auch von ihrem grundsätzlichen Ausstieg aus dem Hetero-Drama. Verena Stefan wandte sich fortan Frauen zu. Der Romantext war in Kleinbuchstaben verfasst, so wie die Bekennerschreiben der terroristischen *Rote Armee Fraktion, RAF*. Es las sich so: »ich wollte herausfinden, welche bedeutung einsamkeit haben konnte, die abwesenheit von sexualität, die abwesenheit eines regelmäßigen zusammen seins mit einem bestimmten menschen überhaupt. […] das ganze netz von liebe leidenschaft und partnerschaft, von sexualität, gefühlen und persönlichem glück ist bis in die allerfeinsten verästelungen hinein brüchig geworden. ich höre auf, in paareinheiten – gleich welchen geschlechts – zu denken und zu leben. sicherheit, geborgenheit und gesellschaftliche anerkennung sacken zusammen. ich reisse die eigene behausung ein, um frei zu kommen«, aus: Verena Stefan: »Häutungen«, Verlag Frauenoffensive, 1975

228 Mely Miyak: »Frausein«, Hanser, 2020

229 Siehe Anm. 32

230 Annabelle Hirsch: »Die Meisterin der Indiskretion«, in *faz.net*, 18.7.2021 (https://www.faz.net/aktuell/feuilleton/buecher/interview-mit-der-kuenstlerin-sophie-calle-ueber-wahre-geschichten-17427790.html), letzter Zugriff 12.9.2021

231 Sophie Calle: »Take Care of Yourself«, eigene Übers., Actes Sud, 2007

232 Hannelore Schlaffer: »Das Alter. Ein Traum von Jugend«, Suhrkamp, 2003

233 Antonia Baum: »Stillleben«, Hoffmann und Campe, 2018

234 Ebd.

235 »Frauen über 50 sind zu alt, um sie zu lieben«, in: *freundin.de*, 13.1.2021 (https://www.freundin.de/liebe-franzoesischer-autor-yann-moix-frauen-50), letzter Zugriff 18.11.2021

236 Iris Rosendahl: »Dana Schweiger packt aus. So hat Til mich belogen und betrogen«, in: *Bild*, 30.10.2019

237 Ulrike Draesner: »Eine Frau wird älter. Ein Aufbruch«, Penguin, 2018

238 Annie Ernaux: »Die Jahre«, übers. v. Sonja Finck, Suhrkamp, 2017

239 Sasha Cagen: »Singles aus Leidenschaft: Quirkyalone für Anfänger«, übers. v. Ursula Bischoff, Piper Taschenbuch, 2006

240 Suzanne Moore: »Marriage and children don't always make women happy. Who knew?«, in: *guardian.com*, 27.5.2019 (https://www.theguardian.com/commentisfree/2019/may/27/marriage-children-women-happy-science-markers-success-paul-dolan), letzter Zugriff 18.11.2021

241 Ebd.

242 Siehe Anm. 174

243 Über *olympe-de-gouges.info* (https://olympe-de-gouges.info/frauenrechte), letzter Zugriff 12.9.2021

244 Ebd.

245 Ebd.

246 Ursula I. Meyer (Hg.): »Mary Wollstonecraft: Zur Verteidigung der Frauenrechte«, übers. v. Petra Altschuh-Riederer, ein-FACH-Verlag, 2008

247 Marlen Hobrack: »Mythos der unglücklichen Singlefrau«, in: *taz.de* (https://taz.de/Streitschrift-von-Gunda-Windmueller/!5583143), letzter Zugriff 18.11.2021

248 Wikipedia (https://fr.wikipedia.org/wiki/La_Femme_libre_(brochure), letzter Zugriff 12.9.2021

249 Caroline Arni: »Die freien Frauen von 1832. Wie Arbeiterinnen den Feminismus erfanden«, in: *Merkur*, Heft 833, Oktober 2018

250 Siehe ebd.

251 Über *thesojournertruthprojetc.com* (https://www.thesojournertruthprojetc.com), letzter Zugriff 12.9.2021

252 Siehe Anm. 120

253 Die erste Frauenrechtlerin, die sich selbst als Feministin bezeichnete, soll Hubertine Auclert, eine französische Aktivistin fürs Frauenwahlrecht, gewesen sein. In einer Rede von 1882 nannte sie sich eine

feministe. Sie stand mit der amerikanischen Frauenrechtlerin Susan B. Anthony in regem Austausch

254 Max Fellmann: »Zwei Welten, Küche, Bad«, in: *Süddeutsche Zeitung Magazin*, Heft 13, 29.3.2019

255 Eva Marie von Münch: »Hausfrauen-Ehe abgeschafft«, in *Die Zeit*, 15.10.1976 (https://www.zeit.de/176/43/hausfrauen-ehe-abgeschafft), letzter Zugriff 12.9.2021

256 Heide Oestreich: »Was nach der Scheidung übrig bleibt«, in *taz*, 19.1.2018 (https://taz.de/10-Jahre-Reform-des-Unterhaltsrechts/!5475570), letzter Zugriff 12.9.2021

257 »35 and single: Argentinian filmmaker Paula Schargorodsky's quest for true love goes global«, in: *youtube.com* (https://www.youtube.com/watch?v=dOkoIYTF15U), letzter Zugriff 18.11.2021

258 Pauline Harmange: »Ich hasse Männer«, übers. v. Nicola Denis, Rowohlt Taschenbuch, 2020

259 Ebd.

260 Als »Gaslighting« wird in der Psychologie eine Variante von psychischer Gewalt oder psychischem Missbrauch bezeichnet, mit der Opfer gezielt desorientiert und manipuliert werden sollen, beispielsweise mit Lügengeschichten

261 Marlene Streeruwitz: »Jessica, 30«, Fischer, 2004

262 Siehe Anm. 251

LIESCHEN MÜLLER ERHÄLT BEFEHLE

263 Tracey Emin: »Strangeland«, übers. v. Sonja Junkers, Blumenbar, 2009

264 Helen Nianias: »Eine selbsternannte ›Cougar‹-Dame erklärt, warum ihr jüngere Männer das Leben so versüßen«, in: *vice.com*, 26.4.2016 (https://www.vice.com/de/article/vdj9gm/eine-selbsternannte-cougar-dame-erklaert-warum-ihr-juengere-maenner-das-leben-so-versuessen), letzter Zugriff 18.11.2021

265 Ebd.

266 Benjamin Schulz: »Das Puppentheater«, in: *spiegel.de*, 27.9.2018 (https://www.spiegel.de/panorama/freiberg-am-neckar-rotlicht-etablissement-beschaeftigt-verwaltung-a-1229777.html), letzter Zugriff 18.11.2021

267 »Zombie-Apokalypse als Übung für strategisches Denken«, in: *deutschlandfunknova.de*, 24.4.2021 (https://www.deutschlandfunkno

va.de/beitrag/usa-was-die-angst-vor-der-zombie-apokalypse-mit-corona-zu-tun-hat), letzter Zugriff 18.11.2021

268 Henriette Hell: »Einfach mal Sex haben wie ein Mann«, in: *stern.de*, 2.10.2016 (https://www.stern.de/familie/henriette-hell/sex-haben-wie-ein-mann--was-frauen-dabei-lernen-koennen-7081214.html), letzter Zugriff 2018

269 Ein von der US-Autorin Erica Jong geprägter Begriff, der aus ihrem Roman »Angst vorm Fliegen« von 1973 stammt. »Ficken ohne Reißverschluss« wäre eine Übersetzungsmöglichkeit. Der »zipless fuck« (in der Flugzeugtoilette z. B.) gilt als »perfekter One-Night-Stand«.

270 Siehe Anm. 186

271 Siehe Anm. 206

272 Lara Tiede: »Als er sich wieder treffen wollte, bin ich abgetaucht«, in: *jetzt.de*, 18.8.2020 (https://www.jetzt.de/liebe-und-beziehung/ghosting-was-soll-der-ploetzliche-kontaktabbruch), letzter Zugriff 18.11.2021

273 Siehe Anm. 27

274 Kathleen D. Vohs und Roy F. Baumeister: »Sexual Economics: Sex as Female Resource for Social Exchange in Heterosexual Interactions«, eigene Übers., in: *Personality and Social Psychology Review*, Vol. 8, Nr. 4, 2004

275 Siehe Anm. 27

276 Malin Lindroth: »Ungebunden. Das Leben als alte Jungfer«, übers. v. Regine Elsässer, Piper, 2020

277 PorNO ist der Name einer Kampagne, die Alice Schwarzer 1987 ausgerufen hat, mit dem Ziel, ein Gesetz gegen Pornografie erreichen

278 Kathrin Weßling: »Ich, die Schlampe«, in: *Der Freitag*, 10/2020 (https://www.freitag.de/autoren/der-freitag/ich-die-schlampe), letzter Zugriff 5.11.2021

279 Zitiert aus: Jennifer Scanlon: »Bad Girls Go Everywhere: The Life of Helen Gurley Brown, the Woman Behind Cosmopolitan Magazine«, eigene Übers., Penguin, 2010

280 Helen Gurley Brown: »Sex und ledige Mädchen«, Bertelsmann, 1963

281 Ebd.

282 Ebd.

283 Siehe Anm. 281

284 Siehe Anm. 282

285 Helen Gurley Brown: »Sex im Büto«, Econ, 1965

286 Siehe Anm. 192

287 Zahlen entnommen aus: Arianna Giachi: »Zwischen Wahn und Wirk-

lichkeit. Eine Lesart der deutschen Situation«, in: Betty Friedan: »Der Weiblichkeitswahn oder Die Mytsifizierung der Frau«, Rowohlt, 1966

288 Laslo A. Vaskovics et. al.: »Älterwerden als Single«, in: *Staatsinstitut für Familienforschung an der Universität Bamberg*, Forschungsbericht Nr. 4, 2000

289 Nach: Sigrid Metz-Göckel: »Die zwei (un)geliebten Schwestern. Zum Verhältnis von Frauenbewegung und Frauenforschung im Diskurs der neuen sozialen Bewegungen«, in: Ursula Beer (Hg.): »Klasse Geschlecht. Feministische Gesellschaftsanalyse und Wissenschaftskritik«, AJZ-Verlag / FF1, 1989

290 Über die Diskriminierung sogenannter Ami-Huren erzählt(e) etwa die Frankfurterin Maria Vaughn, die mit dem Schwarzen US-Soldaten Donald Vaughn verheiratet ist, in einem Gespräch für die Wochenzeitung *Der Freitag*. Katja Kullmann: »Ein anderer Donald«, in: *Der Freitag*, 47/2016

291 Siehe Anm. 191

292 Sybille Buske: »Fräulein Mutter und ihr Bastard. Eine Geschichte der Unehelichkeit in Deutschland«, Wallstein, 2004

293 Siehe Anm. 137

294 Wikipedia (https://de.wikipedia.org/wiki/Der_Traum_von_Lieschen_M%C3%BCller), letzter Zugriff 18.11.2021

295 Michel Legrand Orchestra: »Der Traum von Lieschen Müller«, in: *you tube.com* (https://www.youtube.com/watch?v=OYrbWMomMRo), letzter Zugriff 18.11.2021

296 … mit der 1968 herausgegebenen »Enzyklika über die Weitergabe menschlichen Lebens«

297 Zitiert nach: Howard P. Chudacoff: »The Age of the Bachelor: Creating an American Subculture«, eigene Übers., Princeton University Press, 1999

298 Es klingt auch ähnlich wie das Verb »to mingle«: »sich unter die Leute mischen«

299 »Das Wunder Liebe« hieß der erste von Kolles acht Aufklärunsgfilmen für Erwachsene, die zwischen 1968 und 1972 sehr beliebt und erfolgreich waren

300 Wilhelm Reich: »Die sexuelle Revolution. Zur charakterlichen Selbststeuerung des Menschen«, Europäische Verlagsanstalt, 1966

301 Zitiert aus: Carol Tavris: »Who started this?«, eigene Übers. in: *The New York Times*, 5.6.1983

302 Zitiert aus: Ute Kätzel: »Die 68erinnen: Porträt einer rebellischen Frauengeneration«, Rowohlt Berlin, 2002

303 Ebd.

304 Renata Adler: »Screen: Science + Sex = Barbarella«, eigene Übers., in: *The New York Times*, 12.10.1968

305 Lisa Parks: »Bringing Barbarella down to Earth«, eigene Übers., in: Moya Luckett und Hilary Radner: »Swinging Single: Representing Sexuality in the 1960s«, eigene Übers., University of Minnesota Press, 1999

WIE ICH VERSUCHTE, DEN ANSCHLUSS NICHT ZU VERLIEREN

306 »Was unterscheidet Langzeitsingles von Kurzzeitsingles?«, in: *ga.de*, 8.4.2021 (https://ga.de/verlag/anzeigen/advertorials/presseportal/was-unterscheidet-langzeitsingles-von-kurzzeitsingles_aid-57225427), letzter Zugriff 18.11.2021

307 Katja Kullmann: »Echtleben«, Eichborn, 2011 (Suhrkamp, 2018)

308 Rona Jaffe: »Die gefährlichen Jahre«, Rowohlt, 1978

309 Siehe Anm. 204

310 Siehe Anm. 7

311 Siehe Anm. 171

ES WIRD WEITER- UND GUT AUSGEHEN

312 Anzeigen von häuslicher Gewalt nahmen während der Pandemie zu, ebenso die Arbeitslast von Frauen in heterosexuellen Partnerschaften

313 Sara Maitland: »How to be alone (The School of Life)«, eigene Übers., Picador, 2014

314 Lars Fredrik H. Svendsen: »Philosophie der Einsamkeit«, übers. v. Daniela Stilzebach, Berlin University Press, 2016

315 Siehe Anm. 206

316 Stephen M. Johnson: »First Person Singular. Living the Good Life Alone«, eigene Übers., Signet, 1978

317 Durga Chew-Bose: »Too Much and Not the Mood. Essays«, eigene Übers., FSG Originals, 2017

318 Siehe Anm. 224

319 In Frankreich ist es seit dem Sommer 2021 sowohl lesbischen als auch alleinstehenden Frauen möglich, sich mit staatlicher Förderung künstlich befruchten zu lassen, die Sozialversicherung übernimmt die Kos-

ten von bis zu sechs Versuchen, immerhin bis zur Altersgrenze von dreiundvierzig. In Deutschland beteiligen sich die gesetzlichen Krankenkassen nur bei verheirateten Paaren an der Finanzierung. Singuläre Frauen mit Mutterwunsch müssen, wenn sie eine In-vitro-Fertilisation wünschen, eine »Garantieperson« benennen, die für etwaige Unterhaltszahlungen bereit steht. Diese könnte z.B. die Mutter oder eine Freundin sein

320 Charlotte Perkins Gilman: »Ihrland«, übers. v. Albert Mößmer, Edition AM, 2016

321 Mieko Kawakami: »Brüste und Eier«, übers. v. Katja Busson, Dumont, 2020

322 Siehe dazu: Crystal Tai und Francie Healey: »Honjok: die Kunst, allein zu leben«, übers. v. Clara Henssen, Allegria, 2020

323 Ebd.

324 Siehe Anm. 118

325 Lizzie Cernik: »Self-partnered: The sudden, surprising rise of the single positivity movement«, in: *theguardian.com*, 6.11.2019 (https://www.theguardian.com/lifeandstyle/2019/nov/06/consciously-uncoupled-the-joy-of-self-partnership), letzter Zugriff 24.10.2021

326 Siehe Anm. 260

327 Siehe Anm. 32

328 Siehe Anm. 290

329 Simone Meier: »Kuss«, Kein & Aber, 2019

330 An jedem zweieinhalbten Tag bringt hierzulande ein Mann seine Ehefrau, Geliebte, feste Freundin, große Liebe, On-off-Geschichte, Affäre, Mutter seines Kindes, Partnerin oder Ex um. Für einhundertneununddreißig Frauen in Deutschland nahm die sogenannte Liebe im Jahr 2020 ein tödliches Ende

331 »Mit dem englischsprachigen Begriff *Romance Scam* (oder auch: *Love Scam*) wird eine Form des Internetbetrugs bezeichnet, bei der gefälschte Profile in Singlebörsen dazu benutzt werden, den Opfern Verliebtheit vorzugaukeln mit dem Ziel, eine finanzielle Zuwendung zu erschleichen. Es ist eine moderne Abwandlung des Heiratsschwindels«, heißt es bei Wikipedia

332 Dieser Begriff ist entliehen aus: Rachel F. Moran: »How Second-Wave Feminism Forgot the Single Woman«, eigene Übers., in: *Hofstra Law Review*, Vol. 33, 2004

333 Elsa Herrmann: »So ist die neue Frau«, Avalun Verlag, 1929 / Pranava Books, 2020

334 Siehe Anm. 134

335 Siehe Anm. 323

336 Siehe Anm. 33

337 Siehe dazu etwa: Carolin Wiedemann: »Zart und frei. Vom Sturz des Patriarchats«, Matthes & Seitz, 2021, sowie: Şeyda Kurt: »Radikale Zärtlichkeit. Warum Liebe politisch ist«, Harper Collins, 2021

338 Siehe Anm. 331

339 »Die unwürdige Greisin« ist der Titel einer Erzählung von Bertolt Brecht aus dem Jahr 1939

340 Siehe Anm. 175

341 Siehe Anm. 167

342 Siehe dazu z. B.: »Justizminister bekräftigt Gesetzesplan«, in: taz.de (https://taz.de/Lebensgemeinschaften-jenseits-von-Liebe/!5824295/) letzter Zugriff: 28.12.2021

343 Siehe Anm. 107

LITERATUR

Birgit Adam: *Think Single: Gebrauchsanweisung für ein glückliches Leben allein*, München 2007

Renata Adler: *Pechrabenschwarz*, Frankfurt/Main 1987

Theodor W. Adorno: *The Stars Down to Earth. And other essays on the irrational in culture*, London 2001

Jason Anderson, Elaine Cheung, Wendi L. Gardner: »Emotionships: Examining People's Emotion-Regulation Relationships and Their Consequences for Well-Being«, in: *Social Psychological and Personality Science*, Newbury Park 2015

Caroline Arni: »Die freien Frauen von 1832. Wie Arbeiterinnen den Feminismus erfanden«, in: *Merkur*, Berlin 2018

Elisabeth Badinter: *Der Konflikt. Die Frau und die Mutter*, München 2012

Roland Barthes: *Fragmente einer Sprache der Liebe*, aus dem Französischen von Hans-Horst Henschen, Frankfurt/Main 1977

Antonia Baum: *Stillleben*, München 2018

Simone de Beauvoir: *Das andere Geschlecht. Sitte und Sexus der Frau*, aus dem Französischen von Uli Aumüller und Grete Osterwald, Reinbek 2000

Elisabeth Beck-Gernsheim und Ulrich Beck: *Das ganz normale Chaos der Liebe*, Frankfurt/Main 1990

Ursula Beer (Hg.): *Klasse Geschlecht. Feministische Gesellschaftsanalyse und Wissenschaftskritik*, Bielefeld 1989

Lucia Berlin: *Was ich sonst noch verpasst habe*, Zürich 2016

Nathalie Boegel: *Berlin – Hauptstadt des Verbrechens: Die dunkle Seite der Goldenen Zwanziger*, München 2018

Regina Bohne: *Das Geschick der zwei Millionen. Die alleinlebende Frau in unserer Gesellschaft*, Düsseldorf 1960

Kate Bolick: *Spinster. Making a Life of One's Own*, New York 2015

Silvia Bovenschen: *Älterwerden. Notizen*, Frankfurt/Main, 2011

Neith Boyce: *The Forerunner*, Milton Keynes 2009

Maeve Brennan: *New York, New York*, aus dem amerikanischen Englisch von Hans-Christian Oeser, Zürich 2019

Hannelore Bublitz: *Ich gehörte irgendwie so nirgends hin … Arbeitertöchter an der Hochschule*, Gießen 1982

Sybille Buske: *Fräulein Mutter und ihr Bastard. Eine Geschichte der Unehelichkeit in Deutschland*, Göttingen 2004

Anne Byrne und Deborah Carr: »Caught in the Cultural Lag: The stigma of singlehood«, in: *Psychological Inquiry: an International Journal for the Advancement of Psychological Theory*, New York 2005
Sasha Cagen: *Singles aus Leidenschaft: Quirkyalone für Anfänger*, aus dem amerikanischen Englisch von Ursula Bischoff, München 2006
Sophie Calle: *Take Care of Yourself*, Arles 2007
Durga Chew-Bose: *Too Much and Not the Mood*, New York 2017
Mona Chollet: *Hexen. Die unbesiegte Macht der Frauen*, Hamburg 2020
Howard P. Chudacoff: *The Age of the Bachelor: Creating an American Subculture*, Princeton 1999
Rachel Cusk: *Lebenswerk. Über das Mutterwerden*, aus dem amerikanischen Englisch von Eva Bonné, Berlin 2019
Christine Delphy: *Close to Home. A Materialistic Analysis of Women's Oppression*, New York 2016
Bella DePaulo: *Singled Out: How Singles are Stereotyped, Stigmatized, and Ignored, and Still Live Happily Ever After*, New York 2007
Bella DePaulo: *Singlism: What It Is, Why It Matters, and How to Stop It*, New York 2011
Virginie Despentes: *King Kong Theorie*, aus dem Französischen von Claudia Steinitz und Barbara Heber-Scherer, Köln 2018
Ulrike Draesner: *Eine Frau wird älter. Ein Aufbruch*, München 2018
Marie Barbara Edwards und Elinor Hoover: *The Challenge of Being Single*, New York 1974
Lauren Elkin: *Flâneuse. Frauen erobern die Stadt – in Paris, New York, Tokyo, Venedig und London*, aus dem amerikanischen Englisch von Claudia Röser, München 2016
Tracey Emin: *Strangeland*, München 2009
Annie Ernaux: *Die Jahre*, aus dem Französischen von Sonja Finck, Berlin 2017
Shulamith Firestone: *Frauenbefreiung und sexuelle Revolution*, Frankfurt/Main 1975
Nancy Fraser: »Für eine neue Linke oder: Das Ende des progressiven Neoliberalismus«, in: *Blätter für deutsche und internationale Politik*, Berlin 2017
Betty Friedan: *Der Weiblichkeitswahn oder Die Mystifizierung der Frau*, Reinbek 1966
Sandra Maria Geschke: *Doing Urban Space. Ganzheitliches Wohnen zwischen Raumbildung und Menschwerdung*, Bielefeld 2013
Fritz Giese: *Girl-Kultur*, München 1925
Sandra Gilbert und Susan Gubar: *The Madwoman in the Attic: The Wo-*

man Writer and the Nineteenth-Century Literary Imagination, New Haven 2000
Françoise Giroud: *Ich bin eine freie Frau,* aus dem Französischen von Patricia Klobusiczky, Wien 2016
Emma Goldman: *Das Tragische an der Emanzipation der Frau,* aus dem amerikanischen Englisch von Margot Dehne und Reinhard Lauterbach, Berlin 1987
Vivian Gornick: *The Odd Woman and the City. A Memoir,* New York 2015
Helen Gurley Brown: *Sex und ledige Mädchen,* aus dem amerikanischen Englisch von Rosemarie Winterberg, Gütersloh 1963
Helen Gurley Brown: *Sex im Büro,* aus dem amerikanischen Englisch von Gottfried Beutel, Gütersloh 1965
Pauline Harmange: *Ich hasse Männer,* Hamburg 2020
Francie Healey und Crystal Tai: *Honjok: die Kunst, allein zu leben,* aus dem amerikanischen Englisch von Clara Henssen, Berlin 2020
Carolyn G. Heilbrun: *Toward a Recognition of Androgynity,* New York 1993
Sonja Heiss: *Rimini,* Köln 2017
Elsa Herrmann: *So ist die neue Frau,* Hellerau 1921
Janine Hertel, Wendy M. Morris und Astrid Schütz et al.: »She's single, so what? How are singles perceived compared with people who are married?«, in: *Zeitschrift fur Familienforschung,* Bamberg 2007
Sheila Heti: *Mutterschaft,* aus dem amerikanischen Englisch von Thomas Überhoff, Hamburg 2019
Marjorie Hillis: *Live Alone and Like It: Benimmregeln für die vergnügte Singlefrau,* Zürich 2005
Shere Hite und Kate Colleran: *Kein Mann um jeden Preis,* München 1992
Unda Hörner: *1929. Frauen im Jahr Babylon,* Berlin 2020
bell hooks: *Die Bedeutung von Klasse,* aus dem amerikanischen Englisch von Jessica Yawa Agoku, Münster 2020
Henrik Ibsen: *Nora oder Ein Puppenheim,* 1984
Eva Illouz: *Warum Liebe endet. Eine Soziologie negativer Beziehungen,* aus dem Englischen von Michael Adrian, Berlin 2018
Betsy Israel: *Bachelor Girl. 100 Years of Breaking the Rules – a Social History of Living Single,* New York 2003
Rona Jaffe: *Die gefährlichen Jahre,* 1978
Leslie Jamison: *Die Empathie-Tests: Über Einfühlung und das Leiden anderer. Essays* 2015
Sheila Jeffreys: *Spinster and her Enemies. Feminism and Sexuality 1880–1930,* Sydney 1998

Elfriede Jelinek: *Theaterstücke*, Reinbek 2005
Stephen M. Johnson: *First Person Singular. Living the Good Life Alone*, New York 1978
Ute Kätzel: *Die 68erinnen: Porträt einer rebellischen Frauengeneration*, Berlin 2002
Jean-Claude Kaufmann: *Singlefrau und Märchenprinz. Über die Einsamkeit moderner Frauen*, Konstanz 2002
Mieko Kawakami: *Brüste und Eier*, aus dem Japanischen von Katja Busson, Köln 2020
Irmgard Keun: *Das Kunstseidene Mädchen*, Hamburg 1992
Irmgard Keun: *Gilgi – eine von uns*, Berlin 2013
Dan Kiley: *Das Peter-Pan-Syndrom. Männer, die nie erwachsen werden*, aus dem amerikanischen Englisch von Dirk van Gunsteren, Hamburg 1987
Diana Kinnert und Marc Bielefeld: *Die neue Einsamkeit und wie wir sie als Gesellschaft überwinden können*, Hamburg 2021
Mely Kiyak: *Frausein*, München 2020
Eric Klinenberg: *Going Solo: The Extraordinary Rise and Surprising Appeal of Living Alone*, New York 2013
Cornelia Koppetsch und Sarah Speck: *Wenn der Mann kein Ernährer mehr ist – Geschlechterkonflikte in Krisenzeiten*, Berlin 2015
Siegfried Kracauer: *Die Angestellten*, Frankfurt/Main 1971
Siegfried Kracauer: *Das Ornament der Masse*, Frankfurt/Main 1977
Katja Kullmann: *Generation Ally. Warum es heute so kompliziert ist, eine Frau zu sein*, Frankfurt/Main 2002
Katja Kullmann: *Echtleben. Warum es heute so kompliziert ist, eine Haltung zu haben*, Frankfurt/Main 2011
Katja Kullmann: *Rasende Ruinen. Wie Detroit sich neu erfindet*, Berlin 2012
Seyda Kurt: *Radikale Zärtlichkeit – Warum Liebe politisch ist*, Hamburg 2021
Ursula Lehr: *Psychologie des Alterns*, Stuttgart 1972
Malin Lindroth: *Ungebunden. Das Leben als alte Jungfer*, aus dem Schwedischen von Regine Elsässer, München 2018
Moya Luckett und Hilary Radner: *Swinging Single: Representing Sexuality in the 1960s*, Minneapolis 1999
Glynnis MacNicol: *No one tells you this*, New York 2018
Sara Maitland: *How to be alone (The School of Life)*, London 2014
Hazel Markus und Paula Nurius: »Possible Selves«, in: *American Psychologist*, New York 1986
Simone Meier: *Kuss*, Zürich 2019
Manfred Metzner (Hg.): *Ré Soupault: Nur das Geistige zählt. Vom Bauhaus in die Welt*, Heidelberg 2018

Ursula I. Meyer (Hg.): *Mary Wollstonecraft: Zur Verteidigung der Frauenrechte*, Aachen 2008

Blanka Mongu: *Stadt – Frau – Amerika. Zum Modernisierungsdiskurs im deutschen und tschechischen Feuilleton von 1918 bis 1938*, Berlin 2010

Rachel F. Moran: *How Second-Wave Feminism Forgot the Single Woman*, in: *Hofstra Law Review*, Hempstead 2004

Christine Nöstlinger: *Die Kinder aus dem Kinderkeller*, Weinheim 1973

Özlem Özgül Dündar, Mia Göhring, Ronya Othmann und Lea Sauer (Hg.): *Flexen. Flâneusen* schreiben Städte*, Berlin 2019

Laurie Penny: *Bitch Doktrin. Gender, Macht und Sehnsucht*, aus dem Englischen von Anne Emmert, Hamburg 2017

Charlotte Perkins Gilman: *Ihrland*, aus dem amerikanischen Englisch von Albert Mößmer, Augsburg 2016

Alfred Polgar: *Im Lauf der Zeit*, Reinbek 1954

Nina Power: *Die eindimensionale Frau*, aus dem Englischen von Anna-Sophie Springer, Berlin 2011

Issa Rae: *The Misadventures of Awkward Black Girl*, New York 2016

Andreas Reckwitz: *Die Gesellschaft der Singularitäten*, Berlin 2018

Andreas Reckwitz: *Das Ende der Illusionen. Politik, Ökonomie und Kultur der Spätmoderne*, Berlin 2019

Ruth Rehmann: *Illusionen*, Frankfurt/Main 1959

Wilhelm Reich: *Die sexuelle Revolution. Zur charakterlichen Selbststeuerung des Menschen*, Hamburg 1966

Jill Reynolds: *The Single Woman. A Discursive Investigation*, London 2008

David Riesman: *Die einsame Masse*, aus dem amerikanischen Englisch von Renate Rausch, Reinbek 1958

Beate Rössler: *Autonomie: Ein Versuch über das gelungene Leben*, Berlin 2017

Gabriele Rohmann (Hg.): *Krasse Töchter. Mädchen in Jugendkulturen*, Berlin 2007

Emilia Roig: *Why We Matter. Das Ende der Unterdrückung*, Berlin 2021

Hanna Rosin: *Das Ende der Männer und der Aufstieg der Frauen*, Berlin 2013

Anja Rützel: *Lieber allein als gar keine Freunde*, Frankfurt/Main 2018

Stefanie Sargnagel: *Binge Living. Callcenter-Monologe*, Wien 2013

Jennifer Scanlon: *Bad Girls Go Everywhere: The Life of Helen Gurley Brown, the Woman Behind Cosmopolitan Magazine*, New York 2010

Frank Schirrmacher: *Das Methusalem-Komplott*, München 2004

Frank Schirrmacher: *Minimum. Vom Vergehen und Neuentstehen unserer Gemeinschaft*, München 2006

Hannelore Schlaffer: *Das Alter. Ein Traum von Jugend*, Frankfurt/Main 2003

Daniel Schreiber: *Zuhause. Die Suche nach dem Ort, an dem wir leben wollen,* München 2017
Rebecca Solnit: *Die Mutter aller Fragen,* aus dem amerikanischen Englisch von Kirsten Riesselmann, Hamburg 2020
Franziska Sperr: *Die kleinste Fessel drückt mich unerträglich. Das Leben der Franziska zu Reventlow,* München 2003
Christine Stansell: *City of women: Sex and Class in New York, 1789–1860,* Champaign 1986
Verena Stefan: *Häutungen,* München 1975
Wilhelm Stekel: *La femme frigide,* Paris 1937
Marlene Streeruwitz: *Jessica, 30,* Frankfurt/Main 2004
Lars Fredrik H. Svendsen: *Philosophie der Einsamkeit,* Berlin 2016
Jia Tolentino: *Trick Mirror. Reflections on Self Delusion,* New York 2019
Rebecca Traister: *All the Single Ladies. Unmarried Women and the Rise of an Independent Nation,* New York 2016
Kathleen D. Vohs und Roy F. Baumeister: »Sexual Economics: Sex as Female Resource for Social Exchange in Heterosexual Interactions«, in: *Personality and Social Psychology Review,* New York 2004
Vojin S. Vukadinovic (Hg.): *Die Schwarze Botin. Ästhetik, Kritik, Polemik, Satire 1976–1980,* Göttingen 2020
Anne Waak: *Wir nennen es Familie. Neue Ideen für ein Leben mit Kindern,* Hamburg 2020
Eleanore Wells: *The Spinsterlicious Life. 20 Life Lessons for Living Happily Single and Child-free,* New York 2012
Irmgard Weyrather: *Die Frau am Fließband. Das Bild der Fabrikarbeiterin in der Sozialforschung 1870–1985,* Frankfurt/Main 2003
Carolin Wiedemann: *Zart und frei. Vom Sturz des Patriarchats,* Berlin 2021
Christine Whittaker Sofge: »To be of use: Women of the Settlement House Movement«, in: *History Magazine,* New York 2004
Olga Wohlbrück: *Die Frau ohne Mann,* Berlin 1930
Virginia Woolf: *Ein Zimmer für sich allein,* Leipzig 2012
Elizabeth Wurtzel: *Bitch. Ein Loblied auf gefährliche Frauen,* aus dem amerikanischen Englisch von Klaus Timmermann und Ulrike Wasel, München 1999
Gisela von Wysocki: *Die Fröste der Freiheit. Aufbruchsphantasien,* Frankfurt/Main 1980
Nicole Zepter: *Der Tag, an dem ich meine Mutter wurde. Tochtersein zwischen Liebe und Befreiung,* München 2018